혼례티첩의 독자가 되어주셔서
금스홉니다 늘힝복흐시길
하수진 드림

혼례대첩

②

혼례대첩

하 수 진   대 본 집

②

오브제

용어 정리

씬(scene) 장면. 같은 장소, 같은 시간 안에서 이루어지는 일련의 행동이나 대사가 한 신을 구성한다.

몽타주(montage) 따로따로 촬영한 화면을 붙여서 새로운 장면이나 의미를 만들어내는 편집 기법.

C.U.(close-up) 클로즈업. 피사체의 일부를 근접 촬영하여 화면에 크게 나타내는 일.

E(effect) 효과음. 화면 밖에서 들려오는 소리나 대사.

INS(insert) 인서트. 화면의 특정 동작이나 상황을 강조하기 위해 삽입하는 화면.

NA(narration) 내레이션. 등장인물 사이에 오가는 대사가 아닌 독백이나 시청자를 향한 설명.

CUT TO 장면 전환. 같은 장소 안에서 시간이 경과될 때나 여러 장소의 상황을 동시에 오가며 보여줄 때 주로 쓰인다.

차
례

第九話

나의 삶은
완전히 파괴되었다

씬1.　오프닝 순덕 인터뷰: 별채 마루. 밤

별채 마루에 걸터앉은 순덕, 생각이 많은 얼굴로 정면을 보며.

[자막 - 정순덕 / 27세 / 좌상댁 둘째 며느리&방물장수 /

특이사항: 살인 누명]

순덕　　　뜬금없이 나루터에서 만나자고 해서, 사실 고백이라도 하
　　　　　면 어쩌나, 걱정했거든요. 왜 나루터가 주는 느낌 있잖아
　　　　　요. 사랑의 도피 같은? (잠시 사이) 대감이 절 좋아하는 걸
　　　　　어떻게 몰라요? 그런 쪽으로 제가 눈치가 빠르거든요. (잠
　　　　　시 사이, 당황) 저는 아니에요. 전 평생 죽은 서방님을 잊을
　　　　　수 없는 사람이거든요.

씬2.	**오프닝 정우 인터뷰: 경운재 누마루. 밤**

비련의 주인공처럼 누마루 난간에 기대앉아 허공을 바라보며.

[자막 - 심정우 / 25세 / 의빈&어사 / 특이사항: 상사병 투병]

정우   별이 쏟아지던 밤, 객주에서 내가 이름을 물은 첫 남자라고 말한 것이 거짓말이라니, 살인자라는 충격보다 배신감이 더 컸던 것 같습니다. (잠시 사이, 정면 보며 버럭) 도피 자금을 주다니요! 그건… 중매 잔금이었습니다. (잠시 사이) 남아일언 중천금이라고 계약서에 살인자면 잔금을 안 준다는 말은 없으니… (잠시 사이) 고발을 안 한 이유는… 나도 잘 모르겠소.

"나의 삶은 완전히 파괴되었다"

씬3.	**나루터 일각. 낮 (8화 마지막 씬 계속)**

마주 보고 서 있는 정우와 순덕.

정우   네 이름이 순덕이고, 5년 전 병으로 남편을 잃어 과부가 됐다고 나에게 했던 말… 사실이냐?

순덕   (그걸 갑자기 왜 묻지?) 네, 사실입니다.

정우   정령 한 치의 거짓도 없는 것이냐?

순덕	(질문의 의도를 몰라 망설이는데) …
정우	(그런 순덕을 보고) 언제까지 네 정체를 속일 수 있다고 생각했느냐?
순덕	('들켰구나!' 하는 생각에) …어찌 아셨습니까?
정우	끝까지 아니길 바랐는데… (차가운 얼굴로) 넌 나에게 크나큰 배신감을 줬다.
순덕	(가슴이 철렁) !
정우	우리의 중매 계약은 이 시간부로 깨졌다.
순덕	대감님, 제가 설명을…
정우	무슨 설명? 살인자 주제에 무슨 변명거리가 있다는 것이냐!
순덕	(살인자라니 좌상집 며느린 걸 안 게 아니야? 당황하는데) 네?
정우	(이미 화난 상태) 내, 어명으로 중매를 선다는 말까지 했거늘 겁도 없이 어사를 속여? 됐다, 사람을 못 알아본 내 잘못이지. 다시는 내 눈앞에 띄지 말거라! (획 돌아서 간다)

순덕, 정우를 쫓아가려 하는데 물러나 있던 오봉이 막아서며
못마땅한 얼굴로 엽전 주머니를 순덕에게 던지듯 준다.

순덕	(얼결에 받고, 눈은 가는 정우를 좇으며) 이게 뭡니까?
오봉	중매 잔금이네, (가는 정우를 보며 못마땅) 아주 호구 나셨어.
순덕	(엽전 주머니와 멀어져가는 정우, 살인자란 말에 머리 복잡하다) …
오봉	대감마님이 자네에게 정이 남아 관아에 고발하지도 않고,

도망칠 기회를 주는 것이니 고맙게 생각하게.

순덕   (아, 맞다!) 다들… 날 여주댁으로 알고 있지. (가려는 오봉
        에게) 도대체 내가 누굴 죽인 살인자입니까?

오봉   뭘 모르는 척? 8년 전 남편과 평양부 서윤 살인을 공모하
        지 않았느냐. 널 잡으려는 추노꾼이 객주까지 왔어.

순덕   (?!!) 설마… 좌상집 첫째 아들이 죽은 그 사건 말입니까?

오봉   (썩소) 이제 기억이 났나 보네. 돈도 받았으니 더 이상 대
        감마님 앞에 얼씬도 하지 말아. 다시 눈에 띄면 내가 관아
        에 고발할 것이니! (정우를 쫓아간다)

순덕   (속상한 얼굴로 멀어지는 정우를 본다) …

씬4.   강가. 낮

굳은 표정으로 걷던 정우, 못내 아쉬워 뒤를 돌아보면

자신과 반대편으로 미련 없이 뛰어가는 순덕의 모습 보인다.

씬5.   홍월객주 / 마당. 낮

객주 안으로 뛰어 들어온 순덕, 행수 방 쪽으로 급히 들어간다.

씬6.   홍월객주 / 행수 방. 낮

홍천수, 여주댁에게 편지를 쓰고 있다. "자네를 찾고 다니는

추노꾼이…"

홍천수	〔E〕 자네를 찾고 다니는 추노꾼이 있으니, 일이 끝나도 돌아오지 말게. 복희는 조만간 내 시간을 내서 직접 함경도로 데려다주겠네.

콩! 문이 열리고 행수 방에 들어온 순덕, 홍천수 앞에 엽전
주머니를 놓으며

순덕	(흥분해서) 행수는 알고 있었어? 여주댁이 우리 시아주버님… 죽인 살인범이란 거.
홍천수	(편지를 접으며 담담하게) 여주댁이 누굴 죽일 수 있는 사람이 아닌 건 마님이 더 잘 아시잖아요.
순덕	(흥분한 게 무색하게 바로 인정) 알지. 근데 왜 추노꾼이 여주댁을 잡으러 다닌다는 거야?
홍천수	저도 억울하게 누명을 써서 남편은 죽고, 여주댁은 한양 압송 전날 천운으로 옥에서 도망쳤다고만 알고 있어요.
순덕	그럼 진짜 살인범은 안 잡혔다는 말이잖아.
홍천수	…… 그렇죠.
순덕	8년 전에 무슨 일이 있었는지 어디 가서 알아봐야 하지?

씬7.　북촌 거리. 낮

나귀를 타고 경운재로 향하는 정우, 나귀를 몰고 가는 오봉이
슬쩍 돌아보자 정우는 그 눈길을 참지 못하고 짜증을 낸다.

정우　　　걱정 마라. 내 중매가 처음이라 잠시 능숙한 자의 도움을
　　　　　받았을 뿐 이제 원리와 방법을 알았으니 나 혼자 충분히
　　　　　성사시킬 수 있다.

오봉　　　(대답 없이 깊은 눈으로 정우를 보기만 한다)

정우　　　(더 짜증) 걱정하지 말라는데, 그 측은히 보는 눈빛… 도대
　　　　　체 뭐? 뭐!!

오봉　　　저는… 대감마님 마음이 걱정돼서…(자책하듯 자신의 입을
　　　　　치며) 이 주둥이가 문제지. 괜히 여주댁하고 연애하라고
　　　　　해서…

정우　　　내 마… 마음? 연애? (과장된 헛웃음) 하~ 내가 그 천한
　　　　　것에게 사사로이 맘을 주었다 오해를 한 것이냐? (울분에
　　　　　차) 가당치도 않다!

씬8.　좌상 집 / 별채 마루. 저녁

앞치마를 한 순덕, 개동이 데리고 와 툇마루에 앉으며,

개동이　　뭘 물어보시려고…

순덕　　　8년 전… 시아주버님 돌아가셨을 때 이야기 좀 해줘봐.

개동이	(!) 작은 마님… 드뎌 그 소문을 들으셨구나.
순덕	(설마 추노꾼이 잡으러 다닌다는 소문이 벌써?) 그 소문이라니?
개동이	(목소리 낮춰) 큰마님이 첫째 며느리 죽여서 열녀문 받은 거요.
순덕	아- 그 말도 안 되는 헛소문 말고, (목소리 낮춰서) 시아주버님 살인사건에 대해서 아는 거 없냐고.
개동이	(갑자기?) 글쎄요… 오래도 됐고 평양에서 있었던 일이라… (기억을 더듬어) 장사치 부부가 은괴 훔치려다 죽였다고… 들었어요.
순덕	(갸웃) 장사치가 은괴 때문에 관아 처소에서 벼슬아치를 죽였다고? 대단히 이상한데.
개동이	(?) …어느 부분이요?
순덕	전부 다.

씬9.   북촌 전경. 밤 → 아침

어둠이 걷히고 해가 떠오른다.

씬10.   경운재 곳곳 몽타주. 낮

/ 의관을 정제하고 서재에 들어선 정우,
순덕의 전신화와 쌍연술사를 정리한 책을 종이상자에 버린다.

/ 가부좌하고 심호흡하는 정우. 앞에 난을 칠 먹과 종이가
준비되어 있다.

정우 〔E〕 미천하고 요망한 것과 함께 지내다 보니 평정심을 잃
고 날뛰었다. 마음의 평안을 찾는 데는 난을 치는 것만 한
게 없지.

심호흡한 뒤 난을 치는 정우, 순식간에 멋진 난 그림이
그려지는데…

[INS] 6화 21씬.

순덕 그림까지 이리 잘 그리시다니 대감님께서는 못하시는 게
없군요.

정우, 불시에 떠오른 순덕의 생각 때문에 마무리 붓질이
헛나가고, 거의 다 그린 그림을 망친다. 정우는 망친 그림을
과도하게 구겨버린다.

/ 누마루에 그림같이 앉아서 대금 연주에 집중하는 정우.
선화사에 울려 퍼진 일명 사랑을 부르는 대금 연주가 흐른다.

정우 〔E〕 역시 마음을 다스리기엔 대금 연주가 으뜸이다.

[INS] 5화 31씬.

순덕　　　아~ 아까 미처 말 못 했는데 대금 연주를 하신 것도 정말
　　　　　좋았습니다.

　　　　　순덕이 생각에 연주가 삑사리가 나자, 미간에 주름이 잡히고
　　　　　이내 신경질적으로 대금 연주를 그만두고 일어나는 정우.

　　　　　/ 정우, 『대학』을 앞에 놓고

정우　　　〔E〕 율곡선생의 『격몽요결』에 이르길 마음이 수런수런할
　　　　　때 대학을 읽고 생각을 정리하라 했지.

　　　　　비장하게 대학을 펼치는데… 책 속에 순덕의 웃는 얼굴이 동동
　　　　　떠다닌다. 정우, 신경질적으로 책을 덮고 대자로 누워버린다.

씬11.　　한성부 일각. 낮

　　　　　순구와 마주 선 순덕(양반 복장).

순구　　　(놀라는 얼굴) 8년 전 평양부 서윤 살인사건이면…
순덕　　　맞아, 우리 시아주버님이 평양부에 계실 때 살해당했다는
　　　　　그 사건.
순구　　　그 사건을 갑자기 왜 알고 싶은 건데?

순덕	나하고 오라버니도 그 사건과 관련되어 있는 것 같아.
순구	(이해할 수 없는 얼굴) 그게 무슨 소리야?
순덕	8년 전 아버지 만나러 함경도 갔다 오는 길에, 대동강 변에서 방물장사 한다던 새댁 구해준 거 기억나?
순구	…

[INS] 4화 35씬.
순덕이 강가에 정신 잃은 여주댁을 발견하고, 순구가 여주댁을 업는다.

순구	(!) 그 방물장수가 평양부 서윤 사건의 살인범이라고?
순덕	아니, 그렇게 누명을 썼대.
순구	그 장사치가 지금 어디 있는데?
순덕	(이걸 어떻게 설명해야 하나) 서방님 돌아가시고, 내가 친정에 잠시 와 있었잖아.
순구	(갑자기 그때 이야기는 왜?)

씬12. (과거) 순덕의 친정 / 별채 마루. 낮

마루에 상복을 입은 순덕이 넋을 놓고 앉아 있다.
[자막 - 4년 전]

순덕	〔E〕 그땐 매일 죽고 싶다는 생각뿐이었어, 죽으면 서방님

을 만날 수 있을 것 같아서…

멍하니 앉아 있는 순덕의 손을 잡는 복희(4살),
순덕이 '뭐지?' 하고 보면 앞에 여주댁이 봇짐을 메고 서 있다.

순덕   (여주댁을 알아보고) 자네는…
여주댁   그 아이, 평양에서 절 구해주셨을 때 제 배 속에 있던 아
        이예요.
순덕   ! (다시 복희를 보고 머리 쓰다듬으며) 엄마 닮아서 예쁘네…

여주댁이 순덕 옆에 도화분을 포함한 화장품을 꺼내놓는다.

순덕   서방님이 돌아가셨는데… 내 누굴 위해 치장을 하겠나.
여주댁   마님을 위해서요.
순덕   !

씬13.   한성부 일각. 낮

순덕   난 여주댁이 죽은 서방님이 내게 보낸 선물이라고 생각했
        어. 그때부터였어, 여주댁이란 이름으로 중매쟁이를 시작
        한 게.
순구   그 여주댁은 지금 어디 있어?

순덕	그건 말할 수 없어. 하지만 다행히 한양엔 없어.
순구	(머리 복잡하다) 그자가 8년 전 사건의 범인인 건 어떻게 안 거야?
순덕	추노꾼이 쫓는 것 같아.
순구	(뜨억) 너 추노꾼을 만난 거야?
순덕	내가 추노꾼을 만났으면 차라리 다행이지, 경운재대감님이 알았어.
순구	(!!) 그래서?
순덕	뭐가 그래서야, 배신감 느낀다고 나보고 당장 꺼지래지… (한숨)
순구	경운재대감이 네가 살인자라 생각하는데… 그냥 보냈다고?
순덕	오라버니, 그건 내가 알아서 할 테니까 8년 전 사건이나 알아봐 줘. 여주댁이 누명을 쓴 거면, 진짜 살인범은 안 잡혔단 말이잖아.
순구	8년 전 일이야. 지금 다시 알아본다고 진짜 범인을 찾긴 힘들 거야.
순덕	안 해보고 어떻게 알아?
순구	… (순덕의 성격을 잘 알기에) 내가 하지 말라고 해도… 말 안 들을 거지? (대답 없는 순덕을 보고, 한숨) 내가 알아봐줄 테니 넌 아무것도 하지 마. 정순덕, 대답해.
순덕	…네.

第九話

씬14.　　경운재 / 서재. 밤

어두운 서재, 등잔에 불을 붙이는 오봉. 그제야 전의를

상실하고 대자로 뻗어 있는 정우가 제대로 보인다.

오봉　　　 (안쓰러운 얼굴로) 저녁 진지 올릴까요?

정우　　　 됐다. 아직 아침밥도 소화가 안 된 것 같구나.

오봉　　　 아침도 안 드셨지 않습니까? 그렇게 곡기를 끊으시면 큰

　　　　　 일 나요.

정우　　　 (만사가 귀찮은 듯 나가라는 손짓하며) 그만 나가보거라. 혼

　　　　　 자 있고 싶다. (모로 돌아눕는다)

씬15.　　경운재 전경. 밤

정우　　　 〔E〕 혼자 있고 싶다는데 어찌 사람을 이리 귀찮게 하느냐.

씬16.　　경운재 / 정우의 방. 밤

정우를 진맥해보는 유의원.

오봉, 옆에서 걱정스럽게 지켜보고 있다.

유의원　　 (조심스럽게) 제 생각엔 상사병에 걸리신 것 같습니다.

정우　　　 (이미 알고 있는 듯 한숨)

유의원	(이런…) 대감께서도 본인의 병을 알고 계셨군요.
오봉	상사병도 병이니, 치료 방법이 있을 것 아니오?
유의원	(갈 준비하며) 보고 싶어도 보지 못하여 상대의 생각이 머리에 너무 많아 생기는 병이라, 그 상대를 만나는 것 외에 치료법은 없습니다.
오봉	진정 약 같은 것으로 어떻게 안 되는 거요?
정우	(오봉에게) 그만해라, 나는 괜찮다.
유의원	(그런 정우를 보며) 심하면 죽을 수도 있는 병이니… 웬만하면 그 봉숭아 물들여준 사람을 만나세요. 그게 치료법입니다.
정우	! (새삼, 자신의 새끼손가락을 본다)

씬17. 좌상 집 / 별채 / 순덕의 방. 밤

생각에 잠겨 예진의 손가락에 봉숭아 물을 들여 주는 순덕.

예진	언니는… 사람을 보면 어울리는지 아닌지가 보인다고 했잖아요.
순덕	(봉숭아 잎을 감싸 실로 묶으며) 네.
예진	맹박사댁 둘째는 왜 농사짓는 사람과 이어준 거예요?
순덕	어울리니까요.
예진	어디가, 어떻게요?
순덕	(실로 묶다가 예진 보며) 이 갑작스러운 관심 뭘까요?

예진	그냥… 그 집 둘째가 포악하다고 소문이 자자하니까 궁금해서.
순덕	소문만 그렇지 실제 만나보면… (좀 생각하다가) 아가씨랑 비슷해요.
예진	나랑? 말도 안 돼. 내가 얼마나 예의 바른 말만 하는 사람인데.
순덕	자기주장 강하고 현명한 부분이요. 농사짓는 그 선비님도 겉모습은 무뚝뚝하지만, 속이 깊고 배려심이 많은 분이라 잘 어울려요. (마지막 손가락의 실을 묶으며) 다 됐다.
예진	(손가락을 보며) 그런 거라면 나랑 더 어울렸겠네.
순덕	…아가씨가 못 견딜 거예요. 그러니까 서운하게 생각 말아요.
예진	(?!) … 설마 알고 있었어요?
순덕	뭘요? 아가씨가 농사짓는 선비님을 좋아하는 거?
예진	!!
순덕	사실 전부터 뭔가 있다는 느낌은 있었는데, 그날 객주에서 보고…

[INS] 8화 46씬.
문에 몸을 숨긴 채 마당에 서 있는 예진과 부겸을 보는 순덕,
정우가 다가와 "숨어서 뭘 보는 것이냐?" 하며 마당을
보는 동안 순덕은 탁자 위의 광부 명단을 넘겨보며, 눈빛
의미심장해진다.

순덕	이상해서 광부 명단을 보니 그 선비님이 아가씨 외갓집 옆에 살더라고요… 그래서 알게 됐죠.
예진	근데 왜 모른척했어요?
순덕	아가씨 마음은 이미 정해졌잖아요. 아니에요?
예진	…
순덕	안 되는 사이라서 공연히 더 애달프고 아쉬울 수 있어요.

씬18.　경운재 마당. 새벽

오봉은 엽전 주머니를 들고 고민하는데 외출 준비하고 나오는 정우를 보고,

오봉	(엽전 주머니를 숨기며) 몸도 성치 않은데 어딜 가시는 거예요?
정우	저잣거리 그네 터…
오봉	(뜨억) 이 새벽에 그네 터는 왜요?
정우	그네 터에 왜 가겠느냐? 그네 타러 가지.
오봉	아이고 이제 정신까지 놓으셨네, 제가 여주댁을 찾아 데려올 테니… 제발 정신 좀 챙기세요.
정우	(인상 쓰며) 찾아오다니?
오봉	(엽전 주머니 꺼내 보이며) 나루터에서 여주댁에게 준 잔금인데요, 대감마님께 돌려드리라고 여주댁이 객주에 맡겼대요.

정우	(!) 여주댁이 아직도 한양에 있단 말이냐? 여주댁 집이며 객주엔 추노꾼이 진을 치고 있다고 하지 않았느냐?
오봉	여주댁이 워낙 북촌 마님들에게 신임이 두터워서 그 집들 어디에 숨어 지내는 것 같아요. 그러니 제가 찾아서…
정우	(정색하며) 됐다, 내가 왜 범법자를 만난단 말이냐?
오봉	병은 고치고 봐야죠! 유의원 말이 못 보면 죽을 수도 있다 잖아요.
정우	죽긴 누가 죽는단 말이냐? 내 유의원보다 의학은 윗길이 다. 상사병은 마음의 병이니, 여주댁 생각이 날 틈 없이 바쁘게 움직이면 상사병 따위 치료가 가능하다.

씬19. 그네 터. 낮

김집, 그네를 타는데 몸을 엇박자로 움직여 좀처럼 나가지 않는다. 정우, 교관처럼 앞에 서 있고 허숙현과 윤부겸은 구경하고 있다.

정우	어허! 뒤로 내려갈 때 무릎을 접어주라 하지 않았습니까.
김집	(그네에서 내려와) 볼 땐 몰랐는데… 직접 타니 쉽지 않습 니다.
정우	정녕 하나낭자와 혼인, 안 하고 싶으십니까?
김집	(그건 아닌데) 하고 싶습니다만…

허숙현	(옆에 윤부겸에게) 그네가 안 걸려서 다행입니다. 난 높은 곳은 딱 질색이라.
윤부겸	(관심 없어 건성으로) 아… 네.

정우	(김집에게) 나와 함께 타봅시다. 몸에 느낌을 익히면 무서움을 없애는 데 도움이 될 터이니.

정우, 김집과 마주 서 그네를 탄다.
정우 덕분에 점점 높이 올라가는 그네. 김집은 비명을 지르며
"그만~"

박복기, 이좌랑과 지나가다가 그 모습을 보고.

박복기	저기 남자 둘이 그네 타는 거, 경운재? 이젠 저런 걸 봐도 놀랍지도 않군… 아우 꼴 보기 싫어. (고개 돌려버린다)

씬20. 좌상 집 / 안채 / 안방. 낮

박씨부인에게 보고를 하는 삼월 어미.

박씨부인	(의미심장한 얼굴로) 서씨 집에… 알았다.
삼월어미	그리고 중매쟁이들 사이에선 경운재대감님이 늙은 아씨들을 모두 오월 안에 혼인시킬 것 같다는 소문이 있습니다.

박씨부인	셋 다 모두?…!
삼월어미	(막 생각나 호들갑) 아 맞다, 경운재대감님의 중매를 돕는 자가 예진아씨 중매를 선 여주댁이라고 합니다.
박씨부인	(보면)
삼월어미	(나 잘한 거지?) 당장 들어오라고 기별을 넣을까요?
박씨부인	… 됐다, 지금 숙빈마마를 뵈러 갈 것이니 채비를 해라.

씬21. 조씨부인 / 집 안방. 낮

조씨부인과 마주 앉아 있는 순덕.

조씨부인	배필이 다 정해졌다고 들었소.
순덕	네. 단오가 지나면 신랑 쪽에서 납채가 올 것입니다.
조씨부인	내 좀처럼 딸들의 연분이 보이지 않아 걱정했는데, 고맙네.
순덕	마님께서도 저처럼 집안엔 비밀로 하고 중매를 서신 겁니까?
조씨부인	(고개를 끄덕이며) …눈에 보이니 어쩔 수 없지 않나.
순덕	맞아요. 좋은 인연을 보고 그냥 지나치기 힘들죠.
조씨부인	자네도 연분인 남녀 사이의 끈이 눈에 보이는가?
순덕	(이게 무슨 말이야?) 네?
조씨부인	다른 쌍연술사들은 소릴 듣기도 하고, 몸의 기운으로 연분을 알아보기도 한다던데, 자네는 어떻게 알아보나 해서.
순덕	(이거 답이 아닌 것 같지만) 저는 추리로 알아봅니다만…

조씨부인	(?)
순덕	자신이 쌍연술사인지 아닌지는 어떻게 알아요?
조씨부인	모를 수 없지, 된통 앓고 나면··· 계속 눈에 밟혀 중매를 안 설 수도 없고 아니 그런가?
순덕	중매를 안 설 수 없긴 합니다만··· (된통 앓은 적은 없는데··· 점점 쌍연술사라는 확신이 안 선다)

씬22.   씨름 터. 낮

덩치 큰 씨름꾼이 앞에 서 있고, 정우와 윤부겸이 모래판에 서
있다. 그네 타기로 넋이 나간 김집과 허숙현은 밖에서 구경
중이다.

윤부겸	꼭 이렇게까지 해야 하는 겁니까?
정우	그럼 여인의 마음을 얻는 것이 쉬운 줄 알았습니까? (씨름꾼에게) 이 양반에게 씨름 기술을 알려주면 된다.
씨름꾼	나랑 바로 할 수는 없고··· 상대를 해줄 분이 필요한데.
정우	나도 이미 책으로 숙지하여 초보는 아닌데··· (하고 김집과 허숙현을 보면 외면한다) 내가 해야 하나··· (하는데)
시열	(불쑥 튀어나와 정우에게 해맑게) 제가 상대를 해봐도 될까요? 단오 씨름 시합에 나가려는데 보기만 했지, 하는 건 처음이라.

[INS] 2화 22씬.

두리를 가마에 태우는 시열. 둘의 눈빛이 섞인다. 그 모습을
보고 흉통을 느끼는 정우.

정우   (시열을 알아보고) 자넨 북촌에서 백주에 연애질하던⋯
시열   (정우를 기억 못 하고) 저를 아십니까?
정우   됐네, 또 머리 좋은 나만 기억하지. 둘이 같이해보시게.

              [CUT TO]

시열   (윤부겸과 마주 앉아) 그쪽도 씨름이 처음이오?
윤부겸   (어디서 봤더라?)

              [INS] 5화 35씬.

              시열, 대웅전 안 예진을 보고 "⋯생각보다 예쁘네."

윤부겸   (시열을 바로 알아보고 인상이 굳는다)

씨름꾼의 지시대로 시열과 윤부겸, 서로 샅바를 맞잡고
서서히 일어선다. 정우, "씨름은 원래 힘이 아니라 기술이
중요하네!"라며 훈수를 두는 순간 획- 바로 기술을 걸어 시열을
자빠뜨리는 윤부겸. 모두 놀라고,

씨름꾼	(윤부겸을 보고) 이 양반은 선수시네.
시열	(자빠진 채) 나만… 처음이었군…요.

씬23. 계곡 위 언덕. 낮 (8화 67씬 동 장소)

계곡이 내려다보이는 언덕에 돗자리를 깔고 모여 앉은 정우와
김집, 윤부겸. 오봉은 정우 옆쪽에 앉아 있다.

김집	(허숙현에게) 여기 앉아, 여인들 머리 감는 것이나 보면 된다니 참으로 부럽습니다.
허숙현	(가장 안쪽 자리에 앉아 난감한 얼굴로) 제가 고소공포증이 있어 단옷날 잘할 수 있을지 걱정입니다.
정우	(허숙현에게) 고소공포증은 노출요법으로 치료할 수 있으니 오늘부터 하루에 두 번 이곳에 와서 내려다보는 연습을 하십시오.
허숙현	(주먹을 불끈 쥐고) 알겠습니다. (용기를 내서 조심스럽게 아래를 보다가 몸서리치며 안으로 들어온다)
정우	아, 내가 혼롓날이 언젠지 이야기했던가요? (모두 정우를 보면) 잘 아는 관상감 관원에게 알아보니 올 오월 스무닷새가 300년 만에 오는 길일이라 이날 혼례를 치르면 삼대가 잘 산다고 하여 그날로 할까 하는데. 여러분들의 생각은 어떠신지?

허숙현	관상감에서 나온 말이면 확실하겠네요.
윤부겸	전 아무 날이나 괜찮습니다.
정우	(별문제 없군, 다행이다 싶은데)
김집	아무리 길일이라도 다음 달 스무닷새는 너무 촉박합니다.
허숙현	(김집을 보며) 본가가 지방이라 하셨죠?
정우	(긴장하는 표정으로) 이걸 말해야 하나… 내 담벼락님들의 혼인을 도우려고 관상감에 사주를 넣었는데, 12호 담벼락님은 올 유월 전에 혼인 못 하면 7년 안에 배필을 못 만날 사주라던데…
김집	(당황) 치… 칠년이면 불혹을 바라보는 나인데… 다시 생각해 보니 보장사에게 부탁하면 본가에 닷새면 기별을 할 수 있으니 오월 스무닷새에 혼인을 못 할 것도 없을 것 같습니다.
	[자막 - 보장사: 전국을 오가며 급한 문서를 전달하는 배달꾼]
순덕	(정우 옆에서) 나리 너무 잘하셨습니다.
정우	(으쓱, 환한 미소) 내가 뭐든 한번 익히면 잘한다. (그러고 보면 순덕이 아니고 오봉이다.)
오봉	(왜 이래? 눈만 멀뚱멀뚱)
정우	(고개를 도리도리) 머릿속에서 지우자, 지울 수 있다. 할 수 있다.

씬24. 조씨부인 집 / 마당. 낮

하나는 마당 텃밭에 물을 주고 있고, 두리는 여전히 바느질에 열중하고, 삼순만이 정우를 집중하여 본다. 오봉은 쪽마루에 앉아 졸고 있다.

삼순   (눈을 반짝이며) 말씀하시죠.

정우   (신랑 후보 때와 달리 분위기 어수선하여 못마땅하지만) 내, 잘 아는 관상감 관원에게 알아보니 올 오월 스무닷새가 300년 만에 오는 길일이라 이날 혼례를 치르면 삼대가 잘 산다고 합니다. 그러니 그날을…

두리   (바느질하며) 돌팔이네. 길일에 혼인한다고 삼대가 잘산다니, 어사 나리, 그런 헛소리 돈 주고 들은 건 아니죠?

하나   설마 그 정도로 세상 물정 모를까?

정우   (얼굴 벌게지며, 말문이 막히는데)

순덕   관상감 이야긴 아가씨들에게 안 통한다고 하지 않았습니까. 잊으셨습니까?

정우   (앞에 앉은 순덕을 보며, 반색) 왜 이제 왔느냐, 나 혼자 얼마나… (하지만 순덕이 아니고 삼순이다) 또 헛것이… (보고 싶어 미치겠다)

삼순   (무슨 소리지?) 근데 여주댁과 왜 같이 안 다니시는 겁니까?

정우   … (한쪽 눈에서 눈물이 또르르 흐른다)

삼순   (헉 당황하여) 지금… 우시는 겁니까?

우냐는 삼순의 말에 하나와 두리, 하던 일을 멈추고 정우에게 집중한다. 정우 역시 삼순의 말에 자신의 얼굴을 만져보는데 눈물이 맺다.

정우   울긴 내가 왜 운단 말이오, 내 눈에 뭐가 들어가서…그런것
         이요. 하여간 혼례는 다음 달 스무닷새니 그리 아십시오.

         정우, 도망치듯 밖으로 나가자, 두리는 실패를 던져, 조는
         오봉을 깨운다. 오봉 잠에서 깨, 두리번거리다가 정우가
         없자 급히 집 밖으로 나간다. 삼순인 정우와 오봉이 나간 걸
         확인하고 안방으로 들어간다.

씬25.   조씨부인 집 / 안방. 낮

         삼순, 안방에 들어가면 조씨부인과 순덕 마주 앉아 이야기
         중이다.

삼순   어사 나리, 지금 울면서 가셨어요.
순덕   울다니요?
삼순   말은 눈에 뭐가 들어갔다고는 하는데… (앉으려는데)
조씨부인   알았으니 그만 나가봐라, 여주댁과 아직 할 말이 남았다.
삼순   네… (안방을 나간다)
조씨부인   혼례 날짜가 다음 달 스무닷샛날이라고요?

순덕	예. 제 개인적인 사정 때문에 어사나리와 함께 다니진 못
	하지만, 아가씨들 혼인에는 차질 없을 것입니다.
조씨부인	자네 어느 댁 사람인가? (순덕이 말이 없자) 비밀은 지킬
	테니 걱정 말게.
순덕	…좌상집 둘째 며느리입니다.
조씨부인	처음 만났을 때부터 혹시나 했는데… 맞았군.
순덕	저를 아십니까?
조씨부인	내가 눈이 멀기 전 마지막으로 이어준 연분이 자네였네.
순덕	저는 서방님과 중매로 혼인하지 않았는데요.
조씨부인	자네 서방님과 세책방에서 처음 만나지 않았나?
순덕	!!

씬26.   (과거) 작은 세책방 앞 거리. 낮 (5년 전)

인국, 맞은편에서 소설책을 읽으며 걸어오는

순덕(댕기머리)에게 시선이 간다. 책을 보며 환하게 웃고 있는

순덕을 보니, 인국의 입가에도 미소가 걸린다. 그 둘의 사이에

있는 세책방에서 봇짐을 메고 나오는 조씨부인, 인국으로부터

시작해 자신을 통과하는 청홍실을 보고 뒤를 돌아본다.

그 청홍실은 소설책을 읽으며 세책방으로 향하는 순덕에게

닿아 있다. 순덕은 세책방 안으로 들어가고, 인국 세책방을

지나치는데.

조씨부인   (인국에게) 선비님, 세책방 안에서 기다리는 분이 계십니다.

인국은 자신에게 말하는 게 맞나 주변을 둘러보는데,
조씨부인의 '너 맞다'라는 끄덕임에 인국은 홀린 듯이
세책방으로 들어간다.

조씨부인   [E] 누구보다 잘 어울리는 한 쌍이라 안 이어줄 수가 없
었네.

씬27.   (과거) 길가 작은 세책방 안. 낮 (5년 전)

4화 38씬. - 인국의 시선.
세책방에 들어가 안을 둘러보는데 순덕, 까치발을 하고 책장
위 칸에 놓인 책을 꺼내려고 애를 쓰고 있다. 인국이 순덕의
뒤로 가서 책을 꺼내주자, 돌아서서 올려다보는 순덕과 눈이
마주치고, 인국은 순덕과 사랑에 빠진다.
[자막 - 초시계가 빠르게 흐르다 4.5초에서 멈춘다.]

세책방 입구에서 둘의 모습을 보는 조씨부인의 눈에 둘 사이를
감싸고 있는 겹겹의 청홍 실이 보인다.

조씨부인   [E] 그땐 내가 쌍연술사로 맺어줄 마지막 인연일 줄 몰
랐지.

씬28.　경운재 앞. 낮

경운재를 물끄러미 바라보는 순덕(쓰개치마, 북촌 며느리 복장)

순덕　　　[E] 저의 연분은 우리 서방님이 확실하니⋯ 대감님께도 제가 지나가는 바람일 거예요. 그러니 저 때문에 너무 힘들어하지 말아요.

순덕, 발길을 돌려 자리를 떠난다.

씬29.　경운재 / 대청마루 → 서재. 낮 → 밤

정우 넋이 나가 탁자에 멍하니 앉아 있다. 답답한 마음에 마른세수하고 보면, 서재에서 순덕이 자신을 보고 서 있다! 놀란 정우는 홀린 듯 일어나 서재로 들어가니, 순덕은 사라지고 그곳엔 순덕의 전신화 족자와 쌍연술사 백서를 넣은 종이 상자가 놓여 있다.

[CUT TO] - 밤
대청마루 탁자 위엔 순덕의 전신화와 "알아서 하겠습니다- 여주댁" 이면지에 쓴 편지, 쌍연술사 백서, 순덕이 수결한 중매계약서(3화 6씬)가 놓여 있다. 정우, 손을 뻗어 중매계약서 순덕의 손 모양에 자신의 손을 겹쳐보며

정우   〔E〕인정하고 싶지 않지만, 여주댁으로 인해 나의 삶은 완전히 파괴되었다.

씬30.   북촌 전경. 새벽

씬31.   경운재 / 대청마루. 새벽

탁자 한쪽에 치워진 말린 순덕의 전신화 족자, 수결서,
쌍연술사 백서. 밤새 서재에 있었던 정우는 퀭한 얼굴로 삼순과
마주 앉아 있다.

정우   이른 아침에 여기까지 무슨 일이오?

삼순   ("쌍연술사 백서" 보고) 대감님도 쌍연술사를 아십니까? 우리 어머니만 아시는 이야긴 줄 알았는데…

정우   ("쌍연술사 백서"를 보니 순덕 생각이 더 나고) …왜 찾아왔는지만 어서 말씀하십시오. 내 좀 피곤하니.

삼순   여주댁하고 왜 싸우신 겁니까?

정우   내가 여주댁하고 싸울 위치요? 복잡한 사정으로 더는 중매에 관여하지 말라 했습니다. 그러니 이제부터 혼롓날까지 나 혼자 할 것입니다.

삼순   아닌데요. 그제 대감님이 오셨을 때 여주댁도 혼롓날을 말해주러 집에 와있었는데.

정우	(!) 내가 낭자의 집을 찾았을 때 여주댁이 그 집에 있었다고요?
삼순	(풋, 낭창하게) 싸운 거 맞네요, 둘 다 서로를 피하는 거 보면.
정우	(얼굴이 점점 벌게지는데)
삼순	자존심 세우느라 그러시는 거면, 오늘 여주댁이 우리 집에 오니 대감님께서도 모른 척하고 오셔서 여주댁한테 사과하고 화해하세요.
정우	내가 왜 사과를 한 단 말이오? 잘못은 여주댁이 했는데!
삼순	보고 싶잖아요. 눈물이 날 만큼.
정우	…

씬32. 경운재 / 정우의 방 안 → 서재. 낮

/ 오봉, 보약을 들고 방 안으로 들어오지만, 정우가 없다.
/ 오봉, 서재 안을 살피지만 역시 정우가 없다.

씬33. 홍월객주 마당. 낮

객주로 들어온 안동건, 마당 평상에 앉는다. 지나는 사람들
모두 힐끗거린다.

오봉	(세책방에서 나오며) 여기도 안 계시고, 도대체 어딜 가신

거야. 불안해서 살 수가… (안동건을 보고 움찔, 티 나게 돌아

나가려는데)

안동건   (그런 오봉을 이상하게 본다)

객주 안쪽에서 나와 장사를 가려던 사인방도 안동건을 보며,

마산댁 "또 와 있네…" 중얼거리는데 이씨, 안동건에게

다가가더니.

이씨   저기, 여주댁을 찾는다고 들었는데. (안동건이 보면) 여기

서 이러지 말고 늙은 아씨들… 아니 남산골 맹박사댁에

가보게. 여주댁이 그 집 아가씨들 중매를 서는 중이니.

안동건   !

오봉, 그 모습을 보고 찜찜한 얼굴로 객주를 나선다.

씬34.   조씨부인 집 / 마당 마루. 낮

두리는 여전히 바느질에만 집중하고 있고,

삼순이만이 초집중하여 마당에 선 순덕을 보고 있다.

순덕은 창포와 작은 나무 물통을 놓고 설명하고 있다.

순덕   우리는 첫눈맞기의 인연을 운명으로 만들기 위해 단오에

그네 타기, 씨름 구경, 창포물에 머리 감기를 할 겁니다.

두리	단오에 늘 하던 걸 하면 된단 말을, 뭘 그렇게 비장하게 말해.
순덕	늘 하시던 거지만 이번엔 기술이 필요합니다. 두리아가씨는 씨름 구경 후 24호님에게 제호탕을 건네주실 겁니다.

[INS] 사람들이 가득 모인 단오의 씨름 터.
윤부겸이 씨름에서 이기자, 두리가 도자기 병에 든 제호탕을
사발에 따라 준다. 둘 사이에 과장된 사랑의 기운이 감돌고,
모임 사람들의 부러운 시선들. 그중에 몹시 흐뭇한 표정의 순덕
보인다.

두리	(몸서리치며) 아우 닭살… 벌써 몸이 굳는 것 같아.
순덕	그래도 약속은 약속이니까 꼭 하셔야 해요.
두리	(한숨) 아휴~ 내 팔자야.
순덕	삼순아가씨는 수성동 계곡에서 머리 감기를 할 예정입니다.
삼순	(신나서 두리에게) 내가 여주댁에게 머리 감기 한다고 했어, 혼인 전에 수성동 계곡에서 꼭 한번 머리 감아 보고 싶었거든.
두리	삼순아, 혼인 전에 하고 싶은 거 다 하는 방법 알려줄까?
삼순	(그런 방법이 있어?) 어! 알려줘.
두리	혼인을 안 하면 돼.
삼순	에이…

| 순덕 | (웃음) 수성동 계곡 머리 감기는 가장 힘든 기술이니, 삼 |
| | 순아가씨는 오늘부터 저와 연습을 해야 합니다. |

순덕이 두리와 삼순에게 설명하는 것을 누군가 훔쳐보는
시선(정우).

씬35.　조씨부인 집 / 다락방. 낮

다락방 쪽창으로 순덕의 웃는 모습을 보는 정우. 눈빛이
애틋하다.

씬36.　남산골 초입. 낮

조씨부인집으로 향하는 안동건을 미행하는 오봉.
마음이 다급하여 골목을 가로질러 빠른 길로 뛴다.

씬37.　조씨부인 집 / 마당 - 집 앞. 낮

벌컥 대문을 열고 들어온 오봉. 마당에 있는 순덕의 팔목을
잡는다.

| 오봉 | 빨리 도망가게. 추노꾼이 지금 자네를 잡으러 오고 있어. |
| 순덕 | ! |

두리	(이게 무슨 소리야?) 추노꾼?!

오봉, 순덕을 데리고 집 밖으로 나가려고 하지만, 대문을 열고 밖을 보면
[INS] 안동건이 이미 집 앞 길목에 들어선 것이 보인다.

오봉	(대문을 닫고) 안 되겠다, 방으로 숨게. (순덕을 건넛방으로 민다)
삼순	거기 들어가면 안 돼… (하다가) 것도 없겠구나. (썩 웃는다)

씬38.   조씨부인 집 / 건넛방 안. 낮

오봉에게 밀려 건넛방으로 들어온 순덕.

순덕	나리, 저는 괜찮습니다.
오봉	(신경질) 누가, 자네 걱정해? 이 혼례 끝내기 전에 추노꾼에게 잡혀서 우리 대감마님 미치게 하지 말고. (혼자 다급해서) 여기도 위험한데. (보다가 다락을 보며) 저기 숨게, 어서어서.
순덕	(오봉의 등쌀에 다락으로 밀려 들어간다)

씬39.   조씨부인 집 / 다락방. 낮

다락방에 밀려들어 간 순덕, 이미 숨어 있는 정우를 보고
놀란다.

정우   절대 이상한 상상 하지 마라. 나도 살아보겠다고 이러는
         것이니.

순덕   (한 공간에 있는 건 불편하다) 제가 나가겠습니다. (나가려
         는데)

정우, 다락 쪽창으로 안동건이 집 안으로 들어온 걸 확인하고
다급하게 순덕을 자기 쪽으로 끌어당기며,

정우   밖에 널 잡으러 추노꾼이 왔다지 않느냐. 경솔하게 굴지
         마라.

순덕   (정우가 너무 가까이 있어 가슴이 뛰고)…

정우   이런 돌팔이… 봐도 가슴이 터져버릴 것같이 아픈 건 매
         한가지고만…

순덕   또 가슴이… 아프신 겁니까? (정우에게 떨어지려 하자)

정우   (순덕을 다시 당겨 안는다)

순덕   !

정우   내, 못 보고 죽느니 차라리 보고 죽는 게 낫겠다.

씬40.　　조씨부인 집 / 마당. 낮

안동건이 다짜고짜 부엌문을 열어보는 등 거칠게 집안을
둘러보자.

두리　　　(버럭) 뭐야? 이 들보잡은!

오봉　　　(안동건이 무섭지만 홀로 남자라고 앞을 막아서고는) 여기가
　　　　　어디라고 행패를 부리는 것이냐! (안동건이 보자) 관아에
　　　　　고발하기 전에 썩… 나가시…오.

안동건　　찾는 사람이 있어서 그럽니다.

오봉　　　여주댁은 여기 없…다.

안동건　　(오봉을 노려보며) 일전에 객주에서는 여주댁을 모른다 하
　　　　　지 않았소?

오봉　　　(아차차 당황하는데)

삼순, 불안해하며 무의식중에 건넛방을 본다.
안동건은 그걸 놓치지 않고 오봉을 우악스럽게 밀치고
건넛방으로 가려 하자 삼순과 두리, 날렵하게 문을 막아선다.
삼순, 두리의 행동이 의왼데,

안동건　　(이 안에 있는 게 맞군) 비키십시오, 다치십니다.

동시에 쾅 하는 거친 대문 소리와 함께 들어오는 조씨부인과
하나.

조씨부인   (지엄하게 호통) 내 집에서 누가 이리 소란이냐!

안동건   (돌아본다) …

하나   어머니, 오는 길에 종사관 나리를 보았는데 모셔 오겠습니다.

안동건   (상황이 좋지 않자) …오늘은 날이 아닌가 보군.

안동건, 건넌방을 한번 돌아보더니 의외로 순순히 집에서
나간다.

두리   (하나에게) 종사관 나리 허풍, 꽤 좋았어.

하나   (조씨부인을 부축하고 안방으로 들어가며) 허풍 아니야. 오는
길에 종사관 나리가 가는 걸 봤어.

삼순   종사관 나리가 우리 동네에? (관심 보이다 도리도리) 난 다 잊
었다… 난 23호 선비님에게 반할 예정이다… 아니 반했다.

두리   여주댁은 왜 추노꾼이 쫓는 거야?

조씨부인   뭔가 오해가 있는 듯하니, 수선 피울 것 없다.

조씨부인은 하나의 부축을 받으며 안방으로 들어간다.

두리   어머니는 여주댁에게 왜 이렇게 너그러운 거야?

삼순   언니도 여주댁 걱정돼서 아까 문 딱 막고 선 거 아니야?
멋있었어.

두리   멋있을 것도 썼다.

씬41.   조씨부인 집 / 다락방. 낮

순덕   추노꾼이 간 것 같습니다. (정우에게 떨어져 다락방을 나간다)
정우   …

씬42.   조씨부인 집 / 건넛방. 낮

순덕이 다락에서 나와 방을 나가려는데 못 가게 손목을 잡는
정우.

순덕   (돌아보면)
정우   어쩌려고… 한양을 떠나지 않은 것이냐?
순덕   (정색하며) 아가씨들 중매가 안 끝났으니까요. 대감님만
         눈감아 주시면, 이번 중매 끝나고 반드시 떠나겠습니다.
정우   살인자 주제에 신의는 지키겠다?
순덕   (정우가 잡은 손을 빼며) 대감님께 제 처지를 속인 것은 잘못
         이나, 살인은 저지르지 않았습니다. 누명을 쓴 것입니다.
정우   (순덕의 말을 믿고 싶다)… 중매를 계속하고 싶으면… 경운
         재에 와 지내거라.
순덕   (밑도 끝도 없이 무슨 소리?) 그게… 무슨.
정우   추노꾼 때문에 집에도 못 간다고 들었다.
순덕   안전하게 지낼 곳이 있으니 걱정하지 마십시오. (나가려
         는데)

정우	내가 죽겠어서 그렇다.
순덕	(멈칫)
정우	내가… 너를 연모하여 상사병이 걸렸다면 믿겠느냐?
순덕	!

씬43.　조씨부인 집 / 마루. 낮

건넛방 문에 귀를 대고 엿듣는 삼순, 오봉.

삼순	(안타까워하며) 이런 절박하고 애처로운 고백이라니…
오봉	저리 접고 들어가시다니 울 대감마님 앞날이 가시밭이겠구나. (한숨)

씬44.　조씨부인 집 / 건넛방. 낮

정우	상사병은 너를 넉넉하게 보는 것 외에는 딴 치료법이 없다.
순덕	…
정우	나 같은 인재가 널 못 봐서 우습게 죽으면 조선에 얼마나 손해겠느냐.
순덕	대감님, 저는…
정우	누명을 썼다 하니 네 과거에 대해서도 더는 묻지 않겠다. 추노꾼도 내가 해결해주겠다. 너는 경운재에 오기만 하면

된다. (말하면서 스스로 자신이 멋있다고 생각하는데)

순덕   저는 가지 않을 것입니다.

정우   (?!) 무엇 때문에?

순덕   대감님을 연모하지 않기 때문입니다.

정우   날 좋아하지 않는다고… (가슴이 쓰려 손을 가슴에 가져가
        며) 내가 너 때문에 상사병으로 죽는 것을 정녕 보고 싶은
        것이냐.

순덕   대감님께서는 조선에서 가장 똑똑하고 올곧은 선비 아니
        십니까. 그러니 저로 인한 상사병 따위 반드시 이겨내실
        거라 확신합니다. (방을 나가버린다)

정우   (그대로 주저앉으며) 왜… 내 마음을 니 맘대로 확신하는
        데…

씬45.   조씨부인 집 / 마루. 낮

순덕이 건넛방에서 나오자, 문 앞에 딱 붙어 있던 삼순은
엉덩방아를 찧고 오봉, 후다닥 문에서 떨어져 괜히 딴청을
피운다.

순덕   (삼순에게) 오늘은 그만 가보겠습니다. 마님께도 다음에
        다시 들른다, 전해주십시오.

순덕이 집을 나가자 오봉과 삼순 바로 건넛방으로 들어간다.

씬46.   조씨부인 집 / 건넛방. 낮

충격을 받아 주저앉은 정우에게 달려가는 오봉.

오봉   대감마님 괜찮으세요?

정우   …

삼순   (오봉에게 핀잔) 괜찮겠나? 내가 종사관 나리에게 차인 건
       델 것도 아니게 완전 대차게 차였는데.

두리   (불쑥 방에 얼굴을 내밀고) 맹삼순, 너 차이고 댕기는 거야?

삼순   (짜증) 그런 거 아니야.

두리   어사 나리, 어머님이 뵙자십니다.

정우   …

씬47.   조씨부인 집 / 안방. 낮

조씨부인과 마주 앉은 정우.

정우   추노꾼이 집 안에 들어와 많이 놀라셨지요. 차후에는 이
         런 일이 없도록 하겠습니다.

조씨부인   여주댁이 뭔가 오해를 겪고 있단 말은 딸아이에게 들었습
         니다. 그건 괜찮으니 걱정 마세요.

정우   (정말?) 여주댁을 그리 믿으시는 연유를 여쭤봐도 될까요?

조씨부인   그는 연분을 알아보는 쌍연술사입니다.

정우   쌍연술사는… 죄도 짓지 않는다는 말입니까?

조씨부인	(순덕이 누군지 알기에 그 부분은 대답하지 않고) … 내가 대감을 보자 한 이유는 애초에 딸들의 중신을 여주댁에게 부탁한 것이니 대감께서는 관여 말고 지켜만 봐달라는 겁니다.
정우	이 일은 애초에 전하께서 저에게 하명하신 일입니다. 관여를 안 할 순 없습니다.
조씨부인	그럼 일만 하세요. 여주댁에게 향한 마음은 거두시고.
정우	!
조씨부인	두 사람은 이루어질 수 없다는 걸 대감께서 더 잘 알 것 아닙니까? 무엇보다 일방적으로 마음을 강요하는 건 사랑이 아닙니다.
정우	…

씬48. 좌상 집 / 별채 / 마루. 초저녁

열심히 마룻바닥을 닦는 순덕.

[INS] 9화 44씬.

정우	내가 너 때문에 상사병으로 죽는 것을 정녕 보고 싶은 것이냐.
순덕	(닦는 손을 멈추고) 설마 죽거나 하는 건 아니겠지? 아닐 거야, 원래 엄살이 심하잖아. (그래도 걱정은 되는데)

옆 툇마루에서 자다 깨서 고개를 내미는 개동이.

개동이   누가 엄살이 심한데요…
순덕   아우~ 깜짝이야. 여기서 뭐 하는 거야?
개동이   작은 마님이야말로 마루를 뭐 이렇게 닦아대… 송신증
          나서 몰래 쉬지도 못하게.

하고 보면 석양빛을 받은 마룻바닥 반짝반짝 빛이 난다.

씬49.   경운재 / 서재. 밤

정우, 외출 준비를 하고 방에서 나서는데, 서재에 있던 오봉.

오봉   이 시간에 어딜 가시려고?
정우   형조에 갈 것이니 앞장서거라.
오봉   거긴 또 왜요?
정우   8년 전 평양부 서윤 살인사건에 대해 알아봐야겠다. (나
          간다)
오봉   대차게 까여서 맘을 접었나 기대했더니… 아니었네. (쫓아
          간다)

씬50.　　의정부 / 형조 집무실. 밤

정우가 들어오자 서고를 지키는 형조 말단 직원이 일어난다.

말단 직원　　경운재대감께서 여긴 어인 일로 오셨습니까?

정우　　　　내 알아볼 것이 있어 그러니 무자년, 조인현 사건에 대한
　　　　　　공초를 가져다주게.

말단 직원　　(의아해하며 서고 쪽을 보며) 그건 지금…
　　　　　　[자막 - 공초(供草): 형사 사건에서 죄인을 신문한 내용을
　　　　　　기록한 문서]
　　　　　　그때 마침, 서고에서 조인현 사건 공초를 들고나오는 순구.

말단 직원　　한성부 종사관이 대감님과 같은 자료를 먼저 찾았는데…
　　　　　　어찌할까요?

정우　　　　(순구 손에 든 조인현 사건자료를 본다)

순구　　　　…

씬51.　　의정부 일각. 밤

정우와 순구 마주 보고 서 있다.

정우　　　　무슨 연유로 8년 전 사건을 보려 하는 겁니까?

순구　　　　제가 대감님께 답할 이유는 없는 듯합니다.

정우　　　　여주댁이 8년 전 평양부 서윤 살인사건을 알아봐달라고

하던가요?

순구   (당황) …

정우   표정을 보니 맞군요. 그럼 여주댁이 8년 전 살인사건의 범
        인이라는 것도 아시겠군요.

순구   정황상 여주댁이 누명을 쓴 것 같아 알아보려는 중입니다.

정우   도대체 여주댁과 무슨 관계길래 이렇게까지 하는 겁니
        까?

순구   … 8년 전에 평양에서 그 장사치 목숨을 구해준 적이 있습
        니다.

정우   그럼 하나낭자의 신문고 사건 때 여주댁을 모른다고 한
        건 거짓말이었군요.

순구   저도 묻고 싶은 게 있습니다. 원칙을 중시하는 대감께서
        여주댁이 중죄인임을 아시면서 고발치 않고 이리 따로 알
        아보시는지요?

정우   설명이 복잡한 사적인 부분이니 대답하지 않겠습니다. 허
        나 우리 둘 다 목적은 같아 보이니 이번 건은 공조하도록
        합시다.

순구   …

씬52. 좌상집 논. 낮

순덕, 마름과 함께 집안 논을 둘러보다가 손에 든 명문을 다시
보고

순덕   (다시 논을 보며) 저 뒤쪽에 자투리 논이 있나?

            마름 "글쎄요?" 고개를 갸웃거리자, 순덕, 치마를 한쪽으로
            몰아 잡고 풀이 무성한 논두렁길로 거침없이 들어간다. 마름,
            당황하여 쫓아간다. 풀에 가려 안 보이는 작은 논을 확인하고
            마름에게 뭔가 당부를 하는 순덕.

            [CUT TO]
            마름의 인사를 받고 돌아서는 순덕. 이때 심부름하고 급히
            돌아오는 개동, 순덕에게 다가와 편지를 준다.

정우   (E) 여주댁 보아라. 보통 사람 같으면 너의 극악무도한 행
            보에 심신이 파괴되었겠지만, 내 25년 일생은 곧은 선비
            의 정신으로 점철되었기에 무너지지 않았다.

씬53.   좌상 집 / 별채 마루. 저녁

            예전의 꽃 그림 시전지와 달리 흰 화선지에 쓴 정우의 편지를
            마루에 걸터앉아 읽는 순덕. 옆에는 소작인 장부와 땅 매매
            명문들이 있다.

정우   (E) 서두가 길었구나. 내 서찰을 보내는 이유는 네가 무죄
            라고 주장하는 일을 소명할 기회를 주기 위함이다. 내일

경운재로 오거라.

순덕   객주도 아니고 경운재로 오라니. (걱정된다)

       [INS] 9화 42씬.
정우   내가… 너를 연모하여 상사병이 걸렸다면 믿겠느냐?

순덕   날 보고자 하는 핑계인 것 같은데… 안 가는 게 낫겠지.
       내 얼굴 보면 더 못 잊을 테니까. (고민하다 고개 드는데) !!

       언제 왔는지 모르겠지만 박씨부인이 삼월어미와 자신을 보고
       있다. 놀라, 벌떡 일어나는 순덕, 손으로 편지를 장부 아래
       숨긴다.

씬54.   좌상 집 / 별채 / 순덕의 방. 저녁
       상석 앉은 박씨부인, 앞에 순덕이 앉아 있다.

박씨부인 오늘 직접 논을 보고 그동안 놓쳤던 자투리 논을 찾았다
       들었다.
순덕   명문에 표시된 논과 모양이 달라 살펴보다 알게 되었습
       니다.
       [자막 - 명문(明文): 토지 매매 문서 등 소유를 분명히 하는

문서의 통칭]

박씨부인   그래서 어찌 처리하였느냐?

순덕   (망설이다가) 일단 제가 알고 있다는 것만 소작인에게 알리고 지금까지 하던 대로 그 자투리땅은 알아서 쓰라 일렀습니다.

박씨부인   애써 찾아놓고 어째서 그리하였느냐?

순덕   과거 장부를 보니 그 땅이 없는데도 수확량 차이가 없는 것으로 보아 그 자투리땅으로 인해 배로 열심히 일하는 것 같아 그리하였습니다.

박씨부인   (만족스러운 얼굴) 알았다, 하지만 끝까지 잊지 않고 관리해야 한다.

순덕   네.

씬55.   경운재 앞. 낮

각각 반대편에서 걸어와 경운재 앞에서 마주 선 순덕과 순구.

순덕   오라버니까지 날 여기로 오라고 하면 어떡해.

순구   경운재대감이 널 부르지 않으면 고발한다하여 어쩔 수 없었어.

순덕   미치겠네, 중매할 때도 안 마주치려고 내가 얼마나 노력 중인데…

순구   왜?

순덕	응?
순구	… 아니다, 들어가서 그냥 기억 안 난다고만 하고 빨리 나와.

순덕과 순구, 경운재로 들어간다.

씬56.   경운재 / 대청마루. 낮

오봉의 안내를 받아 대청마루로 들어서는 순덕과 순구.
순덕은 '정우의 집이 이렇구나' 하고 집 안을 둘러보는데.
방에서 나오는 정우와 눈이 딱 마주친다. 순덕, 움찔하는데…
정우는 차가운 얼굴로 순덕에게 시선을 주지 않은 채 자리에
앉는다. (정우는 내내 순덕에게 시선을 주지 않고, 순덕, 그런 정우의
태도가 신경이 쓰여, 이후 정우만 바라보고 이야기한다.)

오봉	종사관 나리 앉으세요. (순덕에겐 마지못해) 자네도… 앉게.

순구와 오봉, 순덕이 탁자에 모두 앉자

정우	다들 이곳에 부른 이유는 무자년에 벌어진 평양부 서윤 살인사건의 진범을 알아내기 위해서요. (공초를 펴 보며) 누명을 썼다 주장하는 여주댁이 사건의 전모를 말해보거라.
순덕	(자신을 안 보는 정우를 신경 쓰며) 저는 8년 전 도주 과정에

서 대동강에 빠졌었습니다. 그때 종사관 나리 덕분에 살아나긴 하였으나 그전의 기억이 모두 소멸하여… 상황을 전혀 모릅니다.

정우 (썩소) 기억소멸자는 이야기책에만 나오는 줄 알았더니…

순덕 …

오봉 기억이 소멸했는데 어찌 누명이라고 확신했나?

순덕 여주댁은 사람을 죽일 위인이 아니니까요. 저는 여주댁을 믿거든요.

정우와 오봉은 순덕의 말이 뭔가 이상하다는 얼굴이고,
순구와 순덕은 말실수에 긴장하는데…

오봉 세 살 먹은 애도 아니고 자기가 자길 믿는다는 말을 왜 저렇게 한 대? (자기 팔을 문지르며) 오봉이 닭살 돋게.

순구 (안도하며) 대감, 여주댁은 기억이 없으니 이제 돌아가라 하시죠.

정우 (순덕을 보지도 않고 끄덕인다)

순구 (얼른 가라고 순덕에게 눈짓하며) 그만 가게.

순덕, 일어나 가려다가 안 되겠는지 정우 앞에 서더니

순덕 대감께서 괜찮으시면 기억이 없어도 저의 과거니, 진범을 알아내는 데 함께하고 싶습니다.

순구	(왜 그래? 하는 얼굴로 순덕을 보는데)
정우	(고개를 들어 오늘 처음 순덕을 본다. 시선 차갑다)
순덕	(정우의 그런 시선, 마음이 매우 안 좋다) …
정우	알아서 해라.
순덕	…
정우	(순덕에게서 시선 거두고 순구에게) 조사한 내용을 설명해보시게.
순덕	사건의 경위부터 말씀드리겠습니다.

씬57.　　의정부 / 좌상 집무실. 낮

이좌랑이 옆에 서 있고 박복기와 조영배가 탁자에 앉아 있다.

박복기	이좌랑 말로는 경운재가 형조에서 8년 전 조카 사건자료를 다 가져갔답니다.
조영배	(긴장하며) 경운재 의빈이 그건 왜?
박복기	저도 모르죠, 근데 느낌이 안 좋아요. 그냥 놔두면 큰일 나겠어요.
조영배	(생각을 하는데) …
박복기	(수선스럽게) 누님한테 경운재 유배 보낼 구실을 만들어달라고 부탁해볼까요?
조영배	이 일은 자네 누나가 알아선 안 되는 일인지 모르는가!
박복기	아… 맞다.

조영배   사람을 붙여 경운재 의빈이 뭘 하는지 은밀하게 알아보게.

씬58.   경운재 / 대청마루. 낮

순구   공초에 따르면 8년 전 4월 30일 자시, 평양부 서윤인 조인
현은 침소에서 괴한의 칼에 찔려 사망합니다.

[INS] 조인현의 처소 안. 밤
얼굴을 가린 괴한, 잠에서 깨어나 일어나는 조인현에게 칼을
휘두른다. 칼을 맞고 그대로 쓰러지는 조인현.
[자막 - 자시: 23시-01시]

순구   당시 목격자인 조인현의 부친, 조영배와 부인 유씨의 증
언을 토대로 민승관 대감이 범인을 검거하였습니다. 범인
은 평양부에 물품을 대는 광무라는 자로, 방물장수인 처
태란과 공모한 것으로 밝혀졌습니다.

정우   (무표정하게 순덕에게) 여기서 말하는 광무라는 자의 처가
너다.

순덕   범인으로 지목당한 이유가 뭐죠?

정우   그들의 집에서 조인현 침소에서 없어진 은괴가 나왔기 때
문이다.

순덕   그건 말도 안 됩니다.

오봉	기억이 없다면서… 뭘 그렇게 자신 있게?
순덕	어느 바보가 은괴 때문에 자기가 물건을 납품하는 관청 벼슬아치를 죽인답니까?
오봉	(!) 그르네, 말이 안 되긴 하네…
정우	종사관은 조사한 걸 계속 말해보십시오.
순구	한양 압송을 앞두고 범인, 광무는 알 수 없는 이유로 죽었고 그의 처 태란은 옥에서 도주하였습니다.

[INS] 감옥에서 눈을 뜨고 죽은 광무의 시신, 옆에 문 열린 빈 감옥.

| 순구 | 이 일로 당시 죄인을 지키던 종사관은 파직당하고, 태란을 잡기 위해 포상금을 건 현상수배 전단을 평양 전역에 배포했습니다. 하지만 1년이 지나도 찾을 수 없어 도주 중 사망한 것으로 추정하고 사건이 마무리됩니다. 지금 여주 댁을 쫓는 추노꾼이 당시 파직당한 종사관입니다. |
| 정우, 순덕, 오봉 | (놀란다) |

씬59. (과거) 빈민가 주막. 낮

추노꾼 셋이 모여 앉아 국밥과 반주를 하고 있고, 옆에 순구가 앉아 있다.

추노꾼1   아~ 얼굴에 흉터 있는 그 양반 말씀하시는구나.

순구   양반이라니?

추노꾼1   (추노꾼2에게) 원래 양반이었다고 했지?

추노꾼2   8년 전 살인사건 때 다 잡은 범인을 놓쳐 파직당하고, 그래
         서 그 살인범을 잡아 복수하려고 추노꾼이 됐다 들었어.

씬60.   함경북도 / 천가 객주. 낮

[자막 - 함경도 천가객주]

마루에 앉아 도화분을 하나하나 확인하는 여주댁에게

보부상이 다가와 편지를 전해준다. 편지를 열어보는 여주댁.

홍천수   [E] 자네를 찾고 다니는 추노꾼이 있으니, 함경도에서 일
         이 끝나도 돌아오지 말게. 복희는 조만간 내가 시간을 내
         서…

처음엔 대수롭지 않게 편지를 보던 여주댁 얼굴이 점점 굳는다.

씬61.   홍월객주 / 마당. 낮

사람들이 오가는 객주 마당, 평상에 우두커니 앉아 있는

안동건. 복희가 슬그머니 안동건 옆에 와 앉는다. 안동건이

복희를 보자, 복희도 무서워하지 않고 안동건을 빤히 본다.

복희	찾는다는 사람은 안 찾고 왜 하루 종일 여기 있어요?
안동건	만나고 싶은 사람이 있는데, 찾는 사람이 아닐까 갑자기 겁이 나서…
복희	(알 듯 말 듯 한 얼굴) 그때 보여준 그 얼굴 그림 다시 보여줄 수 있어요?
안동건	(망설이다가 이내 품에서 족자를 꺼내 여주댁 용모화를 보여준다)
복희	(용모화를 자세히 보다가) 이거보다 예쁜데…
안동건	(!) 너 이 사람 알아?

씬62. 경운재 / 대청마루. 낮

순구	이 조사서엔 허점이 많지만 가장 이상한 점은 살인범을 찾아낸 사람이 당시 평양 유지로 있던 민승관 대감이란 점입니다.
순덕	그게 왜 이상하죠?
정우	민대감은 강경한 남장파로 동노파 수장인 조영배와 철천지원수 사이기 때문이다. 차라리 민대감이 조인현을 죽였다는 것이 더 말이 되는 상황이지. 그리고 범인으로 지목되어 감옥에서 돌연사한 광무라는 자는 민대감의 수족 같은 인물이기도 했고.
순구	대감께서도 따로 조사를 하신 것입니까?

정우	8년 전 전하께서 날 평양부 서윤으로 발령 내신 이유가 당시 평안 관찰사로 있던 박복기와 민대감을 조사하기 위해서였습니다. 둘 다 상대방이 비리를 저지른다고 상소를 올렸거든요.
순구	그런데 대감께서는 공주님과 혼인을 하게 되어, 평양부 서윤에 좌상의 첫째 아들, 조인현이 대신 가게 된 거군요.
순덕	(가만히 듣고만 있다가 불쑥) 민대감이 원수인 동노파에 협조한 건… 자신의 딸이 연루되었기 때문이에요.

순덕이 마치 본 것처럼 말하자 모두 어리둥절해서 순덕을 본다.

순덕	민대감에겐 영특한 딸이 있었어요. 그 딸은 아버지의 묵인 아래 아픈 오라버니를 대신해 남장하고 평양부 판관으로 일을 하고 있었죠. 문제는 그 딸이 한양에서 온 원수의 아들과 사랑에 빠지고 만 거죠.

[INS] 평양부 청사/ 집무실. 밤

밤늦게까지 남아서 일을 하는 조인현과 민승관의 딸(남장을 한 여자). 민승관의 딸이 책장에서 서류를 찾아서 자리에 돌아가 앉는다. 다른 자리에서 서류를 보던 조인현은 민승관의 딸에게 다가가 조인현   (서류를 보여주며) 여기 수량이 맞지 않는 것이 있습니다.

민승관의 딸 (비아냥거리는 말투) 모르는 겁니까, 모른 척하는 겁니까?
         관례를 핑계로 그쪽 숙부가 지시한 내용 아닙니까?

조인현   내 처음이라 몰랐던 게 맞고, 그런 거라면 관례보다 원칙
         대로 처리해주십시오. 책임은 제가 집니다.

         민승관 딸은 그렇게 말하는 조인현의 진심을 알아보기라도
         하겠다는 듯 그의 눈을 물끄러미 쳐다보고, 조인현 그런 민승관
         딸의 시선을 피하지 않고 바라본다.

순덕   [E] 조인현은 충신이었기에 평양 관찰사로 있는 숙부의
         비리를 밝히려 노력했고, 그의 마음이 진심이란 걸 안 민
         승관의 딸도 그에게 협조하게 되죠.

         순덕은 대청마루를 서성이며 술술 이야기를 이어간다.

순덕   결국 둘은 힘을 합쳐 평안 관찰사의 비리를 파헤치게 됩
         니다. 그 과정에서 조인현은 그가 여인이란 걸 알고, 둘은
         위험한 사랑을 하게 되죠.

         [INS] 평양부 청사/ 집무실 일각. 밤
         책장 틈 사이로 조인현과 민승관의 딸이 포옹하는 모습이
         보인다.

순덕	모든 일을 마무리 짓고 둘은 이루어질 수 없는 사이란 걸 비관하여, 동반자살을 하게 돼요. (모인 사람들을 보고) 그러니까 민대감은 딸의 불륜을 감추기 위해 원수인 동노파에 협조한 것 아닐까요?
오봉	이제 기억이 돌아온 것이냐?
순덕	(넋 놓고 말하다가 정신이 들어) 제가 이 얘길 어떻게 알고 있죠?
순구	(알 길이 없고)
순덕	(생각을 하다가) 그거… 소설 "선비의 남자" 소설 내용이에요. 이 사건과 너무 비슷하여 저도 모르게…!!
정우	(순덕과 같은 생각) 설마 그 소설…
순덕	"마님의 사생활"처럼 실화를 바탕으로 쓴 거 아닐까요?

씬63.   홍월객주 / 행수 방. 밤

홍천수, 순덕에게 설명한다.

홍천수	필명은 '소천'이고, 책도 8년 전에 나온 "선비의 남자" 한 권뿐이라 알려진 게 별로 없어요. 아는 책쾌 하나가 선화사에서 승려로 있는 걸 봤다 하는데 그것도 확실친 않아요.
순덕	선화사에서…

씬64.　　선화사 일주문. 낮

붉은 장옷의 순덕, 일주문을 지나가는 데 앞에 정우가 기다리고
서 있다.

순덕　　대감께서 여긴 어떻게?
정우　　(여전히 차갑게) 객주 행수에게 들었다. 네가 소설가를 찾
　　　　았다고.

정우는 앞장서 선화사 안으로 들어가고 순덕, 어쩔 수 없이
따라 들어간다.

씬65.　　선화사 일각. 낮

한산한 선화사. 순덕, 스님과 이야기 후 떨어져 기다리는
정우에게 다가와

순덕　　소천이란 법명을 가진 승려가 있다고 합니다. 곧 돌아올
　　　　시간이라고 하니, 좀 기다려야 할 것 같습니다.
정우　　(고개 끄덕)

둘은 어색해하는데 쨍쨍한 하늘에 갑자기 쏟아지는 비.
서로 어쩌지 싶은데⋯ 순덕이 정우의 손목을 잡고 비를 피해
뛴다.

씬66.　　**선화사 / 신자들 처소. 낮**

가까운 신자 처소 툇마루로 비를 피한 정우와 순덕.

순덕　　　여긴 현재 비어 있는 곳이라 비를 피하기 적당할 것입니다.

　　　　　정우, 처소를 둘러보고, 툇마루에 앉으면 순덕도 정우와 좀

　　　　　거리를 두고 툇마루에 앉는다.

정우　　　(하늘을 보며) 구름 한 점 없는 날에 비라니…

순덕　　　여우가 짝을 찾으러 가나 봐요.

정우　　　(순덕을 보면)

순덕　　　여우가 짝을 찾으러 갈 때 사람들이 눈치채지 못하게 비

　　　　　를 뿌린대요. 맑은 날 비를 보고 홀려 있으라고.

정우　　　지금 우린 여우의 농간에 홀려 있는 것이구나.

순덕　　　여우비는 금방 그치니, 너무 걱정 마십시오.

정우　　　… 홀렸을 때 한 말은 문제 삼지 않겠다. 그러니 너도 현

　　　　　재의 일을 생각하지 말고 답을 하거라.

순덕　　　(정우를 본다) ?

정우　　　(순덕을 보며) 너는 왜 날 좋아하지 않는다고 거짓말한 것

　　　　　이냐?

순덕　　　…

　　　　　끝까지 숨기고 싶은 마음을 들켜버린 순덕은 어찌할 바를

모르고 정우를 보기만 한다.

九話終

第十話

사랑이 꽃피는 단오

씬1.   오프닝 인터뷰 순구: 한성부 / 종사관 실. 낮

순구, 수사 자료를 정리해 놓다가 정면을 보고 선다.

[자막 - 정순구 / 29세 / 한성부 종사관, 순덕의 친오빠 /

특이사항: 비혼주의자]

순구   제가 비혼주의자가 된 이유요… 아들인 저의 입신양명을
        위해 청상과부가 될 것이 불 보듯 뻔한 집안으로 시집간
        동생이 불쌍해서입니다. 그런 집안에 동생을 억지로 시집
        보낸 아버지를 저는 용서할 수 없어 평생 혼인을 하지 않
        으려고요.

씬2. **오프닝 인터뷰 삼순: 조씨부인 집 마당 마루. 낮**

창포물을 담은 나무통을 옆에 두고 삼순 정면을 보고 앉아
있다.

[자막 - 맹삼순 / 21세 / 늙은 아씨들 중 셋째 / 특이사항:
미혼금소설가]

삼순   종사관 나리요? (손을 저으며) 벌써 잊었어요. 전 이미 음
식 잘하는 23호 선비님에게 집중하기로 마음먹은걸요.
(잠시 사이) 아~ 수성동 계곡 머리 감기는 어머니가 들려
준 쌍연술사 이야기 중 가장 해보고 싶은 거라 여주댁에
게 부탁했어요. 그곳에서 북촌 아가씨들처럼 인생 만남
만들어보려고요.

"사랑이 꽃피는 단오"

씬3. **선화사 전경. 낮 (비)**

맑은 하늘, 여우비가 쏟아지는 선화사.

씬4. **선화사 / 신자 처소. 낮 (비)**

정우와 순덕, 나란히 툇마루에 앉아 내리는 비를 보고 있다.

정우	(맑은 하늘을 올려다보며) 구름 한 점 없는 날에 비라니.
순덕	여우가 짝을 찾으러 가나 봐요.
정우	(순덕을 보면)
순덕	여우가 짝을 찾으러 갈 때 사람들이 눈치채지 못하게 비를 뿌린대요. 맑은 날, 비를 보고 홀려 있으라고.
정우	지금 우린 여우의 농간에 홀려 있는 것이구나.
순덕	여우비는 금방 그치니, 너무 걱정 마십시오.
정우	…홀렸을 때 한 말은 문제 삼지 않겠다. 그러니 너도 현재 상황에 개의치 말고 답하거라.
순덕	(정우를 본다)?
정우	너는 왜 날 좋아하지 않는다고 거짓말한 것이냐?
순덕	…
정우	내 생각엔 너도 날 좋아한 것이 분명하다. 그 근거는 탑돌이에서 너는 나에게 방패가 되어주겠다고 했고, 객주에 쓰러졌을 때 누구보다 네가 먼저 달려왔으며, 강가에서 내가 무사한 걸 보고 너는 진심으로 안도했다는 거다. 또한 맹박사집 방안에서 너는 나에게 침착한 듯 말하고 있었지만, 너의 맥박은 정상보다 빨리 뛰고 있었다.
순덕	(자신의 마음 들켜 놀라는데)!

[INS] 9화 42씬. (정우의 시선)
순덕의 손목을 잡는 정우의 손, 엄지손가락이 맥이 뛰는 위치에 가 있다. 순덕이 정색하며 "…대감님만 눈감아 주시면, 이번

중매 끝나고 반드시 떠나겠습니다" 또박또박 말하는 동안
순덕의 맥박을 느끼는 정우.

정우　　　마치 좋아하는 사람을 볼 때 평소보다 빨리 뛰는 맥박처
　　　　　럼. 이 모든 상황을 미루어볼 때 너도 날 좋아하는 것이
　　　　　틀림없는데, 혹, 내가 샌님이라 착각한 것이냐?

순덕　　　(흔들리는 눈동자)

정우　　　(대답을 기다리듯 순덕의 눈만을 보고 있다)

순덕　　　… 대감님께서 더는 저를 보지 않고 이야기할 때 가슴이
　　　　　아팠습니다. 그땐 왜 그런지 몰랐는데… 이제 이유를 알았
　　　　　습니다. 저도 대감님을 좋아했기 때문이었어요. 하지만…

순덕이 말을 이어 나가려는 순간, 거짓말같이 그친 여우비.

순덕　　　저는 죽은 서방님을 잊을 수 없습니다… 아마도 평생.

정우　　　！

순덕　　　그러니 대감님의 마음을 받을 수도 제 마음을 드릴 수도
　　　　　없어요.

툇마루에서 일어나 먼저 처소를 나가는 순덕.
그런 순덕을 바라보다 정우도 일어나 따라 나선다.

　　　　　　　　　　　　　　　　　　　　第十話

씬5.　　**선화사 / 스님 처소. 낮 (5화 27씬과 동장소)**

승려 한 명이 외출에서 돌아와 방으로 들어가려 한다.

마침 처소 안으로 들어온 순덕과 정우.

순덕　　　소천… 님?

돌아보는 승려는 다름 아닌 매골승이다.

정우　　　(매골승을 알아보며) 자네는…?

매골승　　경운재대감께서 여긴 무슨 일이십니까? 설마 또 시신이
　　　　　필요하신가요?

순덕　　　스님께서 "선비의 남자"를 쓰신 소천 님이십니까?

매골승　　!

씬6.　　**선화사 / 스님 처소 / 툇마루. 낮**

정우와 순덕은 찻상을 가운데 놓고 매골승과 마주 앉아 있다.

매골승　　8년이 지난 지금 그 소설 때문에 절 찾아오셨다니.

순덕　　　그 소설, 평양부 서윤 살인사건 이야기를 쓰신 거 맞죠?

매골승　　…

정우　　　누구에게 듣고 쓴 것입니까?

매골승　　…들은 일이 아니고 제가 겪은 일입니다.

정우	(겪다니) ?!
순덕	(!) (매골승을 보며) 그 소설 속, 남장 여자가… 스님이셨군요.
매골승	…

[INS] 9화 62씬. (민서준 버전) - 평양부 청사 / 집무실. 낮
밤늦게까지 남아서 일을 하는 조인현. 소설 속 민승관
딸이 책장에서 서류를 찾아 돌아서면, 여장남자가 아니라
매골승(민서준)이다. 다른 자리에서 서류를 보던 조인현은
민서준에게 다가가,

조인현	(서류를 보여주며) 여기 수량이 맞지 않는 것이 있습니다.
민서준	(비아냥거리는 말투) 모르는 겁니까, 모른 척하는 겁니까? 관례를 핑계로 그쪽 숙부가 지시한 내용 아닙니까?
조인현	내 처음이라 몰랐던 게 맞고, 그런 거라면 관례보다 원칙대로 처리해주십시오. 책임은 제가 집니다.
민서준	(그런 조인현의 진심을 알아보기라도 하듯 물끄러미 쳐다보고)
조인현	(그런 민서준의 시선을 피하지 않고 바라본다)

정우	소설 속, 죽은 딸의 불륜을 덮기 위해 원수와 손을 잡았다는 부분이 이해가 안 됐는데, 이제야 납득이 되는군. 아들들의 남색을 덮기 위해서면 누구라도 원수와 손잡을 만하지. 집안의 명예가 걸린 문제이니. 더구나 민대감의 아들

은 이리 살아 있으니 말입니다.

매골승   …

정우   쓰신 소설처럼 동반자살은 아닌 것 같은데… 조인현은 누
           가 죽였기에 억울한 죄인을 만든 것입니까?

매골승   … 조인현은 제가 죽였습니다.

순덕, 정우   !!

매골승   그날 제가 찾아가지만 않았으면 그는 지금도 살아 있지
           않을까… 매일 생각합니다.

씬7.   (매골승의 회상) 조인현의 처소. 밤

마주 앉은 조인현과 민서준(매골승), 둘 사이엔 서신 뭉치가
놓여 있다.

민서준   박복기대감이 명나라 역관과 주고받은 서찰일세. 이거면
           조공 물품을 빼돌렸다는 증좌로 충분하네.

조인현   (서찰을 한 장 한 장 살피고 얼굴이 어두워진다)

민서준   내일이면 이 서찰이 없어진 걸 알게 될 거야. 시간이 얼마
           없어. 당장 내일 아침 조정에 상소를 올리시게.

조인현   (살펴보던 서신을 내려놓고) 미안하네, 난 못할 것 같네.

민서준   (당황) 막상 숙부를 고발하려니 마음이 좋지 않겠지만, 내
           가 하는 것보다 같은 집안인 자네가 하는 것이 나을 걸세.

조인현   이 서찰 안엔 조공 비리뿐만 아니라, 운해대군을 살해할

역모의 증좌도 함께 들어 있네.

민서준   그게 무슨 소린가? 그런 내용은 없었네.

조인현   내일이 지나면 내 말의 뜻을 알게 될 걸세.

민서준   (무슨 소린지 이해가 되지 않는데)

조인현   나도 숙부를 고발해서라도 잘못된 관례를 바로잡는 게 맞
        다 생각했지. 하지만 이 서찰을 증좌로 조정에 상소를 올
        리면 우리 집안은 멸문지화를 당할 걸세. (절망한다)

민서준   (혼란스러워하는 조인현을 가만히 안으며) 진정하게. 분명히
        해결할 방법이 있을 거야.

        이때 방문이 열리고, 조영배와 유씨부인(조인현의 처)이 그
        장면을 목격한다!

조영배   지금 뭐 하는 짓이냐! (설마… 흥분) 네가 남색이라는 시중
        의 소문이 사실이냐?

조인현   (변명 없이 인정) 죄송합니다.

조영배   !

        조영배, 흥분하여 칼을 뽑아 들고 민서준과 조인현을 향해
        휘두른다. 놀라 비명을 지르는 유씨부인의 얼굴에 튀는 피.

씬8.   선화사 / 스님 처소 / 툇마루. 낮

매골승   저는 목숨을 건졌지만, 반항 없이 칼을 맞은 그는…그 자
         리에서 목숨을 잃었습니다.

순덕   (충격) 그럼… 조인현은 아버지 손에 죽었단 말인가요?

매골승   …

정우   서찰에 적힌 운해대군의 살해 증좌가 무엇이었는지 아십
         니까?

매골승   …

[INS] 조인현의 처소 안. 밤
박복기 다급하게 방에 들어가자, 칼에 찔려 쓰러진 조인현과
민서준. 피 묻은 칼을 들고 넋이 나간 조영배와 방 한구석에서
무서움에 떠는 유씨부인이 보인다. 박복기는 바닥에 떨어진
서찰부터 챙긴다.

매골승   현장에 온 박대감이 서찰을 가져가 다시 살피진 못했지만
         제가 보았을 땐 그런 말은 없었습니다. 설사, 제가 놓쳤다
         고 해도 당시 운해대군에게 아무 일이 없는 것으로 보아
         그의 죽음 때문에 동노파 쪽에서 그 계획을 멈춘 것 같습
         니다.

정우   (석연치 않은 얼굴) …

매골승   그 일을 덮느라 무고한 사람들이 희생되었습니다. 저의

부친도 그 일이 있고 반년도 안돼 돌아가셨습니다. 돌이
켜보면 저나 그의 존재 자체가 불행이었던 것 같습니다.
하여, 그 죄를 씻고자 버려진 시신을 수습하며 살아가고
있습니다. 더는 그때 일을 언급하고 싶지 않습니다.

씬9.　　선화사 일각. 낮

정우와 순덕을 배웅하는 매골승, 합장하고 돌아서려는데.

정우　　　왜 선화사인가요? (매골승이 보면) 이곳은 좌상인 조영배
　　　　　집안이 후원하는 사찰이지 않습니까? 좌상대감이 알면
　　　　　가만두지 않을 텐데⋯ 굳이 이곳에 머무는 것이 이해되지
　　　　　않는군요.

매골승　　⋯

순덕　　　그러기에 굳이 여기 계시는 거 아닐까요? (정우가 보면) 사
　　　　　랑하는 분의 위패가 이곳에 있으니까요.

정우　　　!

매골승　　⋯

씬10.　　선화사 초입 길. 낮

순덕과 정우, 서로 각기 다른 고민을 하며 선화사를 빠져나오고
있다.

정우	네가 무고한 것은 알았지만, 법적으로 무죄를 소명하는 건 어려울 수도 있을 것 같구나.
순덕	(머리가 복잡하여 기계적으로 주억거린다)

잠시 말없이 걷기만 하다가, 정우가 무심하게 입을 연다.

정우	일전에 말한 상사병은 네 말대로 나의 문제이니, 마음에 두지 마라.
순덕	(다행이지만, 왠지 섭섭하다)
정우	중매는 계속해도 좋다, 다만 혼례까지 종사관이 너의 신변을 보호하기로 했으니 그리 알고 너도 조심하거라.

선화사 길을 빠져나가는 순덕과 정우를 미행하는 시선, 보면 이좌랑이다.

씬11. 북촌 전경. 밤

씬12. 좌상 집 / 별채 마당. 밤

개동이 별채로 들어와 댓돌에 놓인 꽃신을 보고 "작은 마님" 고하지만 기척이 없자, 방문을 열어본다.

개동이	(빈방을 확인하고) 아~ 이 밤에 또 나가신 거야? 뭐라고 하지?

이때, 뒤뜰 쪽에서 "나 여기 있어…" 하는 순덕의 목소리 들린다.

씬13.　　좌상 집 / 별채 뒷마당. 밤

하늘을 보고 마당에 대(大)자로 누워 있는 순덕.

개동이	(순덕 옆에 쪼그려 앉아) 왜 여기 나와 계세요?
순덕	머릿속에 목화솜이 꽉 찬 것처럼 갑갑해서 방에 있을 수가 없어서…
개동이	머리가 요때기도 아니고 목화솜이 왜 차요? (순덕을 일으키며) 얼른 일어나세요. 종사관 나리께서 오셨어요.
순덕	오라버니가?

씬14.　　좌상 집 / 별서. 밤

순덕과 순구, 각각 앞에 찻상을 놓고 마주 앉아 있다.

순구	선화사에 나랑 같이 가면 될 걸, 왜 경운재대감하고 간 거야?

순덕	같이 간 게 아니고 대감님이 선화사 앞에서 기다리고 있었다고.

[INS] 10화 4씬.

정우	내 생각엔 너도 날 좋아한 것이 분명하다.
순덕	저도 대감님을 좋아했기 때문이었어요.

순덕	오라버니, 나 머리가 터질 것 같은데… 야단은 다음에 맞으면 안 될까?
순구	… 그 소설가는 만났어?
순덕	어… 여주댁은 누명을 쓴 게 맞더라고.
순구	그럼 진범이 누군지도 안 거야?

씬15. 좌상 집 / 사랑방. 밤

이좌랑이 조영배와 박복기에게 보고하고 있다.

이좌랑	중매쟁이와 선화사에서 매골승을 만났습니다.
	[자막 - 매골승: 전쟁과 기근으로 죽은 사람의 시신을 묻어주는 승려]
조영배	선화사에서?
박복기	하다 하다 시체 묻는 것도 배우려나? 아님 중이 되려나?
이좌랑	돌아오자마자 형조와 예조에 들러 8년 전 사건의 초기자

료와 당시 좌상대감 댁, 며느님에게 내려진 정려비에 관
한 문서까지 모두 가져갔답니다.

박복기   (!) (말을 못 참고 냅다) 설마 조카 내외 일을 파는 거 아닐
까요?

조영배   어허- (박복기의 말을 막으며 노려본다)

박복기   (구시렁) 무슨 말을 못 하게 해…

조영배   (이좌랑에게) 의빈이 만났다는 그 매골승, 내 앞에 데리고
오게.

이좌랑   네. (목례를 하고 나간다)

조영배   (이좌랑이 나가자 박복기에게) 자넨 어찌 그리 말이 앞서는가.

박복기   (잔소리 듣기 싫어서) 이좌랑은 믿을 만한 친굽니다. 사실
저 아니었으면 알아볼 생각도 못 하셔놓고…

씬16.   경운재 / 서재. 밤

정우는 공초 외 꽤 많은 양의 낱장의 수사 자료를 살펴보고
있다.

[INS] 10화 7씬.

조인현   이 서찰 안엔 조공 비리뿐만 아니라, 운해대군을 살해할
역모의 증좌도 함께 들어 있네.

민서준   그게 무슨 소린가? 그런 내용은 없었네.

정우	조인현이 말한 역모의 증좌가 뭐였기에 같은 서찰을 본 매골승은 알지 못한 걸까? (생각에 잠긴다)

씬17. 좌상 집 / 별서. 밤

순구	(생각 못 한 이야기에) 아버지 손에 죽었다고? (하다가 순덕이 걱정되어) 너 괜찮아?
순덕	안 괜찮아, 머리가 너무 아파. (한숨) 여주댁 누명을 벗기는 일이 아버님의 죄를 밝히는 일 일줄 꿈에나 생각했겠냐고.
순구	경운재대감은… 어떻게 할 것 같아?
순덕	여주댁이 무쥔 거 알았지만 누명을 벗기기 쉽지 않을 거라고 하지.
순구	(수긍하며) 남색인 아들을 아버지가 죽였다고… 죄를 묻긴 힘드니까. 다만 집안의 수치라 다들 감추고 싶었던 거지.
순덕	오라버니도 집안의 평판이, 아들 목숨보다 더 중요하다고 생각해?
순구	나는 아니라고 생각하지만… 우리 아버지도 집안을 살리려고 널 억지로 이 집안에 시집보냈잖아.
순덕	(순구를 보면) ?
순구	오라버니가 못나서 너에게 못 할 짓을 했어… 미안하다.
순덕	잠깐만, 내가 억지로 혼인하다니 그게 무슨 소리야?

순구	나 다 알아, 혼인 전에 몇 날 며칠을 아버지와 네가 싸웠던 거. 그때 내가 좀 더 적극적으로 말렸어야 했는데… (마음먹었다) 순덕아, 여기 있는 것이 너무 힘들면 집으로 돌아와. 이번엔 내가 아버지 설득할게.
순덕	아~ 머리 터지겠는데 오라버니까지 왜 이래? 내가 그때 아버지랑 싸운 건 아버지가 서방님이 병이 있다고 시집 절대 못 보낸다고 하도 말려서, 설득하느라고 그런 거였어. 내가 혼인 승낙받느라고 얼마나 개고생을 했는데, 억지로라니.
순구	사실…이야?
순덕	당연히 사실이지. (말끝에 눈물이 고인다)

[INS] 10화 3씬.

순덕	저도 대감님을 좋아했기 때문이었어요.

순덕	내가 서방님을 얼마나 좋아했는데… (기어이 눈물이 흐른다) 근데… 나… 왜 이러는 건데… (철철 흐르는 눈물)
순구	(갑작스러운 순덕의 울음에 당황하여) 어…그래. 오라버니가 잘못 생각했어, 미안하다… 울지 마.

순덕은 계속 울고, 순구는 순덕을 다독이느라 고생한다.

씬18.　　남산골 전경. 낮

씬19.　　조씨부인 집 / 마루. 낮

하나가 서안 위에 부채 모양의 색 화선지를 놓고 계곡 그림을
그리고 있다.

[CUT TO]

완성된 부채를 붉은 비단 보자기에 싸고 끈으로 묶는 하나.

씬20.　　서씨집 앞. 낮

앞 씬의 붉은 비단 보자기를 들고, 서씨집에서 나오는 하녀.

씬21.　　궁궐 일각. 낮

서씨집 하녀에게 붉은 비단 보자기를 건네받는 어린 내관(6화
16씬).

씬22.　　궁궐 / 동궁전. 낮

책을 읽고 있는 세자에게 어린 내관, 뛰어 들어와 비단
보자기를 건넨다. 세자, 바로 비단 보자기를 펴보면 부채와
짧은 편지가 들어 있다. "곧 단오라 부채에 제 마음을 담아

보냅니다. 여름은 만물을…"

하나
[E] 곧 단오라 부채에 제 마음을 담아 보냅니다. 여름은 만물을 풍성하게 하지만 자칫 잘못하면 썩게도 할 수 있습니다. 시간이 지나 출사를 한다면 이 부채처럼 어진 바람을 일으켜 부디 백성을 보살피는 관리가 되시길 바랍니다.

세자, 바로 부채를 펴보자
계곡 그림과 함께 짧은 시가 적혀 있다.
"청계여탁열기(淸溪如濯熱氣) 포책주망청산(抛冊拄望靑山)
가절망각수심(佳節忘却愁心) 송해계환기흥(送解溪還己興)"

[INS] 10화 18씬.
하나, 계곡 그림을 완성 후 옆에 시조 글을 쓴다.

하나
[E] 계곡에 있으니 더위는 아득히 멀어져만 가네. 서책은 잠시 접어 두고 깊은 청산을 바라보네. 아름다운 계절, 근심 한 조각은 냇물에 흘려보내고 이 몸 흥겨이 돌아가리라.

하나가 보낸 부채를 부치며 미소 짓는 세자.

씬23.　　씨름 터. 낮

시열과 윤부겸이 씨름 중이다. 기술을 걸려는 시열, 그러나
윤부겸이 그 힘을 역으로 이용하여 시열을 모래판에
메다꽂는다.

시열　　　(툭툭 털고 일어나며) 아~ 이번엔 이기나 했는데… 한 판
　　　　　더 합시다. 내 단오 시합 때 무슨 일이 있어도 한판은 이
　　　　　겨야 합니다.

윤부겸　　돈 받고 상대해 드리는 건데 얼마든지.

　　　　　다시 마주 앉은 두 사람. 샅바를 잡은 시열의 손에 힘이 빡
　　　　　들어가는데… 마침 옷 보퉁이를 안고 씨름 터 앞을 지나가는
　　　　　두리.

시열　　　(두리 발견하고 그녀를 따라 고개가 돌아간다)

윤부겸　　(두리를 좇는 시열의 시선이 못마땅한데)

시열　　　(부겸에게) 내 급한 일이 있어 배우는 건 다음으로 미루겠
　　　　　소! (서둘러 샅바를 풀고 두리를 향해 가려는데)

　　　　　윤부겸은 일어서는 척하며 시열의 다리를 건다!
　　　　　외마디 비명과 함께 씨름판에 고꾸라지는 시열!
　　　　　모래판에 얼굴을 처박는다.

윤부겸	(하나도 안 미안한 얼굴로) 미안하오, 다리가 갑자기 꼬여서.
시열	(일어나 주변을 보면, 이미 두리는 사라졌다) 조심 좀 하시지…
윤부겸	갑자기 달려간 건 그쪽이요.(시열이 보자) 듣자 하니 좌상 집 고명딸과 혼인한다던데, 씨름도, 혼인도 한곳에 집중하는 게 좋을 것 같소.
시열	(뭐지? 이 적대감은) …

씬24.   좌상 집 / 순덕 몽타주. 낮

/ 좌상집 일각. 광주리를 들고 이동하는 순덕, 눈앞에 정우가 서 있다. 순덕, 움찔 놀랐지만 이내 사라진 정우.

순덕	(한숨 쉬며) 망할 놈의 여우비… (생각을 털어버리듯 도리도리)

/ 좌상집 일각. 빨랫줄이 세워져 있는 마당.
순덕과 개동이 빨래 양쪽을 잡고 돌려 짜고 있다. 문득 앞을
보면 반대편 빨래를 잡고 있는 건 개동이가 아니고 정우다!
순덕 놀라, 손을 멈추고, 맞은편에 웃고 있는 정우를 본다.
"작은 마님 뭐해요?" 라는 개동이 말소리 들리고, 정우는
개동이로 바뀐다. 시도 때도 없이 생각나는 정우 때문에 한숨이
나는 순덕.

/ 별채. 앞치마를 한 채, 별채로 들어오는 순덕,
별채 마당에 서 있는 정우를 보고 멈춰 선다.

순덕   미치겠네… 이리 시도 때도 없이 생각이 나니. (정우를 보
           며 자기 다짐하듯) 시간이 지나면 잊혀지겠지.

           순덕은 정우를 지나쳐 별채 마루에 올라가 방으로 들어가려다
           다시 돌아본다. 여전히 마당에 서서 자신을 바라보는 상상 속의
           정우.

순덕   어쩌자고 이제 없어지지도 않는 건지… (한숨)

씬25.   경운재 / 서재. 낮

정우, 서재 뒤 병풍을 밀면 뒤편에 그동안 조사한
수사 자료가 8년 전과 현재(병신년)로 나뉘어 정리(*밑줄 부분은
한자 표기)되어 있다.
[자막 - (戊子年) 무자년 - 8년 전] , [자막 - (丙申年) 병신년 -
현재]
정우가 부는 부분에 자막이 뜬다.

8년 전] 박복기와 명나라 역관 서찰(조공비리, 조인현만 아는 역모
증좌)

[자막 - 조인현만 아는 서찰의 역모 증좌]

[INS] 10화 7씬. 조인현 "운해대군을 살해할 역모의 증좌도 함께 들어 있네"

민서준, 조인현의 사망사고(←) 살해자는 조영배.

조인현의 처 유씨부인 자결 - 정려문 하사

[자막 - 조인현의 처 유씨부인 자결정려문 하사]

마지막 줄엔 공주, 금잠고독으로 독살.

[자막 - 효정공주 금잠고독으로 독살]

공주독살 부분을 보던 정우, 불현듯 과거가 생각난다.

[INS] 12화 4씬. 저잣거리에서 환하게 웃는 효정공주.

[INS] 1화 7씬. 혼롓날 쓰러지는 효정공주.

정우, 굳은 표정으로 나란히 정리된 현재(병신년)로 시선을 옮긴다.

현재] 명나라 상인 - 금잠고독 판매 [자막 - 금잠고독 판매]

죽은 익위사(*용모화 붙어 있음) [자막 - 세자를 납치한 익위사, 사망]

동궁전 궁녀 - 세자 납치에 이용 - 공주와 같은 금잠고독 증상.

[자막 - 동궁전 궁녀세자납치에 이용공주와 같은 금잠고독 증상]

혐의자 - 동노 - 조용배/박복기/김문건/이좌랑

수사 자료 중 정우, 8년 전 명나라 역관의 서찰 부분과 현재
명나라 상인의 금잠고독, 동궁전 궁녀 부분을 보며, 뭔가 알 것
같은 얼굴이다.

씬26.   모란각 / 객실. 밤

조영배와 김문건, 박복기 등 동노파 사람들이 술을 마시고
있다.

박복기   경운재는 이번에 단오 그네 시합에 나가는지, 광부들과
         쌍으로 그네를 탑디다. 꼴 보기 싫어서 원…

김문건   그래도 덕분에 한성부에선 광부와 원녀 문제에 혁혁한 성
         과가 있을 것 같습니다.

조영배   그게 무슨 소립니까?

김문건   의빈과 어울리는 그 광부들이 늙은 아씨들과 모두 혼인을
         한답니다. 올해 더는 원녀 광부 문제로 문책당할 일은 없
         을 것 같습니다.

박복기   맹하나가 혼인을 한다고? (인상 쓰며 술 마시고는) 날 버리
         고 가서 얼마나 잘 사나 보자.

조영배   (!) (정색하며) 판윤대감, 지금 한성부 성과가 문제가 아닙
         니다. 의빈이 추진하는 늙은 아씨들 혼례를 막아야 합니다.

김문건	(영문을 모르겠고) 왜…요?
조영배	견미지저.

[자막 - 견미지저(見微知著): 미세한 움직임을 보고 다가올 일을 안다.]

다들	(아직 조영배의 뜻을 모르겠는데) …
조영배	우리가 어떤 명분으로 세자의 혼인을 막았는지 잊었습니까? 한양에 만연한 원녀와 광부 문제였습니다. 헌데 왕실 일원인 의빈이 나서 원녀를 셋이나 광부와 혼인시켰으니 조정에서 이걸 내세워 세자의 가례를 추진할 거란 말입니다.
복기, 문건	(그런 거였어?) !!

씬27.   좌상 집 / 안채 / 안방. 낮

상석에 조영배, 그 옆에 박씨부인이, 그 앞에 박복기 앉아 있다.

박복기	(조영배 들으라고) 역시 누님께서는 벌~써 견미지저 하고 계셨네요.
조영배	…
박복기	(박씨부인에게) 이참에 경운재 확 제거해버리죠?
박씨부인	자네는 어찌 마음에 있는 걸 생각 없이 말로 다 내뱉는가?
박복기	(바로 입을 다문다)
조영배	그래, 의빈의 행보를 막을 계획이 있는 것입니까?

박씨부인	행보를 막다니요, 원녀와 광부 혼인은 나라의 숙원 사업 아닙니까? 동노파인 경운재 의빈이 그런 일을 해주면 좋죠. 거기다 맹박사집 세 딸의 모친은 조씨 문중 사람이 아닙니까?
조영배	문중 사람은 무슨, 출가외인인 것을. 하여, 부인은 세자가 혼인하는 걸 가만히 보고만 있겠단 것입니까?
박씨부인	걱정 마십시오. 한양 원녀가 모두 혼인한다 한들 세자가 혼인할 일은 없을 것이니.

씬28.   (과거) 궁궐 앞 → 운종가 / 골목. 낮

/ 궐에서 붉은 비단 보자기를 들고나오는 서씨집 하녀.

/ 운종가에 들어와 골목 앞에 서 있는 삼월어미를 본다.
주위를 둘러보고 삼월어미를 따라 골목 안으로 들어가는
서씨집 하녀.

/ 골목 안. 가마가 서 있다. 삼월어미는 가마 창을 열고 서씨집
하녀에게 받은 붉은 비단 보자기를 가마 안으로 건넨다.

[INS] 가마 안.
박씨부인, 비단 보자기 안의 부채, 네 개와 세자가 보낸 편지를
확인한다.

가마 창문이 열리고 다시 비단 보자기를 돌려받은 삼월어미,

"이제 남산골에 가져다주게"라며 비단 보자기에 엽전 세네

개를 얹어 서씨집 하녀에게 준다.

씬29. (과거) 조씨부인 집 / 마루. 낮

서씨집 하녀가 비단 보자기를 하나에게 주고 간다.

하나가 비단 보자기를 풀자, 그 안에 네 개의 부채와 편지가

들어 있다.

세자 〔E〕 한양 소식 고맙소. 내 출사한다면 낭자의 깊은 뜻처럼

백성을 위하는 어진 관료가 되겠소. 답례의 표시로 나도

그림을 그려보았소. 목멱산 그림이 있는 것이 낭자의 부

채입니다.

부채를 펴자 차례로 버들가지, 복숭아꽃, 백로가 그려져 있고,

마지막 부채에는 목멱산 그림과 함께 짧은 글이 쓰여 있다.

"목멱장풍여탁열기 유붕방래하이쾌재

루준사월요우양소(木覓長風如濯熱氣 有朋方來何以快哉

樓樽瀉月饒又良宵)"

세자 〔E〕 목멱산 불어오는 바람에 더위 한숨 내려놓는다. 어릴

적 벗이 찾아온다 한들 이리 반갑겠는가. 사심 없는 맑은

빛이 쏟아지는 마당에 서서 못내 좋아하노라.

세자가 보낸 부채를 부치며 미소 짓는 하나.

씬30.　좌상 집 / 안채 / 안방. 낮

조영배　　맹하나와 세자가 서찰을 주고받는 것을 어찌 알았습니까?

박씨부인　서씨집에서 세자가 없어졌는데, 중전은 벌하지 않고 도리어 비단 한 필을 보냈습니다. 이를 이상히 여겨 지켜보다 알게 되었습니다. 아마 그날 밤, 세자를 숨겨준 것이 맹하나인 듯합니다.

박복기　　이런 발칙한 년을 봤나! 내 당장… (박씨부인, 서슬 퍼런 눈으로 보자 입을 다문다)

박씨부인　제가 맹하나가 보낸 것처럼 세자에게 서찰을 보내놨습니다.

씬31.　(과거) 궁궐 / 동궁전. 낮

어린 내관이 편지를 전해주자 세자, 입이 귀에 걸려 바로 편지를 펴본다. "도련님 이번 단오에 한양에 오시면…"

하나　　　[E] 도련님, 이번 단오에 한양에 오시면 제가 도성 안 여기저기 구경시켜 드리겠습니다. 그리고 궁금해하시던 저의 그네 타기 실력도 볼 수 있으니 꼭 와주십시오. 기다리겠습니다.

세자
(편지를 내려놓고) 어머님이 외출을 허락하지 않으실 텐데… 어쩌지.

씬32.   좌상 집 / 별서. 초저녁

마루에 마주 앉은 순덕과 근석. 순덕은 근석이 쓴 시를 보고 있다.

순덕
(다 읽고) 우리 아들이 시를 다 짓고… 언제 이렇게 큰 것이냐.

근석
(기대 반 걱정 반) 어떻…습니까?

순덕
좋았다. 특히 벗 '우'가 아닌 만날 '우' 자를 쓴 것이 난 마음에 드는구나.

근덕
(환하게 웃으며) 스승님도 보여 드려야겠습니다. (앞을 보며) 저기 오시네요.

순덕
(헉!) 벌써? (돌아보며)

별서로 들어서는 정우가 보인다. 이제 나가긴 틀렸다! 순덕이 신발을 챙겨 별서에 딸린 방 안으로 들어가며

| 순덕 | 어미가 수업을 듣는 것을 알면, 스승님이 부담스러워할 것이니, 이 일은 비밀로 해다오. |
| 근석 | 네, 저 비밀 좋아합니다. |

씬33.   좌상 집 / 별서 (교차) 별서 방 안. 초저녁

/ 별서 마루. 각각 서안을 두고 마주 앉아 있는 정우와 근석.

정우	잘 지냈느냐?
근석	예. 스승님도 무탈하셨는지요?
정우	나는 마음이 어지러운 일이 있어 힘들구나.

/ 별서 방 안.

문에 기대 정우와 근석의 대화를 듣는 순덕,

자신의 일 때문이라 생각하니 마음이 좋지 않다.

/ 별서 마루.

| 근석 | (진심 걱정스러워) 무슨 일 때문에요? |
| 정우 | (근석의 의도 없는 질문에) …먼저 떠난 부인 생각을 하느라. |

/ 별서 방 안.

| 순덕 | ! |

/ 별서 마루.

근석 스승님께서 억지로 혼인하셨다는 그 공주마마요? (정우가 보자) (잘못 말했나? 걱정하며) 고모한테 들은 이야긴데… 혹 스승님께 결례가 되는 말이었다면 죄송합니다.

정우 (쓸쓸한 웃음) 조선 사람이 다 아는 이야긴데 죄송하긴. 이건 소자에게만 알려주는 비밀인데…

근석 (비밀이란 말에 눈이 초롱)

정우 난 소문처럼 억지로 혼인한 것이 아니다.

[INS] 저잣거리에서 환하게 웃는 효정공주.

[INS] 임금 처소에서 웃는 효정공주.

정우 내 꿈인 영의정을 포기해도 좋을 정도로 공주마마를 많이 좋아해서 혼인했단다.

/ 별서 방 안. 정우와 근석의 대화를 듣는 순덕.

생각지 못한 정우의 말에 알 수 없는 표정이 된다.

(정우가 억지로 혼인한 게 아니라서, 자신과 비슷하다고 생각)

/ 별서 마루.

근석 공주마마가 보고 싶어 힘드셨던 거군요. 소자도 친어머니, 아버지가 너무나 보고 싶어 힘들 때가 있어, 스승님 마음 이해합니다. (어른처럼) 그럴 땐… 아파하는 수밖엔 없는 것 같습니다.

정우   ···소자는 친부모님을 기억하느냐?

근석   너무 어려서 기억은 없지만, 저를 보고 많이 웃어주신 건
            생각납니다. 선한 분들이셨다고 어머니께서 알려주시기
            도 했고요.

정우   늘 느끼는 거지만 어머니와 사이가 좋은 모양이구나.

근석   네. 저는 어머니가 세상에서 가장 좋고, 어머니만 제 곁에
            계시면 무서운 것이 없습니다.

정우   (그런 근석의 대답을 듣고) ! 소자의 말을 들으니 나의 어지
            러운 마음이 정리된 것 같구나.

근석   (어리둥절) 네?

정우   고맙다.

            / 별서 방 안. 대화를 듣는 순덕의 마음이 복잡하다.

씬34.   좌상 집 / 별서. 초저녁

근석   호강불호학, 기폐야광(好剛不好學 其蔽也狂). 굳센 것을 좋
            아하되 배우기를 좋아하지 않으면 그 폐단은 저돌적인 데
            에 있다.

            별서 쪽으로 박씨부인이 오는 것이 보이자

정우	수업을 끝낼 시간이 된 것 같구나.
근석	(박씨부인을 보고) 할머니.
박씨부인	(정우에게) 내가 수업을 방해한 건가요?
정우	이제 막 끝내려 했습니다.

씬35. 좌상 집 일각. 초저녁

박씨부인, 과외 후 돌아가는 정우를 배웅하고 있다.

박씨부인	손자가 공부하는 소리를 들으니, 죽은 첫째 아들 생각이 나네요. 영민하고 참으로 다정한 아들이었는데…
정우	…
박씨부인	미안해요, 나이가 들면 어제 일보다 옛일이 더 또렷이 생각이나 불편한 이야기를 했군요. 대감 덕에 손자가 공부에 재미를 붙인 것 같습니다.
정우	손자분이 영민하고 심성이 고와 제가 아니라도 잘했을 겁니다.
박씨부인	…오월 스무닷새에 맹박사댁 세 딸이 혼례를 올린다 들었습니다. 경운재대감께서 골치 아픈 원녀 문제에 큰일을 하셨습니다.
정우	혼례 날짜까지 알고 계십니까?
박씨부인	대감은 동노파의 둘도 없는 인재인데, 행보에 응당 신경을 써야지요. 금상처럼 여러 사위 중 한 명이 아니지 않습

니까?

정우   …

씬36.   기와집 거리. 초저녁

오봉과 함께 경운재로 향하는 정우, 박씨부인의 말을 생각하며

정우   (혼잣말) 줄 똑바로 서라는 건가?

오봉   에?

정우   (의아하다) 원녀 혼례가 세자 가례로 이어진다는 걸 아는

            것 같은데 왜 저리 태연하지?

오봉   누가요?

씬37.   한양 전경. 아침

씬38.   한양 단오 풍경 몽타주. 아침

/ 경운재.

정우는 문설주에 단오부(천중부적, 天中符籍)를 붙인다.

[자막 - 단오 부적 붙이기]

/ 조씨부인집 마당.

삼순은 텃밭의 상추를 조심스럽게 뜯어, 상추에 맺힌 이슬을 얼굴에 바르며 "얼굴아 고와져라~ 고와져라~ 오늘 내 님을 만나는 날이니~" 흥얼거린다.

[자막 - 상추 이슬 분 바르기]

/ 한성부 마당.

김문건, 요식적으로 대추나무 가지와 가지 사이에 돌을 끼워 넣으며, 아랫사람에게 "일지에는 정오에 했다고 기입해"라고 말하고는 퇴청해 버린다. 남은 중인들은 도끼로 대추나무 여기저기를 두드린다.

[자막 - 대추나무 시집보내기]

/ 백초방 마당.

유의원은 수습 의원과 익모초를 평상에 넓게 펴 말리며, "단옷날 오시에 말리는 익모초는 약이 된다"고 알려준다.

[자막 - 익모초 말리기]

씬39.   기와집 거리. 낮

단오빔을 차려입고 운종가로 가는 예진과 근석, 순덕.

순덕   구경하다가 오시 정각에 줄타기하는 곳으로 가세요. 그 댁 마님과 다 이야기된 거니까 딴 데로 새지 마시고요.

예진	알았어요.
순덕	아, 개동이가 좋은 자리 맡아놓을 거예요. 근석이는 고모 말 잘 듣고.
예진	새언니, 근석이까지 붙여서 감시하는 건 아니지 않아? 근석이도 단오에는 친구들하고 놀아야지.
근석	고모 저는 괜찮습니다. 저도 예비 고모부 뵙고 싶어요.
예진	(할 말 없고) …
순덕	(근석을 보며) 고모부 될 사람에게 예의 있게 행동하고.
근석	예.
예진	(순덕에게 괜히 심술) 어머니가 숙빈마마 만나러 입궐하셨다고 너무 방심하지 말고 새언니도 일찍일찍 다녀요.
순덕	네~ 네~

씬40. 홍월객주 앞. 낮

쓰개치마를 쓰고 객주로 들어가는 순덕.

[CUT TO]

객주에서 나오는 순덕, 완벽하게 여주댁 화장으로 변신했다.

씬41. 운종가 사거리. 낮

아침부터 단오를 즐기려는 사람들로 붐비는 거리.

근석이와 함께 가던 예진, 사거리에서 발걸음을 멈추더니.

예진	근석아, 우린 도성 밖으로 나가자.
근석	왜요? 이따 예비 고모부 만나러 가야 하잖아요.
예진	난 어젯밤에 만났어.
근석	예?

씬42. (어젯밤) 기와집 거리, 으슥한 담벼락. 밤

시열, 혼자 멀뚱히 서 있다.

개동을 앞세워 쓰개치마를 눌러쓴 예진이 다가온다.

개동이	(시열에게) 대사성댁 도련님 맞죠?
시열	그렇다.
예진	개동아, 자리 좀 비켜줘.
개동이	골목 뒤에 있을게요. (자리를 피해준다)
예진	(쓰개치마를 벗으며) 늦은 시간 뵙자 하여 죄송합니다.
시열	(예진을 알아보고) 괜찮습니다만, 저흰 내일 만나기로 되어 있을 텐데…요.
예진	그것 때문입니다.
시열	(보면) ?
예진	혼인 전 마지막 단오인 만큼, 저는 동무들하고 보내고 싶어서요. 도련님만 괜찮으시면 이번 단오는 따로 보내는 것이 어떨까 하는데.
시열	저는 괜찮으니, 동무들과 즐겁게 지내십시오.

예진	감사합니다.

예진과 시열, 목례를 하고 돌아서 가다가,

둘 다 아차! 하는 얼굴로 동시에 돌아선다.

예진	저기… (장명루를 꺼내 내밀고)
시열	(동시에) 저기… (머리꽂이(8화 1씬)를 꺼내 내민다)
예진, 시열	(동시에 웃음이 터진다)
예진	(머리꽂이 받으며) 단오에 도련님에게 받았다고 하면 되는 거죠?
시열	(장명루 받고) 전 이걸 받은 거고요.
예진	그건 우리 둘만의 비밀이에요.
시열	(환하게 웃으며) 좋네요, 혼인 전에 비밀부터 생기고.

씬43.   (어젯밤) 기와집 거리. 밤

예진, 쓰개치마를 쓰고 골목을 나오면 개동이 기다리고 서 있다.

개동이	(골목 안쪽을 보며) 완전 괜찮은데요.
예진	그러게, 나쁘진 않네.

씬44. **운종가 사거리. 낮**

예진, 근석에게 "빨리 안 오면 놓고 간다"라며 우측 길로 빠지자

근석, 이래도 되나 하는 얼굴로 예진을 따라간다.

그 길의 앞쪽에서 나타난 시열, 삳바를 들고 예진과 반대편

길로 뛰어간다.

씬45. **청계천 광교. 낮**

나무 밑에 서서 정우를 기다리는 순덕.

사람들 사이에서 나타난 정우, 순덕이 쪽으로 걸어온다.

순덕   (정우 보자 반가움에 자신도 모르게 미소 짓다, 멈칫) 정신 차

         리자…

정우   어쩐 일이냐 먼저 와서 날 다 기다리고.

순덕   이런 날도 있어야지요. (시선 피하며) 오늘 단오 작전 순서

         를 다시 말씀드리면,

정우   (먼저 말한다) 미시 정각에 수성동 계곡, 미시 반각 씨름

         시합장, 신시 정각에 그네 터, 아니냐?

순덕   맞습니다. 첫 번째 연분 탄생의 현장인 수성동 계곡으로

         가보실까요?

         정우와 순덕, 앞으로 걸어 나온다.

씬46.   수성동 계곡 가는 길. 낮

나란히 걸어가는 순덕과 정우의 뒷모습,

앞의 양 갈래 길에서 순덕은 계곡 쪽으로, 정우는 언덕 쪽으로

갈라져 간다.

씬47.   윤부겸의 초가집 앞. 낮

윤부겸, 삽바를 들고 나서려는데, 예진이 근석을 데리고 집

앞에 서 있다.

부겸   (놀란 얼굴로) 여긴 어떻게…?

예진   단오라 조카랑 놀러 왔어. 오라버니, 근석이 한번 보고 싶
         어 했잖아.

예진, 근석이를 데리고 무작정 마당으로 들어와 마루에 앉는다.

근석, 어색하게 주변을 둘러보고 아직 문 앞에 있는 윤부겸,

예진을 어쩌지 하는 얼굴로 보며 서 있다.

씬48.   수성동 계곡 가는 길. 낮

창포물이 든 나무통을 든 삼순과 순구는 각각 반대편 길에서

걸어오다가 계곡으로 내려가는 길 초입에서 딱 만난다.

순구는 삼순을 보고 멈춰 서지만, 삼순은 그대로 휭하니

계곡으로 가버린다. 순구, 섭섭한 얼굴로 한두 걸음 떨어져 삼순을 쫓아간다. 하지만 얼마 가지 않아, 건장한 하인(여자) 둘이 삼순은 통과시키지만, "오늘 남자는 수성동 계곡에 못 들어가십니다"라며 순구는 막는다. 순구는 그 자리에서 삼순을 본다.

씬49. 수성동 계곡 초입. 낮

씩씩하게 가던 삼순, 갑자기 멈춰 서더니 뒤돌아 왔던 길을 다급히 돌아가는데 계곡 초입에 순구는 이미 가고 없다.

삼순 왜 온 거냐고 물어볼 걸 그랬나…

순덕 (급히 뛰어오며) 오래 기다리셨어요?

삼순 아…아니, 나도 조금 전에 왔어.

순덕 어서 가요. (삼순의 표정 살피며) 왜, 떨려요?

삼순 (순덕과 계곡으로 가며) 어… 응.

순덕 단지 머리 감는 것뿐이다, 생각해요. 우리 연습 많이 했잖아요.

씬50. (과거) 개울가. 낮

삼순이 머리카락을 모두 앞으로 내려 귀신같이 하고 있자, 순덕이 커튼을 치듯이 머리카락을 갈라 열며

순덕	수성동 계곡에서 납채를 부르는 머리 감기를 할 때, 보통 때처럼 박박 감으면 안 돼요.
	[자막 - 납채: 신랑 집에서 신부 집에 약혼서를 전하는 의례]
삼순	그럼?
순덕	제가 하는 걸 잘 보세요. (바위에 앉아 인어처럼 다리를 모으며) 양다리를 왼쪽으로 모으시고, (머리를 모으는 손동작 하며) 머리카락은 오른쪽으로 몬 상태가 기본자세입니다.
삼순	(순덕을 보고) 자세 너무 고혹적이다. 나도 수성동 계곡에서 낭군님과 인생 기억 꼭 남길 거야!

계곡 한쪽에서 빨래하는 두리, 고개를 절레절레 흔들며
"고혹은 개뿔… 내 동생이지만 별나다, 별나" 구시렁거린다.

삼순	(순덕의 자세를 따라 해보며) 어때?
순덕	지금도 좋은데요. (삼순의 자세 수정해주며) 허리를 좀 더 세우고, 목을 좀 더 빼고…
삼순	근데… 이 자세론 머릴 감을 수 없어.
순덕	맞아요, 그 자세로 머리 감으려면 2년 이상 수련이 필요하니, 머린 집에서 감고 가시고, 계곡에서는 감는 척만 하시면 돼요.

씬51.　수성동 계곡. 낮

삼순　　(놀란 얼굴) 와~ 진짜 저 자세로 머리 감는 게 가능하구나.

　　　　보면, 처자들 바위마다 순덕이 말한 자세로 앉아 머리를
　　　　감고 있다. 중간의 가장 좋은 자리에 앉아 있던 복희, 순덕과
　　　　삼순이를 보고 손을 흔든다.

순덕　　(손을 내밀고 있는 복희에게 돈을 쥐어주며) 고생했어. 어여
　　　　가서 동무들하고 맛난 거 사 먹고 놀아.

복희　　오늘은 아저씨랑 그네 시합 구경하기로 했어요.

순덕　　아저씨? 행수 말하는 거야?

삼순　　네가 복희구나?

복희　　삼순아가씨? 생각보다 원녀 같진 않네요. 성공하시길 바
　　　　래요.

　　　　복희가 자리를 비켜주자, 삼순은 그 자리에 앉아 위를
　　　　올려다본다. 계곡 위 빠끔한 곳마다 선비들이 슬쩍슬쩍 보인다.
　　　　삼순은 연습한 대로 고혹적인 머리 감기 자세를 취한다.

씬52.　계곡 위 언덕. 낮

계곡 위 빠끔한 곳엔 선비와 도령들이 계곡의 처자들을 보기
위해 삼삼오오 모여 있다. 그중에서 가장 좋은 자리에 오봉과

순구, 멀뚱히 앉아 있다. 정우, 숨을 몰아쉬며 언덕에 도착하여
둘을 보고는

정우   여주댁을 지키라고 했더니 종사관이 여기 왜 있는 것입
        니까?
순구   아래 계곡은 남자들의 출입을 금하고 있습니다.
정우   아, 그렇지. (오봉에게) 23호는 아직이냐?
오봉   그러게요. 오실 시간이 지났는데… 제가 찾아보겠습니다.
        (내려간다)

씬53.   산길. 낮

처자들, 길가에서 산나물을 뜯느라 정신이 없다.
그 옆으로 허숙현, 찬합을 들고 급히 계곡 위 언덕으로 간다.

허숙현   음식 준비하느라 너무 지체했군.

        허숙현은 급히 가다, 찜찜해서 안 되겠다는 표정으로
        왔던 길을 돌아가 산나물을 캐는 한 처자에게 다가간다.

허숙현   낭자, 그건 너무 억세서 못 먹습니다. 이렇게 생긴 연한
        잎을 뜯어야 합니다.
산나물처자 (뭐지 이 양반? 하는 얼굴로 맘대로 쑥을 뜯는데)

허숙현   (처자의 손을 덥석 잡더니) 아니… 그게 아니고 이걸 뜯으라
          고요.

          손이 잡힌 처자 심쿵! 허숙현을 보는데… 두 사람, 눈이
          맞는다! 둘이 눈이 맞는 사이 옆길로 바쁘게 뛰어 지나가는
          오봉.

씬54.   수성동 계곡 (교차) 계곡 위 언덕. 낮

/ 수성동 계곡. 삼순, 준비해 온 창포물로 머리를 적시고 있고,
순덕은 연신 계곡 위를 올려다본다. 계곡 위 정우는 허숙현이
아직 안 왔다는 도리도리 고갯짓을 한다.

순덕   여기서 시간을 이렇게 잡아먹으면 안 되는데…

          바위에서 계속 창포물만 적시고 같은 자세로 앉아 있는 삼순,
          언제 올려보냐고 순덕을 보지만 아직 아니라고 고개 도리도리.

삼순   아… 더는 못하겠어. 잠시 다리를 좀 펴야겠다. (접은 다리
          를 펴려는데…) 아… 쥐났다!

          삼순은 그대로 기우뚱, 첨벙! 계곡으로 빠진다!
          깊은 물은 아니지만 다리의 쥐 때문에 중심을 못 잡고

허우적거리는 삼순. 순덕, 놀라 삼순이 쪽으로 뛰어간다.

/ 계곡 위 언덕. 몰래 구경하던 도령과 선비들, 웃음이 터진다.
아래를 보던 정우도 놀라고, 옆에 있던 순구는 그대로 몸을
날려 바위를 딛고, 두 스텝 만에 바람같이 계곡으로 뛰어
내려간다.

/ 수성동 계곡. 순덕보다 먼저 계곡물에 도착한 순구.
갑작스러운 남자의 등장으로 머리 감던 처자들, 비명을
지르지만 순구는 아랑곳하지 않고 계곡물로 들어가 균형을
잡지 못하고 허우적거리는 삼순을 안아 올린다. 계곡의 처자들,
비명을 지르며 순구에게 물을 뿌린다. 물세례 속에서 삼순을
안고 묵묵히 그곳을 빠져나오는 순구.

삼순   (순구에게 안겨 감격) 〔E〕 나에게도 이런 소설 같은 순간이
          오다니… 난 이제 혼인 못 해도 여한이 없어… 아니, 종사
          관 나리와 혼인 못 할 바엔 아무하고도 혼인 안 할 거야.

/ 계곡 위 언덕. 순구가 삼순을 안고 가는 모습을 물끄러미 보는
정우, 심장이 뛰어 가슴에 손을 가져가긴 하지만 입은 미소가
지어진다. 이때 아래서 순덕이 "대감님" 부르는 소리에 정신을
차리는 정우. 보면, 순덕은 순구와 삼순이 사라진 곳으로
오라고 손짓하며 둘을 쫓는다. 정우, 순구처럼 언덕에서 바로

내려가려다… 안 되겠는지 뒤돌아 뛴다.

씬55.   계곡 일각. 낮

삼순은 볕 좋은 바위에 앉아 기분 좋은 얼굴로 옷을 말리고
있고 정우와 순구는 잘못한 학생처럼 순덕 앞에 나란히 서
있다.

순덕   신랑 후보들은 문제없다 하지 않으셨습니까? 헌데 23호
      님은 안 오시고, 왜 종사관 나리가 거기서 나온 겁니까?

순구   …

정우   (남 말하듯) 23호가 왜 안 왔는지… 나도 알 길이 없다.

순덕   이 혼인 지금 나만 중한 겁니까?

정우   나에게도 몹시 중하다, 난 목숨이 달렸으니.

순덕   예?

정우   이번 일은 종사관이 벌인 일이니, 종사관이 책임을 지면
      될 일이다.

순덕   종사관 나리가 책임을 지다뇨? 그게 무슨…

순구   알겠습니다.

순덕   (뭘 알겠다는 거야?!)

순구, 삼순에게 다가가 한쪽 무릎을 꿇어 눈높이를 맞추고는

순구	낭자, 괜찮으시면 저와 혼인해 주시겠습니까?
삼순	(놀라고 기뻐서) …좋아요.
순구	감사합니다.
순덕	(둘을 보고 당황하여) 아니… 그게 무슨…
정우	종사관이 혼인하여 마음이 후련하구나. 우린 이만 빠져 주자.

정우는 순덕의 손을 잡고 길가로 이동한다.

순덕은 스스럼없이 자기 손을 잡은 정우의 행동이 당황스럽다.

씬56. 수성동 계곡 근처 산길. 낮

정우, 순덕의 손을 잡고 오솔길로 나온다.

순덕	아니 저렇게 급작스럽게 청혼을…
정우	(입가에 미소가 떠나지 않으며) 네가 말하지 않았느냐, 남녀가 사랑에 빠지는 건 순식간이라고.
순덕	!
정우	내가 보기엔 23호보다는 종사관이 삼순낭자에게 더 잘 어울린다. 네가 보기엔 아니 그러냐? (자연스럽게 순덕의 손을 놓는다)
순덕	(그런 정우 행동에 신경을 쓰며) 그렇긴 한데… 그럼 23호 선비님은 어쩝니까? 삼순아가씨와 혼인한다고 믿고 계실

텐데.

정우 　자기가 약속을 어겼으니 어쩔 수 없지. 내가 맛난 음식으로 여인의 환심을 사는 추가 방법까지 알려줬건만.

　　　[INS] 나무 아래, 허숙현과 산나물처자가 찬합의 음식을 나눠 먹고 있다.

순덕 　종사관 나리와 삼순아가씨가 혼인하는 것이 그리 좋으십니까? 아까부터 계속 웃고 계시네요.

정우 　내가?

순덕 　이젠 두 분이 붙어 있어도 가슴이 아프지 않으신 겁니까?

정우 　여전히 가슴이 심하게 뛰긴 하지만 이상하게 예전처럼 아프진 않다. 심장이 빨리 뛰는 것이 오히려 기분이 좋은 것 같기도 하고.

순덕 　…

　　　[INS] 9화 21씬.

조씨부인 　다른 쌍연술사들은 소릴 듣기도 하고, 몸의 기운으로 연분을 알아보기도 한다던데, 자네는 어떻게 알아보나 해서.

순덕 　설마, 대감님이…

　　　이때 나무통을 들고 정우와 순덕 옆을 앞질러 가는 어린

처자들, "벌써 씨름 시합 시작했겠다", "지금 가면 볼 수
있어"라고 조잘댄다.

순덕   아악! 씨름! 잊고 있었다. 대감님 뛰어요, 늦었어요. (뛰기
시작한다)

정우가 잘 따라오지 못하자, 순덕, 돌아와 정우의 손을 잡고
뛴다.

순덕   [E] 뭐든 잘하시는 분이 어찌 뜀박질은 이리 못하시는 겁
니까?
정우   [E] 안 배워서 그렇지… 배우면… 곧잘 뛸 것이다.

씬57.   도성 밖 / 한적한 시내. 낮

얕은 시내에 들어간 윤부겸, 앞에 작은 소쿠리를 들고 있는
근석에게

윤부겸   내가 돌을 들면 바로 그 소쿠리로 물고기를 건지면 되는
거야.
근석   (비장한 얼굴로 고개를 끄덕인다)
예진   (바위에 앉아 발만 물에 담근 채) 근석아, 많이 잡아~
근석   고모, 그렇게 소리치면 물고기 다 도망갑니다. 조용.

예진   지가 더 시끄럽구만…

          윤부겸, 가만히 돌을 들면 근석, 소쿠리로 돌 밑의 물고기를
          뜨는데… 소쿠리를 건지고 보면 다 빠져나가고 송사리 한 마리
          잡았다. 그래도 마냥 신나고 신기한 근석.

근석   잡았어요! 우리 또 해요.

          윤부겸은 다른 돌을 들어주고 근석은 소쿠리로 물고기 잡기에
          여념이 없다. 예진은 근석이와 잘 놀아주는 윤부겸을 하염없이
          보고만 있다.

씬58.   저잣거리 / 씨름 터. 낮

          두리는 제호탕이 든 도자기 병과 그릇을 담은 소쿠리를 들고
          씨름판에 도착했지만, 사람이 겹겹이 둘러싸고 있어 모래판이
          보이질 않는다.

두리   뵈지도 않는데… 누구한테 제호탕을 주라는 거야. 몰라
          몰라. 난 할 만큼 했어. (돌아서려는데)
개동이   [E] 두리아가씨!!

          두리, 놀라서 보면 인파 속에서 자신을 향해 손을 흔들며

나오는 개동이. '나 부르는 거 맞나?' 뒤를 돌아보는 두리에게.

개동이   (인파에서 나와) 두리아가씨 맞죠? 여주댁이 아가씨가 오
              신다고 자리를 잡아놓으라고 해서… 이쪽으로.

두리   공연히 치밀해.

개동이, 능숙하게 사람들을 헤치고, 씨름 시합이 잘 보이는
맡아 놓은 자리로 두리를 안내한다. 두리, 자리에 앉자마자
시합에 나온 시열과 눈이 마주친다.

시열   (두리 앞으로 다가가) 안 오시나 걱정했습니다.

두리   뭐래? 아니거든.

시열   내 우승을 하여 저 면포를 낭자에게 주겠소.

주위 사람들   (시열과 두리를 보며 환호) 오~ 와~

두리   (창피해서) 왜? 그러지 마.

경기진행자   (시열에게) 중앙으로 오십시오. 시작해야 합니다.

시열   (두리를 보고 웃고는 모래판 중앙으로 간다)

두리   왜 저래… (부끄러워하지만 기분이 나쁘지는 않다)

[CUT TO]

시열, 상대 선수와 샅바를 잡고 일어난다.

의외로 잘 버티는 시열, 막상막하의 실력을 보인다.

두리도 긴장해서 시열의 시합을 보는데.

시열, 두리와 눈이 마주치자 환하게 웃고

상대방, 그 틈에 다릴 걸어 시열을 그대로 자빠뜨린다.

두리   아~ 저 멍충이. 거기서 날 왜 봐…

씬59.   씨름 터 근처 일각. 낮

두리, 제호탕 한 사발을 뒤에 감추고 서 있다가

풀이 죽어 씨름판 뒤쪽으로 나오는 시열에게 다가가

두리   우승하여 면포를 준다더니 어쩜 첫판부터 져?

시열   아까 그 사람 우승 후보였습니다.

두리   (피식) 어련하시겠어요. 이거나 마셔. (제호탕을 내민다)

시열   (제호탕을 받아 들고 감격) 제게 주려고 가져온 겁니까?

두리   아니거든. 원래 주려고 한 사람이 안 나와서 주는 거야.
        먹는 거 버리면 벌 받잖아.

시열   안 나온 그 양반 고맙네요. (단숨에 들이켜고) 내 면포는 못
        드리지만, 드릴 것이 있습니다. (도포 자락에서 머리꽂이(예
        진에게 준 것과 동일)를 꺼내 내민다)

두리   (당황) 이걸 왜…

시열   처음 만났을 때 일도 사과드릴 겸, 낭자와 더 어울릴 것
        같아 샀습니다.

시열, 두리에게 다가가 머리에 머리꽂이를 조심스럽게
꽂아준다.

예진   [E] 나 때문에 씨름 시합에 못 나가서 어떡해?

씬60.   윤부겸의 초가집. 낮

근석은 마루에서 곤히 잠들어 있고, 윤부겸은 마당 평상에 앉아
있는 예진의 머리를 수건으로 말려주고 있다.

윤부겸   씨름 시합이야, 추석에도 있고… 괜찮아.
예진   오라버니… 장가가서 잘 살아.
윤부겸   (머리 말려주는 손, 잠시 멈추는데)
예진   농사만 짓지 말고, 과거도 보고, 오라버니 머리 좋잖아.
윤부겸   (다시 말없이 머리만 말려주며) 너두… 잘 살아, 행복하게.

씬61.   저잣거리 / 씨름 터. 낮

순덕과 정우, 흩어져서 사람들 사이에서 두리와 윤부겸을
찾지만 둘 다 보이지 않는다. 정우와 순덕, 한 바퀴를 돌고
만나서는…

순덕   그쪽에도 없어요? 두리아가씨는 불안해서 확인해야 하

는데.

이때 구경꾼 사이에서 나오는 개성댁을 보고 다가가서

순덕   저기 혹시 씨름 터에서 두리아가씨 못 봤어요?

개성댁   (순덕을 보고 반색하며) 봤죠. 어느 선비랑 아까 저쪽으로
         가던데… 여주댁이 중매 선 사람? 어쩐지 너무 잘~ 생겼
         더라고요.

순덕   알려줘서 고마워요. (정우에게) 두리아가씨 쪽은 됐으니
         그네 터로 가요.

정우   왜 다들 24호 보고 잘생겼다고 하는지 원…

씬62. 도성 문 앞. 낮

봇짐을 멘 여주댁, 도성 안으로 바쁘게 들어간다.

씬63. 그네 터. 낮

아직 그네뛰기 시합이 벌어지기 전인데도 구경하려는
사람들로 가득하다. 김집을 비롯한 시합 참가자들이 한쪽에
모여 있다. 그네 터에 도착한 정우와 순덕, 김집에게 다가간다.

김집   왜 이제 오시는 겁니까? 떨려서 미치겠습니다.

정우	긴장하지 말고 연습한 대로만 하면 됩니다.
김집	네. 근데 하나아가씨는 왜 안 오시는 거죠?
순덕	저기 오시네요.

웅성거리는 소리와 함께 구경꾼들 사이에 길이 생기고,

그 길에 미모의 하나가 모습을 드러낸다.

순덕	〔E〕 이번 그네뛰기에는 납채를 부르는 걷기가 핵심입니다.

씬64.   (회상) 조씨부인 집 마당. 낮

마당에 선 하나 "겨우 걷기?"라는 얼굴로 맞은편에 선 순덕을

본다. 삼순이는 담벼락에 붙어 서서 여느 때와 같이 초집중하고

있다,

순덕	선화사에서 훈수 두시면서 눈이 맞았던 선비님 기억나
	시죠?
하나	눈이 맞았다기보다 그 선비가 일방적으로 날 봤지.
순덕	그 선비님도 단오 그네 시합에 나오실 겁니다.
하나	부잣집 샌님인 줄만 알았더니… 제법이네.
순덕	그네 터에서 그 선비님을 보시면 자연스럽게 다가가세요.
	(직접 삼순이 코앞까지 걸어가서) 너무 가까이 가면 쉬워 보
	이고 (혹 뒤로 물러난다) 너무 멀면, 사람이 많아 선비님이

못 알아봅니다. (삼순과 3미터 정도 앞에 서서) 다섯 보 전에

멈추는 게 핵심입니다.

하나 　다섯 보나 떨어져 있으면, 그 선비님이 나에게 어떻게 말

을 걸어? (맞은편의 삼순도 "그러네" 하는 표정) 난 소리치는

남잔 딱 싫은데.

씬65.　(현재) 그네 터 일각. 낮

상기된 얼굴의 김집. 자신을 향해 걸어오는 하나를 본다.

하나가 3미터 전방에서 멈춰 서자, 김집은 홀린 듯이 하나를

향해 걸어간다.

순덕 　[E] 나머지 네 걸음은 선비님이 다가오실 겁니다.

마주 선 하나와 김집, 어울린다.

순덕 　이렇게 두 분이 서 있는 걸 보니 너무 잘 어울리지 않습니

까?

정우 　눈치 없이 여기 있지 말고, 우린 뒤로 빠져서 지켜보자.

정우, 순덕의 어깨를 감싸듯 잡고, 뒤쪽으로 이동한다.

같이 가면서도 어깨에 올린 정우의 손이 신경 쓰이는 순덕.

순덕	(자연스럽게 정우와 떨어지며) 이젠 중매쟁이로 나서도 되시
	겠습니다.
정우	나도 긍정적으로 생각 중이다.
순덕	에?
정우	너와 나 꽤 잘 맞는 거 같지 않으냐?
순덕	…

씬66.   그네터 일각. 낮

그네 터에서 조금 떨어진 곳에 나란히 선 정우와 순덕.

그곳에서 그네 타는 풍경과 순서를 기다리는 하나와 김집을

바라본다.

정우	(다들 즐거워하는 풍경을 물끄러미 보며) 이리 단오 구경을
	하는 건 처음이다. 생각한 것보다 나쁘지 않구나.
순덕	처음이요? 그동안 단오 때 뭘 하셨습니까?
정우	번잡한 것이 싫어, 경운재에서 홀로 책을 읽었다. (순덕 어
	이없게 보면) 그것도 네가 생각하는 것보다 나쁘지 않다.
순덕	그래도 올해 보셨으니… 내년부턴 집에만 있지 마세요.
정우	나도 내년부터는 너와 단오 구경을 할 생각이었다.
순덕	(정우를 보면)
정우	죽은 남편을 잊을 필요 없다.
순덕	!

정우	나도 공주를 잊지 못했다. 아마도 너처럼 평생 잊지 못하겠지. 하지만 너를 좋아하는 건 확실하다. 너 역시 그러하지 않으냐?
순덕	…

서로 마주 보는 순덕과 정우에서…

十話終

第十一話

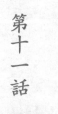

두 번째 사랑

씬1.　　　오프닝 홍천수 인터뷰: 홍월객주 / 행수 방. 밤

짚신이 달린 봇짐을 멘 매골승에게 "먼 길 몸조심하시오"
인사를 하면 매골승, 합장하고 행수 방을 나간다. 홍천수,
매골승이 나간 문을 바라보며,

[자막 - 홍천수 / 35세 / 홍월객주 행수 / 특이사항: 미혼]

홍천수　　　그렇게 태어나지만 않았으면 큰일을 했을 분인데… (정
면 보며) 마님껜 책쾌에게 들었다고 둘러댔지만, 소천스
님과는 평양에서부터 알고 지낸 사이입니다. 제가 여주댁
과 복희를 돌봐주는 것도 소천스님의 부탁 때문이었지요.
(잠시 사이. 망설이다가) 저 혼자… 감히 연모했었죠. 소천
스님은 모르십니다.

쓸쓸한 얼굴의 홍천수, 안으로 들어가려는데 벌컥 문이 열리고,

오봉, 들어오더니 다짜고짜 "구했나?" 하고 묻자, 홍천수 짠한
감정 깨져 짜증이 나, 대꾸 없이 안으로 들어간다.

씬2.   홍월객주 / 행수 방. 밤

오봉, 인양허씨족보(仁陽許氏族譜)를 훑어보고는 찜찜한
얼굴로,

[자막 - 단오 전날 밤]

오봉   조부 때까지 무현관인데… 양반이라 할 수 있나?
            [자막 - 무현관(無顯官): 조상 가운데 높은 벼슬을 지낸 이가
            없음]

홍천수   사대까지 무현관이라야 양반 자격이 없어지는데, 이 집
            막내딸은 삼대째이니 양반이죠. 안 사려면 말고요, 팔 데
            는 많습니다. (족보를 가져가려 하자)

오봉   (바로 족보 챙기며) 사람 성급하네. 안 산다는 게 아니고 아
            쉽다는 거지. (엽전 주머니 꺼내 놓는다)

홍천수   (엽전 확인하며) 단순 변심으로 인한 환불, 교환은 불가입
            니다. 근데 누굴 양반집 처자로 만들려고?

오봉   그게… (비밀 이야기하듯이 다가가) 비밀일세. (바삐 나가버
            린다)

"두 번째 사랑"

씬3. 궁궐 앞. 낮

단오로 북적이는 궐 앞. 외출하는 궁녀들 무리에 섞여
쓰개치마를 쓰고 나오는 세자. 궐 앞에 한쪽에서 대기하던
이좌랑이 사병(왈패 4명)에게 쓰개치마를 쓴 세자를 가리키자,
왈패 중 두 명(왈패1, 2)이 세자의 뒤를 쫓는다. 왈패1은 큰 보를
들고 있다.

씬4. 그네 터 일각. 낮 (10화 68씬)

정우와 순덕이 김집을 향해 걸어오는 하나를 보고 있다.
사뿐히 걸어오던 하나, 김집과 3미터 정도 거리를 두고 멈춰
선다.

정우   왜 멈춰 서는 것이냐?
순덕   나머지 네 걸음은 선비님이 다가가실 겁니다.

순덕의 말이 떨어지자마자 김집, 홀린 듯이 하나를 향해
걸어간다. 작전대로 마주 선 하나와 김집을 보고,
정우 "우린 뒤로 빠져서 지켜보자"라며 순덕의 어깨를 감싸듯
잡고, 뒤쪽으로 이동한다.

같이 가면서도 어깨에 올려진 정우의 손이 신경 쓰이는 순덕.

하나   그네를 즐겨 타시는 줄 몰랐습니다.

김집   (너무 긴장하여) 저…저를 기…기억하십니까?

하나   당연히 기억하죠. 제가 바둑판에서 구해드리지 않았습
       니까?

김집   (여전히 긴장) 아… 그렇…죠.

       앞에 그네를 탄 두 명의 선비가 내려오고,

       경기 안내자가 "다음 분 그네에 오르시오"라고 소리치자

하나   우리 차렙니다. 가시죠. (먼저 가고)

김집   (긴장) 아… 네. (쫓아간다)

       하나와 김집이 나란히 그네에 오르자 구경꾼들

       "어머 선남선녀네", "둘이 너무 잘 어울린다" 난리다.

씬5.   운종가 거리. 낮

       멀리 보이는 그네만 보고 사람을 헤치고 뛰어가는 세자(도령
       복장), 손에 쓰개치마가 들려 있다. 그 뒤를 따르는 왈패1, 2.
       세자와 가까워진다.

씬6.   그네 터. 낮

나란히 그네를 뛰는 하나와 김집.

오르고 내리고 엇갈리는 지점에서 서로의 눈빛이 오간다.

하나   (높이 올라갔을 때 기분 좋게 멀리 보다가 놀란다) !

[INS] 하나의 눈에 들어온 풍경 -

그네 터로 뛰어오는 세자와 그 뒤를 바짝 쫓아오는 왈패1, 2.

왈패2가 순식간에 세자의 입을 막고, 세자 손의 쓰개치마로

둘둘 말아버린다. 그러자 왈패1이 재빨리 세자에게 보를

씌운다.

하나의 그네가 내려오면서 상황이 안 보이자 잘못 봤나 싶은데,

그네가 다시 올라갈 때 세자가 있던 곳을 보자

[INS] 하나의 눈에 들어온 풍경 -

보쌈한 세자를 어깨에 들쳐 멘 왈패1, 2, 어딘가로 빠르게 이동

중이다.

하나   !

하나가 세자를 찾느라 정신없는 사이, 옆에서 죽기 살기로

그네를 타던 김집이 앞에 매달린 방울을 찬다.

구경꾼들, 환호한다.

김집이 자신이 이겼다고 자랑스럽게 하나를 보는 순간,

하나는 흔들림 없이 정면을 응시하며, 그네가 땅에 가까워지자,

한쪽 발을 땅에 내려 끼이익- 브레이크를 잡는다.

하나의 발을 따라 생기는 스키드마크 같은 흔적!

그네가 멈춰 서자마자, 단거리 달리기 선수처럼 앞으로 튀어

나가는 하나. 구경꾼들 놀라 웅성거린다.

놀란 김집, 하나를 따라 그네가 땅에 가까워졌을 때

뛰어내리지만, 균형을 잡지 못하고 그대로 구른다.

구르는 김집을 피해 일부 구경꾼들 비명을 지른다.

씬7. 그네 터 일각. 낮 (10화 66씬)

그네 터에서 조금 떨어진 곳에 나란히 선 정우와 순덕.

정우   (다들 즐거워하는 풍경을 물끄러미 보며) 이리 단오 구경을
       하는 건 처음이다. 생각한 것보다 나쁘지 않구나.

순덕   처음이요? 그동안 단오 때 뭘 하셨습니까?

정우   번잡한 것이 싫어, 집에서 홀로 책을 읽었다. (순덕 어이없
       게 보면) 그것도 네가 생각하는 것보다 나쁘지 않다.

순덕   그래도 올해 보셨으니… 내년부턴 집에만 있지 마세요.

정우   나도 내년부터는 너와 단오 구경을 할 생각이다.

순덕   (정우 보며) ?

정우	맹박사댁 세 딸을 모두 혼인시키면 나는 의빈에서 벗어나게 된다. 그 말은 즉 나도 자유롭게 출사하고 혼인도 할 수 있다는 뜻이다. (족보를 꺼내 순덕에게 주며) 받아라.
순덕	(족보를 받으며) 이게 뭡니까?
정우	너의 양반족보다.
순덕	예?!!
정우	너는 이제 방물장수 여주댁도 추노꾼에게 쫓기는 태란도 아니다. 인양 허씨 12대손 허명곤의 셋째 딸, 허순덕이다.
순덕	(당황하며) 어찌 이런 일을…
정우	선화사에서 내 상사병에 관해 내가 알아서 한다고 하지 않았느냐?
순덕	그거… 저를 잊겠다는 말 아니었습니까?

정우와 순덕. 둘 사이로 멀리 하나와 김집이 그네를 타는 모습 보인다.

정우	네가 나에게 마음이 없으면 모를까, 너도 날 좋아하는 것을 알았는데, 어찌 잊는단 말이냐? 너는 그것이 가능한 것이냐?
순덕	하지만…
정우	죽은 남편을 잊을 필요 없다.
순덕	!
정우	나도 공주를 잊지 못했다. 아마도 너처럼 평생 잊지 못하

겠지. 그러나 너를 좋아하는 건 확실하다. 너 역시 그러하지 않으냐?

순덕   대감님 저는…

순덕이 말을 꺼내려는데. 사람들의 환호에 이은 비명과
술렁거림에 순덕의 말은 묻히고 순덕과 정우는 동시에 그네
쪽을 바라본다.

순덕, 정우   !!

멀리 빈 그네 두 개가 흔들거리고.
맹렬하게 뛰는 하나와 그네에서 뛰어내려 구르는 김집 보인다!
그걸 보고 놀란 정우와 순덕, 그대로 그네 터를 향해 달려간다.

씬8.   그네 터. 낮

그네에서 뛴 하나, 멋지게 착지하여 왈패가 사라진 쪽으로 전력
질주한다. 하지만 뒤이어 그네에서 뛰어내린 김집은 그대로
바닥에 구른다. 구경꾼들이 놀라 피하는데, 건강미 넘치는
처자(일반적인 맏며느리 형)가 팔을 벌려 구르는 김집을 받는다.
폭~ 하고 처자 품에 안기는 김집.

건강미처자   괜찮으십니까?

김집	(사랑에 빠진 눈으로 처자를 보며) 지금 날… 구해주신 겁니까?

김집, 눈앞의 건강미 처자에게 눈을 떼지 못한다.

두 사람 옆으로 순덕이 빠르게 지나가고, 정우는 김집과 건강미 처자를 보고 가슴에 통증을 느껴 잠시 멈춰서,

정우	12호 담벼락님! 이 처자 놓치지 마십시오.
김집	예? …예!
정우	(다시 순덕을 쫓아 뛰며 갸우뚱) 내가 왜 그런 말 했지? 둘이 잘 어울리긴 했어. (미소 짓다가)

거리가 벌어진 순덕을 쫓기 위해 전력을 다해 뛰는 정우.

씬9. 저잣거리. 낮

세자를 데려간 왈패들을 찾는 하나, 인파 속에서 보를 들쳐 메고 가는 왈패1, 2를 발견한다. 하나는 왈패들 뒤를 밟다가, 가게 기둥에 몸을 숨기고 새총을 꺼낸다. 하나가 새총을 조준하여 왈패1을 향해 쏘자, 사람들 사이로 날아간 돌멩이가 정확히 왈패1의 오금을 맞춘다. 새총에 맞은 왈패1, 그대로 한쪽 무릎을 꿇고 주저앉아 보를 바닥에 놓친다. 같이 가던 왈패2가 "뭐야? 왜 그래?"라며 왈패1을 보는데,

두 번째 돌멩이가 날아와 왈패2의 한쪽 눈을 맞춘다! 왈패2가
비명을 지르며 눈을 움켜잡고 괴로워하자, 왈패1이 주변을
둘러보는데, 또다시 돌멩이가 날아와 왈패1의 이마를 맞춘다.
왈패1, 이번엔 머리를 움켜잡고 괴로워한다. 왈패1, 2가
새총에 맞는 동안, 풀린 보 안에서 기어 나오는 세자. 지나가는
사람들, 뭔 일인가 싶지만, 왈패들이 무서워 관여 안 한다.

그사이 사람들에 섞여 왈패 쪽으로 다가간 하나, 보에서
빠져나온 세자와 눈이 마주친다. 세자를 확인한 하나는 바로
세자 손을 잡고 도망친다. 새총에 맞아 괴로워하던 왈패1, 2.
놀라서 하나와 세자를 쫓는다.

씬10.   저잣거리 - 사거리 중앙. 낮

세자의 손을 잡고 왔던 길로 도망치는 하나, 정면에서 큰
화병의 조화를 들고 가는 화장(化匠)에게 길이 막히자, 급히
피한다. 하지만 화장과 어깨가 부딪치고 그 와중에 하나
허리춤의 새총이 바닥에 떨어진다. 화장은 하나와 부딪쳐
휘청거리는 와중에 귀한 조화를 떨어트리지 않으려고
갈지자로 몸을 움직이는 통에 뒤쫓아 오던 왈패1, 2의 길을
막는다. 그 틈에 하나와 세자는 옆으로 난 골목으로 도망친다.

씬11.   저잣거리 골목 안. 낮

세자와 골목으로 들어오는 하나, 왈패1, 2를 따돌렸나 싶지만,
골목 맞은편에서 왈패3, 4가 나타난다! 위협적인 왈패3, 4의
뒤에는 부채로 얼굴을 가린 이좌랑이 있다.

이좌랑   (세자를 확인하고) 둘 다 확실히 처리해. (뒤로 빠진다)

하나, 왈패3, 4를 보고 이들 역시 세자를 노리는 한패라는 걸
느끼고 돌아나가려는데, 왈패1, 2가 골목으로 들어오고 있다.
앞뒤로 적에게 몰린 하나와 세자 긴장한다.

하나는 세자를 보호하듯 자기 뒤쪽으로 보내고, 새총을 꺼내려
하지만 새총이 없다! 하나, 당황하는데…
골목 양쪽에서 왈패들이 하나와 세자를 향해 다가온다.

씬12.   저잣거리 공터. 낮

건장한 남자가 횃불 봉을 자유자재로 돌리며 불 쇼를 하고
있다. 마지막, 입에서 불을 뿜자, 모인 구경꾼들 탄성을 지른다.
시열과 두리도 구경 중이다. 시열은 두리의 제호탕 바구니를
대신 들고 있다.

두리   (불을 뿜는 걸 보고) 와- 쩐다, 쩔어.

시열	쩔어요?
두리	마음이 소금에 절인 오이처럼 쪼글쪼글해질 때 쓰는 말인데… 굉장하다~ 대단하다~ 이러면 느낌이 안 살잖아.
시열	처녀 입에서 쩐다니. 누가 데리고 살지 걱정입니다.
두리	쪼그만 게 까분다.

시열, 갑자기 두리의 어깨를 잡아 자기 가슴 쪽으로 당긴다.
두리의 머리가 시열의 코앞에 온다.

두리	(시열의 갑작스러운 행동에 당황하고 가슴이 뛰는데)…
시열	(두리 머리에 손바닥을 가만히 덮더니) 누가 조그만지 모르겠습니다.
두리	(정신 차리고 시열을 밀어내며) 지금, 키 얘길 하는 게 아니잖아.
시열	저 이번 달 말에 혼인하니, 어디로 보나 제가 어른인 듯합니다만.
두리	혼인은 나도 하거든. (공연 공터에서 나오며)
시열	(두리를 따라 걸으며) 진짜요?
두리	뭐야 그 표정? 왜 난 시집 못 갈 줄 알았어? 내가 니 혼수 이불 다 만드는 거 알지? 계속 밉보이면, 혼수 이불속에 바늘을 넣고 꿰매는 수가 있다.
시열	… 쩝니다요. (두리가 반응이 없자) 이럴 때 쓰는 거 아닙니까?

두리	(피식) 성균관 유생이라더니, 응용력 쩌네.
시열	그럴 때도 쩐단 말을 쓸 수 있는 겁니까?
두리	자기 맘이지.

"아~" 고개를 끄덕이는 시열을 귀엽게 보는 두리 옆으로
화병에 조화를 끌어안고 가는 화장(11화 10씬). 두리와 시열은
물론 주변 사람들 모두 화장이 들고 가는 조화에 시선이 머물고
다들 예쁘다고 한마디씩 한다.

씬13. 저잣거리2. 낮

좌판에서 쑥떡을 사서 삼순에게 주는 순구.

삼순	(떡을 받고 좋아하며) 호사다마라고 종사관님을 만나려고 그동안 그 많은 짝사랑에 실패했나 봐요.
순구	저는 몇 번째입니까?
삼순	(머릿속으로 헤아리다가 해맑게) 다섯 번째요.
순구	…
삼순	(순구의 표정에 '잘못 말했나?' 당황, 걸음을 멈추고) 그냥 다 저 혼자 좋아했어요. 말도 한번 안 해봤어요.
순구	저에겐 청혼하셨잖아요.
삼순	(망했다) 아…그게, 고백 한 건 종사관님이 처음이었어요. 진짜예요.

순구	저는 낭자가 모두 다 처음입니다.
삼순	?
순구	책을 읽고 현실의 근심이 풀린 것도 낭자의 소설이 처음이고

[INS] 3화 31씬.
삼순이 순구 위로 쓰러지면서 입술이 포개진다.

순구	입맞춤한 것도 낭자가 처음이고

[INS] 8화 28씬.
삼순, 해맑게 "저, 종사관 나리의 신붓감으로 어떠냐고요."

순구	청혼을 해준 것도 낭자가 처음이고, 가슴이 아플 정도로 누굴 좋아한 것도 낭자가 처음입니다.
삼순	(순구의 말에 감동) 종사관님은 소설 속 남주를 포함해서 제가 아는 남자 중에 가장 멋진 분이십니다.

사랑의 눈으로 마주 보는 삼순과 순구 옆으로 조화를 든 화장이 지나간다.

씬14.   저잣거리3. 낮

하나를 찾아 거리를 뛰어다니는 순덕과 정우.

순덕   (주변을 살펴며) 분명, 이쪽으로 뛰어간 것 같은데…

정우   (같이 찾으며 슬쩍) 지금 때가 아닌 줄 알지만… 아까 나의
         청혼에 답은… (하다가 놀라 눈이 커지며) !

정우, 뭔가 말하려는 순덕을 다급하게 자기 쪽으로 돌려세운다.
보면 앞에서 안동건이 순덕을 보며 위협적으로 걸어오고 있다.

순덕   (영문을 몰라 당황하는데) ?

정우   잠시만 가만히 있어라, 앞에 추노꾼이 오고 있다.

안동건은 마치 순덕을 잡으러 오는 사람처럼,
순덕과 정우 쪽으로 성큼성큼 걸어온다.

순덕   대감님, 저는 괜찮으니…

정우   걱정하지 마라, 반드시 내가 널 지켜 주겠다. (안동건이 코
         앞에 오자 근엄하게) 어허, 더는 다가오지 마라! 이 여인은
         나의 안사람이다!

순덕   !

그러나 정우의 말이 무색하게 두 사람을 스쳐 지나가는 안동건.

정우, 뭐지? 돌아보면, 안동건과 여주댁이 마주 보고 서 있다.
이들 옆으로 배달 중인 조화에만 신경을 쓰며 지나가는 화장.

안동건   (안도하는 눈빛) ···

여주댁   (그런 안동건 보며) 아직도 그런 눈으로 날 보면··· 어떡해
요··· (기어이 눈물이 흐른다)

순덕은 그제야 여주댁임을 확인하고 놀라, 정우 품에서 나와

순덕   (후다닥 여주댁에게 다가가) 여주댁 왜 벌써 온 거야? 얼른
도망쳐! 자네 잡으러 온 추노꾼이야. (팔을 잡아끄는데)

정우   (이게 무슨 소리지? 여주댁을 보며) 여주댁이라고? 누가?

여주댁   (순덕을 말리며) 괜찮아요, 마님. 저 이분 만나러 한양에 돌
아온 거예요.

순덕   그게 무슨 소리야?

여주댁   (안동건에게) 나으리 미안해요··· 저 때문에···

안동건   태란이 너만··· 살아 있으면 됐다.

정우   (안동건과 여주댁 보며) 이 여인이 추노꾼이 찾는 태란이고,
여주댁이면··· (순덕을 보고) 너는··· 누구냐?

순덕   그게··· (어디서부터 설명을 해야 하나 싶은데)

웅성거리는 소리, 돌아보면 화장이 "어~ 어~ 어~" 당황스런

신음과 함께 갈지자로 휘청거리고 하나와 세자가 골목으로

뛰어 들어가는 게 보인다. (11화 10씬 후반 상황)

순덕   하나아가씨?!

정우   (돌아보고) 세자저하?!!

그리고 화장 때문에 길이 막혔던 왈패1, 2. 뒤늦게 하나와

세자가 들어간 골목으로 들어간다. 위험한 상황이란 걸 직감한

순덕과 정우, 동시에 골목을 향해 뛴다.

씬15.   **저잣거리 / 골목 안. 낮 (11화 11씬 계속)**

급히 세자와 골목으로 들어오는 하나. 왈패1, 2를 따돌렸나

싶지만, 골목 맞은편에서 왈패3, 4가 나타난다! 하나, 왈패3,

4 역시 세자를 노리는 한패라는 걸 느끼고 돌아 나가려는데,

왈패1, 2가 골목으로 들어오고 있다. 앞뒤로 적에게 몰린

하나와 세자 긴장한다.

하나는 세자를 보호하듯 자기 뒤쪽으로 보내고, 새총을 꺼내려

하지만 새총이 없다! 하나, 당황하는데… 골목 양쪽에서

왈패들이 하나와 세자를 향해 위협적으로 다가온다.

정우   전부 동작 그만!

보면, 하나와 세자를 쫓아 순덕과 함께 골목으로 들어온 정우.

왈패들 정우와 순덕을 보고 멈칫한다.

정우 역시 세자와 하나가 함께 있는 것을 보니 멈칫,

가슴이 아파 손을 가슴에 가져간다.

새총에 맞아 눈에 멍이 든 왈패2, 건들거리며 정우에게 다가와

왈패2   그냥 상관 말고 갈 길 가십시오. 다치십니다.

정우   어허! 저 도령이 누군 줄 알고 이리 경솔하게 구는 것이
          냐!! 썩 물러나거라!

정우의 호통에 잠시 주춤한 왈패2, 왈패3을 보자, 왈패3은

바로 칼을 꺼내고, 그걸 신호로 왈패들도 일제히 칼을 꺼낸다.

정우, 순덕, 하나, 세자 모두 놀라는데,

왈패2   모르면 그냥 보내 드리려고 했는데… 운이 없으시네. (정
          우를 향해 그대로 칼을 휘두르는데)

그 순간, 순덕이 정우를 보호하듯 감싸 안자,

정우, 놀라 순덕을 안고 몸을 돌리는데…

왈패2의 칼이 정우의 등을 베기 직전 멈춘다.

보면, 어디선가 날아온 단도가 왈패2의 팔에 꽂힌 것!

왈패2, 비명을 지르며 칼을 떨어뜨린다.

보면, 안동건이 단도를 날렸다!

이어 왈패들을 향해 칼을 뽑아 들고 달려오는 안동건!

정우는 그 틈에 순덕을 밖으로 밀고 바닥에 떨어진 왈패2의

칼을 집어 든다.

안동건이 달려드는 왈패1, 3을 상대로 칼싸움을 하고,

그사이 왈패4가 세자를 향해 칼을 치켜들자

하나는 다급하게 세자를 감싸 안는다.

놀라는 순덕, 왈패4가 칼이 내리치나 싶은 순간 챙!

어느새 달려간 정우, 칼로 왈패4의 칼을 막아낸다.

순덕, 정우의 무술 솜씨에 놀라고!

정우 역시 자기가 칼을 막은 사실에 놀란 얼굴이다.

그사이 안동건에게 당한 왈패1, 2, 3이 모두 도망친다.

안동건이 돌아보자, 상황이 불리한 왈패4가 정우를 밀치고

그대로 도주한다. 골목 한쪽에서 이 상황을 숨어서 지켜보던

이좌랑도 몸을 피한다.

왈패가 사라진 것을 확인한 안동건, 뒤로 물러나 여주댁과

자리를 피한다. 순덕은 정우에게로 달려간다.

순덕   괜찮으십니까? 칼싸움을 잘하시는지… 몰랐습니다.

정우	너를 지키기 위해 책을 보고 틈틈이 익힌 것인데… 실제로 해본 건 오늘이 처음이다.
순덕	(당황스럽지만 감동) 절 위해… 책으로 무술을 익히셨다고요…?

한편, 왈패가 사라지자 세자부터 살피는 하나.

하나	어디 다친 곳은 없으십니까?
세자	(놀랐지만 애써 태연하게) 나…나는 괜찮소. 낭자는 괜찮소?
하나	(화내며) 도대체, 여긴 왜 오신 겁니까?
세자	낭자가 오라고 서찰을 보내지 않았습니까?
하나	전 그런 서찰을 보낸 적이 없습니다.
세자	!
정우	(다가와) 세… (주변 시선으로 세자저하라고 말 못 하고) 괜찮은가?

씬16. 저잣거리. 낮

정우와 세자, 순덕, 하나 모두 골목에서 나오고,
정우, 세자를 데리고 궐로 가려다 순덕에게…

정우	도령만 데려다주고 바로 올 테니, 객주에서 기다리거라.

순덕   …

정우   우리 아직 말이 안 끝났으니 바쁘다고 내빼면 안 된다.

          (세자를 데리고 궐로 향하는 정우)

씬17.   궁궐 전경. 낮

씬18.   궁궐 / 동궁전 도서관 안. 낮

          세자의 서안 위에는 그동안 하나가 보낸 편지가 펼쳐져 있다.

          임금과 중전은 굳은 얼굴이고, 궁녀와 내관들은 이제 죽었다는

          표정들이다. 세자 옷을 입은 어린 내관은 겁에 질려 울면서

          왕과 중전에게 보고한다.

어린내관   (울먹이며) 소인이 안 된다고 말씀드렸는데… 한 시진 안

          에 오신다고…

          [자막 - 한 시진: 2시간]

임금   당장 내금위 군사를 풀어…

내관   (다급히 다가와) 의금부 도사가 들었습니다.

임금, 중전 (돌아보면)

의금부도사 경운재대감이 세자저하와 입궐하여 이리로 오고 계십니다.

임금   (놀람과 안도) 경운재 의빈과 함께?

중전   (가슴을 쓸어내리며) 다행입니다.

씬19.   궁궐 / 숙빈박씨 처소. 낮

숙빈박씨와 함께 차를 마시는 박씨부인.

이때 숙빈 측 궁녀, 급히 들어와 숙빈 앞에 앉으며

숙빈궁녀   경운재대감이 세자저하를 모시고 입궐하셨답니다.

숙빈박씨   (박씨부인에게) 경운재 의빈은 우리 쪽 사람이잖아요… !!

설마… 세자 편으로 돌아선 겁니까?

박씨부인   …

숙빈박씨   (초조하여) 우리가 책잡힐 일은 없겠죠?

박씨부인   (표정 변화 없이) 심려 마십시오. 저는 시간이 늦어 이만 물러가겠습니다. (일어난다)

씬20.   궁궐 / 동궁전 도서관 안. 낮

어린 내관은 한쪽에 손 들고 서 있고,

세자는 중전에게 혼나고 있다.

세자 앞에는 하나와 주고받은 서찰이 모두 놓여 있다.

중전   얼마 전 사가에 나갔다가 그리 큰일을 당했는데, 몰래 궐 밖으로 나가다니, 세자는 무슨 생각인 겁니까!

세자   다음부터는 절대 안 그러겠습니다.

중전   남산골 맹하나와는 그때 이후 계속 서찰을 주고받은 것입니까?

세자	소자가 도성 안 소식을 알려 달라고 부탁하였습니다.
중전	아무리 그렇다 한들 일전에 세자가 위험한 상황인 걸 둘러 이야기했건만, 어디 처자가 부끄러운 줄 모르고 자신을 보러 와달라는 서찰을 보낸단 말입니까? 내 당장…
세자	(놀라서) 어마마마, 하나낭자는 아무 죄가 없습니다. 이 서찰도 낭자가 보낸 것이 아니라고 했습니다. (눈물까지 글썽이며) 그러니 벌을 하시려면 소자를 벌하십시오. 제 유일한 벗을 잃을 수 없습니다.
중전	(세자의 반응에 놀라며) 벗이라고요?
세자	(진심으로) 낭자는 제가 세자인지도 모릅니다.

씬21.   궁궐 일각 (한적한 정각). 낮

궁녀와 내관을 물리고 정우와 임금, 단둘이 이야기를 나누고 있다.

정우	하나낭자는 세자저하의 신분을 알고 있는 것 같았습니다.
임금	세자라는 걸 알고 일부러 나오라고 서찰을 보냈다는 말이냐?
정우	그건 아닌 것 같습니다. 그랬다면 자신의 목숨을 걸고 세자저하를 보호하진 않았을 것입니다.

[INS] 11화 15씬.

왈패4가 세자를 향해 칼을 치켜들자, 하나는 다급하게 세자를 감싸 안는다.

정우   하나낭자와 서신을 주고받는 것을 아는 자가, 세자저하를 궐 밖으로 유인하려고 하나낭자인 양 거짓 서찰을 보낸 것 같습니다.

임금   짚이는 자가 있는 것이냐?

씬22.   좌상 집 / 사랑방. 낮

조영배와 박복기, 김문건이 모여 앉아 있다.

박복기   왈패들은 도성 밖으로 내보내 뒤탈은 없을 것입니다.

조영배   일을 망친 자체가 탈입니다! 어찌 번번이…(못마땅한 한숨을 쉰다)

김문건   그러게, 말입니다. 아무리 경운재대감이 끼어들었다 한들 그 샌님 하나 어쩌지 못해 실패하는 게…

박복기   (짜증) 경운재만 있었던 게 아니고, 무술이 뛰어난 사병을 대동하고 있었다잖아요!

김문건   설마, 의빈이 미리 알고 손을 쓴 건 아니겠죠?

조영배   그랬다면 내금위가 출동했겠지요. 세자가 그리 쉽게 궐을 빠져나오게 두진 않았을 것입니다. 중요한 건, 의빈이 이리 노골적으로 금상의 편에 선 이상 더는 보고만 있을 순

없단 겁니다.

씬23.   궁궐 일각 (한적한 정각). 낮

정우   일전에 동궁전 궁녀에게 독을 먹여, 세자저하를 사가로 나
       오게 하여 납치했던 자들과 필경 같은 자들일 것입니다.

임금   (답답하다) 동궁전 궁녀는 아직 차도가 없는 것이냐?

정우   송구합니다, 아직 의식이 돌아오지 않았습니다. 하지만
       소신이 다른 사건을 알아보다, 동궁전 궁녀에게 먹인 금
       잠고독을 조선에 들여온 자의 흔적을 찾은 것 같습니다.

임금   그것이 누구냐?

정우   확실해지면 수일 안에 보고드리겠습니다.

씬24.   홍월객주 전경. 낮

씬25.   홍월객주 / 행수 방. 낮

순덕과 홍천수, 여주댁이 둘러 앉아 있고
안동건은 조금 떨어진 곳에서 복희와 실 놀이를 하고 있다.

여주댁   그동안 말씀 못 드려서 죄송해요. 행수 따라 한양에 와보

니, 마님이 좌상집 며느리가 돼 있어서 말할 엄두가 안 났어요.

순덕   됐어, 나라도 말 못 했을 거야.

복희가 "밖에 나가서 자치기해요"라고 하자
안동건은 순순히 복희에게 끌려 밖으로 나간다.

홍천수   (안동건이 나가자마자) 뭐가 어떻게 된 거야?

순덕   (궁금하긴 마찬가지) 그러니까 저 종사관이 8년 전에 자넬 놓친 게 아니고 풀어준 거지?

여주댁   (고개 끄떡)

홍천수   나는 그런 줄도 모르고 도망치라고 편지를 보냈으니…
         (탁자 위 안동건이 들고 다니는 여주댁 현상수배범 전단지를 보고) 그럼, 말을 하지 왜 저런 걸 들고 다녀서 사람을 헷갈리게 해.

순덕   왜 들고 다니는지 진정 모르겠나? 비단 족자를 보면 느낌이 안 와?

홍천수   (느낌 안 오는 얼굴)

순덕   여주댁 얼굴 그림이 있으니 보관하려고 한 거지.

홍천수   얼굴은 살벌하게 생겨서 완전 사랑꾼이네.

여주댁   (미안함과 난감함이 교차하는 얼굴로 족자를 본다)

씬26.   홍월객주 / 비밀창고. 초저녁

비밀창고로 들어와 봇짐을 내려놓는 순덕,

정우가 준 족보를 보는데 그사이 서찰이 끼워져 있다.

순덕   !

[CUT TO]

순덕, 비밀창고 중정 계단에 앉아 서찰을 펴본다.

"(편지 내용) 처음 중매를 시작할 땐 내가 너에게 청혼서를…"

정우   (E) 처음 중매를 시작할 땐 내가 너에게 청혼서를 쓰게 될

지는 몰랐다. 그것도 내게 거침없이 말하고, 툭하면 가르

치려 들고, 경박하게 걸음이 빠른, 한낱 장사치 과부인 네

게 말이다.

순덕   …

정우   (E) 허나 생각해 보면 이렇게 될 수밖에 없었던 것 같구

나. 세책방에서 널 처음 봤을 때부터 어두웠던 내 세상이

밝아지기 시작했으니까.

[INS] 1화 28씬.

순덕의 품에 안겨 궤짝을 피한 정우는 눈앞의 순덕에게 눈을

떼지 못한다.

정우   〔E〕 네가 말한 대로 그 짧은 순간 너는 내 마음에 들어왔
        다. 처음엔 네가 너무 생경하여 내치려 했지만, 나의 의지
        론 불가능하단 걸 알게 되었다. 하여 나는 남은 생을 너와
        함께하고 싶다. 그러니 당신이 나를 어여삐 여겨 배필로
        허락해 주길 바랍니다.

        편지를 모두 읽은 순덕, 받아들일 수 없는 정우의 고백에
        마음이 답답하다.

씬27.   홍월객주 / 세책방. 초저녁

세책방 안으로 들어오는 정우, 책을 정리하는 홍천수에게

정우   여주댁 안에 있는가? (바로 책장을 밀고 비밀창고 안으로 들
        어간다)
홍천수   (그런 정우를 보고) 대답도 안 들을 걸 왜 묻는 건지.

씬28.   홍월객주 / 비밀창고. 초저녁

정우가 순덕을 찾는데, 중정에서 돌아서 있는 순덕(양반복장)을
발견한다.

정우   여주댁… 맞느냐?

순덕, 돌아서면 화장 지운 모습이다.

정우, 순덕의 양반 복장은 의아하지만,

너무 예뻐서 보고만 있다.

순덕	꼬마 도령은 잘 모셔다드리고 오셨습니까?
정우	(고개를 끄덕)
순덕	…저도 대감님과 남은 생을 함께하고 싶습니다.
정우	!
순덕	대감님이 저에게 청혼하실 거라 생각 못 했던 것처럼, 저 역시 다시 누군가를 사랑하게 될 거라고 생각하지 못했습니다. 첫사랑이 너무 커서, 그 사랑만으로 남은 생을 충분히 살아갈 수 있다고 자신했거든요.
정우	…
순덕	하지만 저도 모르는 사이 대감님을 마음에 담고 있더라고요. 그런 저의 마음이 먼저 떠난 서방님을 배신하는 것이 아니라고 말해줘서 고마웠어요.

정우, 안도하며 순덕에게 한발 다가서자,

딱 그만큼 물러서는 순덕.

정우	…
순덕	하지만 저는 대감님의 청혼은 받아들일 수가 없습니다.
정우	어째서…

순덕	저는 대감님이 알고 있는 방물장수 여주댁이 아닙니다. 제 이름은 정가 순덕이고 아들이 있는 반가의 여인입니다.
정우	(당황) 처음엔 과부 중매쟁이… 그 후엔 기억소멸 살인용 의자라더니… 이제는 양반이다? 지금 뭐 하자는 것이냐.
순덕	양반 신분으로 중매를 설 수 없어, 여주댁의 신분을 빌려 쓴 것 때문에 이리되었습니다.
정우	…

[INS] 11화 14씬.

여주댁	괜찮아요 마님… 저 이분 만나러 한양에 돌아온 거예요.
안동건	태란이 너만… 살아 있으면 됐다.
정우	이 여인이 추노꾼이 찾는 태란이고 여주댁이면… 너는… 누구냐?

정우	(진짜 양반인가?) …
순덕	서로의 처지와 마음을 안 이상, 더는 만나지 말아야 할 것 같습니다.
정우	!

순덕은 목례하고 밖으로 나간다. 탁자 위에는 정우가 준 족보와 서찰이 올려져 있다. 정우, 나가는 순덕을 잡지도 못하고 망연자실 바라만 보고 있다.

씬29.　　북촌 거리. 초저녁

북촌 초입, 나무 아래에 쓸쓸한 얼굴로 서 있는 순덕.

순덕　　　　잘했어… 계속 보면 더 못 잊을 거야.

보면, 예진과 근석이 서로 이야기를 하며 오고 있다.

순덕, 손을 흔들며 미소를 짓는다.

근석은 순덕을 보고 "어머니~" 하며 달려와 안긴다.

순덕　　　　오늘 고모랑 재미있었어?

근석　　　　예, 엄청 재미있었어요.

순덕　　　　그랬어? 예비 고모부는 어땠어?

근석　　　　그게…

예진　　　　애한테 뭘 그런 걸 물어요? 잘 만났고요. (머리꽂이를 꺼내

　　　　　　보여주며) 선물도 받았어요. 피곤해… 얼른 가서 쉬어야겠

　　　　　　어요. (집 쪽으로 간다)

순덕　　　　(근석과 손잡고 가며 예진에게) 만나보니까 어땠어요?

예진　　　　예의도 바르고, 귀티도 나고, 생각보다 괜찮더라고요.

순덕　　　　아가씨가 좋아하는 형일 줄 알았어요. 혼인 전에 만나길

　　　　　　잘했죠?

예진　　　　…네. 오늘 안 만났으면 평생 후회했을 거예요.

순덕　　　　(애써 밝게) 자세한 이야기는 집에 가서 해줘요.

순덕과 근석, 예진이 집을 향해 걸어간다.

씬30. 저잣거리. 초저녁

정우, 멍한 얼굴로 걷고 있다.

맞은편에서 오던 오봉, 정우를 발견하고 한달음에 다가와

오봉 대감마님 도대체 어디 계셨어요?

정우 … (힘없이 집으로 향한다)

오봉 (같이 가며, 걱정스럽게) 저기 23호 선비님은 결국 못 찾았
는데…!!

이때 허숙현과 산나물처자(10화 53씬)가 함께 오다가 정우,

오봉과 마주친다. 길가 좌판에서 중매 사인방이 뒤돌아 쑥떡을

사 먹고 있다.

오봉 (허숙현에게 원망) 이제야 뵙네. 제가 얼마나 찾아댕겼는지
아세요? 근데 옆에 아가씨는 누구…?

허숙현 (정우에게) 대감, 오늘 너무나 서툴고 안쓰러운 처자를 만
났습니다. 제가 옆에서 챙겨주지 않으면 안 될 것 같습니
다. 하여 맹박사댁 셋째 낭자와는 혼인을 못 하겠습니다.
죄송합니다.

정우 알겠습니다. (처자를 보고) 23호 담벼락님과 퍽 어울리십

니다.

허숙현	(쑥스러운 미소를 지으며, 산나물 처자와 함께 가던 길을 간다)
오봉	(둘이 가는 걸 돌아보며) 대감마님… 그냥 보내셔도 돼요?
정우	…

이번엔 김집과 건강미처자(11화 8씬)가 함께 "하하", "호호" 즐겁게 걸어오다가 정우를 보고 멈춰 선다.

오봉	(놀라) 저분은 첫째 아가씨의 짝인 12호 선비님 아니십니까?
김집	(정우에게 다가와) 제가 팔도를 다니며 찾았던 운명의 처자를 이제야 만난 것 같습니다. 말씀대로 저 처자 안 놓치려고요.
정우	(힘없이) 잘 생각하셨습니다.
김집	(목례 후, 건강미처자와 함께 가던 길을 간다)
오봉	(당황하며) …잘 생각했다뇨? 첫째 아가씨는 어쩌고요?
정우	(무심코) 첫째는 연분이 따로 있다.
오봉	그게 누군데요?
정우	(자신이 무슨 말을 했는지도 모른 채 힘없이) 뭐가 말이냐?
오봉	하나아가씨 연분이요.
정우	(그걸 왜 나에게 묻냐는 멍한 표정인데)
오봉	어어어…설마 또는 아니겠죠…아닐 거야, 옆에 다른 처자도 없잖아.

보면, 윤부겸이 홀로 정우에게 다가오고 있다.

윤부겸   (정우 앞에 서더니) 대감께 드릴 말씀이 있어, 경운재로 가

                 던 길이었는데 여기에서 뵙네요.

정우   …

윤부겸   저는 마음에 둔 여인이 따로 있습니다.

오봉   (황당한 탄성) 와~ 모두 사랑하는 처자가 생기다니, 사랑

                 이 꽃피는 단오야 뭐야…

윤부겸   맹박사댁 둘째 낭자와 혼인은 못 할 것 같습니다. 죄송합

                 니다.

정우   어쩔 수 없죠.

윤부겸   (꾸벅 인사를 하고 돌아서 간다)

오봉   어쩔 수 없다니요, 늙은 아씨들 혼인 안 시키실 거예요?

정우   다 부질없구나… (터덜터덜 집으로 향한다)

오봉   대감마님… (정우를 쫓아간다)

정우와 오봉, 그 자리를 떠나자,

뒤에서 배경같이 떡을 사 먹던 중매 사인방 동시에 돌아서며

개성댁   지금 늙은 아씨들 혼담이 몽땅 틀어진 거죠?

마산댁   그런 것 같지?

전주댁   같은 게 아니고 완전 파투났네.

이씨   나 갑자기 기분 좋아졌어. 빨리 가서 사람들에게 알려줘

야겠다. (신나서 자리를 뜬다)

나머지 중매쟁이들도 같은 얼굴을 하고 사방으로 흩어진다.

씬31.   경운재 / 누마루. 밤

정우, 넋이 나가 앉아 있고,
뒤쪽 침소에서 오봉, 이부자리 펴고는

오봉   (고개 내밀어) 이번 혼인 성공 못 시키면, 출사고 혼인이고
         다 물 건너가는 거잖아요. 근데 왜 그러신 거예요? 말을
         좀…

정우   여주댁이 반가의 여인이라는데… 내가 의빈에서 벗어난
         들 무슨 소용이 있단 말이냐.

오봉   (이게 무슨 소리야??) 녜? 여주댁이 뭐라고요?

정우   (일어나 방으로 들어가며 오봉에게 나가라는 손짓) 혼자 있고
         싶으니, 그만 들어가거라.

씬32.   경운재 / 정우의 방 → 정우의 꿈 → 순덕의 꿈.
         밤

정우에게 밀려 방 밖으로 나가는 오봉.
정우, 등잔불을 끄고 자리에 쓰러지듯 눕는데,

164

이부자리가 물웅덩이처럼 바뀌며 정우의 몸이 그대로 가라앉는다. 정우, 눈을 감고 힘없이 검은 물속에 가라앉는다.

[INS] 10화 55씬.
순구, 삼순에게 다가가 한쪽 무릎을 꿇어 눈높이를 맞추고는 "저와 혼인해주시겠습니까?"라고 하는 것을 보고 미소 짓는 자신.
[INS] 11화 8씬.
김집에게 "이 처자 놓치지 마십시오" 라고 말하는 자신.
[INS] 11화 30씬.
허숙현과 산나물처자를 보고 미소 짓는 자신.

평온한 얼굴의 정우… 계속 가라앉는다.

[INS] 11화 28씬. 양반 복장으로 자신을 돌아보는 순덕.

정우, 평온한 얼굴은 사라지고 미간에 주름이 잡힌다.

[INS] 11화 28씬.
순덕 "서로의 처지와 마음을 안 이상, 더는 만나지 말아야 할 것 같습니다"라고 말하고 나간다.

정우, 눈을 뜨면 순덕이 자신을 구하러 헤엄쳐 내려오고 있다.

(7화 71씬)

정우, 그런 순덕을 보며 손을 뻗는다.

헤엄쳐 내려오는 순덕, 역시 정우를 잡으려고 손을 뻗지만 (8화 6씬과 달리) 살짝 모자라 잡지 못한다!

정우, 그대로 어두운 물속으로 사라진다. 순덕, 당황한다.

씬33.   좌상 집 / 별채 / 순덕의 방. 밤

순덕, 놀라 벌떡 일어나지만, 꿈이었음을 인식한다.

씬34.   경운재 / 정우의 방 (분할) 좌상 집 / 순덕의 방. 밤

/ 모로 누워 식은땀을 흘리며 끙끙 앓는 정우.

/ 뒤척이다 돌아눕는 순덕.

꿈에서 정우를 잡지 못한 손을 펴보는데

건너편의 정우 얼굴에 닿을 듯하다.

씬35.   남산골 전경. 아침

씬36.   **조씨부인 집 / 마당 마루. 낮**

하나와 두리를 앞에 두고 열을 내는 삼순.

삼순   (흥분) 우리 혼담이 싸그리 깨졌다고 도성 안에 다 퍼졌
       어. 도대체 뭘 어떻게 했길래, 파투가 난 거야?

두리   난 하란 대로 했는데 온다던 24호 광부가 씨름장에 안 나
       왔어. 그러니 혼담이 깨진 게 내 잘못은 아니잖아. (슬그머
       니 하고 있던 머리꽂이를 뺀다)

삼순   (답답하다) 그럼 첫째 언니는?

하나   나라를 위해 큰일을 하느라고 잠시 자리를 비웠더니 그
       선비 딴 처자를 만났더라고. 남자의 마음은 갈대라더니…
       사실 나도 그 선비님이 썩 마음에 든 건 아니었으니, 내
       걱정은 말고.

삼순   언니들… 진짜 이 막냇동생은 생각 안 해?

두리   삼순아, 이건 우리 잘못으로 파투가 난 게 아니니, 네가
       관아에 잡혀가는 일은 없을 거야.

하나   맞네, 걱정 마.

삼순   (미치겠다) 지금 잡혀가는 게 문제야? 언니들이 시집을 안
       가면 나는 어떻게 시집을 가냐고! (울먹이며) 다시 원점으
       로 돌아온 거잖아. 호사다마는 개뿔, 내 인생은 다마다마
       야. (눈물 뚝뚝 떨어진다)

하나   막내야, 울지 마… 뭐 혼인 따위 못한다고 울고 그래.

두리   야 맹삼순! 혼인 안 하고 우리 세 자매, 어머니 모시고 죽

을 때까지 같이 잘 살자고 각서 쓴 거 기억 안 나?

삼순   (버럭) 안 나!! 언니들이 사랑을 알아!! (대성통곡한다)

두리, 말없이 손에 머리꽂이를 보고, 하나는 세자가 준 부채를
본다.

씬37.   좌상 집 / 안채 / 안방. 낮

순덕, 앞에 놓인 여러 비단 중에서 미색 천과 옅은 붉은색 천을
겹쳐 보이며

순덕   아가씨 피부가 맑은 편이라 신방 이불은 쨍한 붉은 색보
          다는 옅은 색으로 이불깃을 하는 것이 좋을 것 같습니다.

박씨부인 고개를 끄덕이자, 순덕 고른 천을 한쪽으로 빼놓고,
"요는 역시 다홍색 우단이 좋을 것 같은데…" 선뜻 고르질
못하는데 밖에서 "마님, 삼월어미입니다." 다급하게 고하는
소리와 동시에 문을 열고 들어오는 삼월어미, 순덕을 보고
주춤한다.

순덕   (분위기 보고) 잠시 나가 있겠습니다.
박씨부인   됐다. 네가 들어 안 되는 이야기가 무엇이 있겠느냐? (삼
          월어미 보면)

삼월어미	큰일은 아니고요… 늙은 아씨들 혼담이 모두 깨졌답니다.
순덕	…
박씨부인	이유가 무엇이라고 하더냐?
삼월어미	남자 쪽에서 모두 다른 혼처를 마련했다는 걸로 보아 늙은 아씨들의 평판이 찜찜해서가 아니겠어요? 아무리 헛소문이라고 하지만 아니 땐 굴뚝에 연기 날까, 늙은 아씨들도 분명 잘못이 있었겠죠. 그러니까…
박씨부인	그만 됐다. (순덕이 고른 천을 가리키며) 이것을 제외하고 나머지는 돌려주고, 밝은 다홍색 우단으로 몇 개 보내라고 하거라. 나가보거라.
삼월어미	네… (반납하라는 비단을 챙겨 나간다)
순덕	어머니께서 맹박사댁 여식들 혼담에 관심이 있으신지 몰랐습니다.
박씨부인	경운재대감이 하는 일이라, 신경이 쓰이는구나.
순덕	(박씨부인의 대답이 의아한데) …
박씨부인	예진이 혼수 이불 지을 때 네 침구도 새로 바꾸도록 해라.
순덕	아직 괜찮습니다.
박씨부인	기분 전환에 도움이 될 것이다. 너도 그만 건너가 쉬거라.

순덕, 나가고 박씨부인 고민한다.

씬38. 홍월객주 / 비밀창고. 낮

순덕, 벽면에 붙은 세 딸 초상화와 옆에 붙은 신랑 후보 이름을 하나씩 뗀다. 뒤의 인기척에 돌아보면 정우가 와 있다!

정우   (아무 일 없다는 듯) 네가 호언장담한 단오 작전이 다 틀어 졌으니 이제 어쩔 것이냐?

순덕   (무심코 반기며) 걱정 마십시오, 저 중매의 신 여주댁입니다.

이때, "야옹" 소리와 함께 정우는 사라지고 그곳에 길고양이가 있다.

순덕   …

[INS] 11화 28씬.

순덕   서로의 처지와… 마음을 안 이상 더는 만나지 말아야 할 것 같습니다.

정우   !

순덕   중매는 저 혼자 마무리 짓고, 서신으로 알려드리겠습니다. (목례를 하고 나간다)

순덕, 쪼그려 앉아 고양이를 쓰다듬으며

순덕   내가 보지 말자고 해놓고… 왜 기다리는데.

씬39.   좌상 집 / 사랑방. 밤

이좌랑은 조영배, 박복기에게 보고 중이다.

박복기	아무리 수행을 떠났다고 매골승 하나를 못 찾아?
이좌랑	송구합니다. 계속 수소문 중입니다.
박복기	뭐 하나 제대로 일하는 것들이 없어.
조영배	(찜찜하다) 경운재 의빈을 만나고 사라졌다? 우연은 아닌 것 같은데…
이좌랑	매골승이 누군지는 알아냈습니다.
박복기	땡중이 누군지 알아서 뭐 하게? 빨리 찾기나 해.
조영배	(박복기를 못마땅하게 보며) 말해보게, 매골승이 누군가?
이좌랑	7년 전 죽은 남장파 민승관 대감의 아들이었습니다.
영배, 복기	(놀란다) !!
박복기	그걸 왜 지금 말해! (호들갑) 지금 경운재가 민서준을 만났다는 거잖아요. 그럼 8년 전 매형이 조카 내외에게 한 일을 다 아는 거 아닙니까?
조영배	(인상 쓰며) 자넨 어찌 그리 생각 없이 입을 놀리는가?
박복기	아니… 나는 걱정 돼서 그런 거죠.

씬40.   좌상 집 / 사랑채 복도. 밤

사랑방의 말소리가 들리는 곳에 굳은 표정으로 서 있는
박씨부인. 박씨부인, 그대로 발걸음을 돌린다.

삼월어미, '왜 안 들어가지?' 의아해하며 박씨부인을 쫓아간다.

씬41.   좌상 집 / 안채 / 안방. 밤

굳은 표정으로 자리에 앉아 있는 박씨부인.

[INS] 평양부 관아의 처소 건물 마당. 낮

삼월어미와 남자하인을 대동하고 급히 들어오는 박씨부인.

[자막 - 8년 전]

[INS] 평양부 관아의 처소 안. 낮

박씨부인 조영배와 박복기의 앞에 앉으며

박씨부인   우리 인현이가 죽다니요. 그게 무슨 말입니까?

박복기   …

조영배   민대감 쪽에서 역관과 주고받은 서찰을 찾으려 사람을
           보냈는데, 인현이가 뺏기지 않으려고 하다, 변을 당한 것
           같소.

박씨부인, 황망하여 말을 잊지 못 하는데…

현재의 굳은 표정의 박씨부인으로 바뀌고

박복기   〔E〕 8년 전 매형이 조카 내외에게 한 일을 다 아는 거 아

172

닙니까?

박씨부인, 계속 박복기의 말이 머리에 맴돌아 심경이 복잡하다.

씬42.　　조씨부인 집 / 마당. 낮

하나, 마루에 앉아 새총을 만들며, 앞에 있는 순덕에게

하나　　단옷날 도령… 나도 어느 집 자제인지는 모르는데.
순덕　　지금 생판 모르는 도령을 구해줬다는 거예요?
하나　　(대답 없이 새로 만든 새총만 당겨본다)

씬43.　　조씨부인 집 앞. 낮

순덕　　(조씨부인 집에서 나오며) 알면서 말을 안 하는 것 같은데
어쩌지… 대감님에게 물어봐야 하나? (고개 저으며) 안 돼,
안 돼. 나 혼자 할 수 있다.

씬44.　　경운재 / 정우의 방. 낮

백지장 같은 얼굴, 퍼런 입술, 식은땀을 흘리며 앓고 있는
정우를 진맥하는 유의원, 심각한 얼굴이다.

오봉	(안절부절못하고) 대감마님이 왜 이러시는 겁니까? 단옷날 저녁까진 멀쩡하게 들어오셨거든요.
유의원	상사병이란 것이 가망이 없다고 생각할 때 급격히 악화되어 스스로 자신을 놓아버릴 수가 있소.
오봉	자신을 놓다니… 그게 무슨 말입니까?
유의원	이 고비를 넘기지 못하면 최악의 경우 죽을 수도 있단 말입니다.
오봉	(뜨억) 돌아가신다고요?
유의원	일단 내 들어가는 대로 가감진심단을 보낼 테니 데운 술과 함께 먹이시오. (가려고 진료 가방을 챙긴다) [자막 - 가감진신단(加減鎭心丹): 심신이 허해진 것을 치료하는 처방약]

밖에서 "집사나리, 객주에서 서찰이 왔습니다"라고 하자,

오봉	(대청마루 쪽을 돌아보고 하인에게) 거기 탁자에 놓고 가게.

서찰이란 말에 얼굴에 마법처럼 혈색이 돌며 눈을 뜨는 정우.
오봉, 정우 쪽으로 시선을 돌리면, 혈색이 돌아와 일어나 앉은
정우와 눈이 마주친다.

오봉	(!) 대감마님… 정신이 좀 드세요? 사흘을 꼬박 앓으셨어요.

유의원	(정우의 얼굴을 살펴더니) 혈색이 돌아왔네…
정우	(말없이 손을 내민다) …
오봉	(무슨 의민지 몰라 정우 손을 잡는데)
정우	(그게 아니란 듯 고개를 저으며) 서찰이 왔다지 않으냐, 가져 와봐라.
오봉	네? …네. (일어나 마루로 나간다)
유의원	객주 서찰이 치료약인가 보군.

오봉, 서찰을 들고 와 정우에게 주자, 바로 펴보는 정우.

정우	…

씬45. 홍월객주 / 비밀창고. 낮

정우와 순덕, 어색하게 마주 서 있다.

순덕	어느 집 자제인지만 서신으로 알려주시면 되는데, 굳이…
정우	그 도령은 안 됩니다.
순덕	뭐가… 안 된다는 말씀이십니까?
정우	단옷날 본 도령과 하나낭자를 이어주려 하는 것 아닙니 까?
순덕	…
정우	하나낭자 짝으로 다른 사람을 찾아봅시다.

순덕	중매는 이제 저 혼자 하기로 하지 않았습니까.
정우	나는 동의한 적 없습니다.
순덕	저는… 대감님과 함께하는 것이 불편합니다.
정우	불편해도 참으십시오. 애초에 부인이 속인 것이니.
순덕	!
정우	이 중매가 끝나면 다시 만나자는 일 없을 것입니다. 그러니 계약대로 중매까지만 같이 합시다.

순덕	(이걸 어떡해야 하나, 곤란하면서도 같이 있고 싶은데) …
정우	(어색+긴장하며 순덕이의 반응을 기다리는데) …

순덕	그럼 단옷날 그 일은… 없었던 걸로 하죠.
정우	(안도하며) 그편이 편하시면 그렇게 하겠습니다.
순덕	그리고 예전처럼 장사치로 대해주십시오. 존대하시니 불편합니다.
정우	반가의 여인인 줄 알았는데 어찌 하대하겠습니까? 그거 역시 불편해도 참으십시오.
순덕	…

정우, 담벼락 광부들 번호판이 쌓여 있는 상자를 꺼내며

정우	하나낭자의 짝으론 선화사에서 관심을 보인 담벼락 선비들 중에서…

순덕	그 꼬마 도령은 왜 안 된다는 것입니까? 나이 차이가 있긴 하지만, 제가 보기엔 두 사람 잘 어울립니다.
정우	…

정우 머리에 섬광같이 함께 있는 세자와 하나 모습(11화 15씬) 떠오르고 순간 가슴이 저릿하여, 자신도 모르게 손을 가슴에 가져가는데,

순덕	(그런 정우를 살피며) 또 가슴이 아프십니까?
정우	괜찮습니다. 두 사람이 안 어울려서 안 된다는 게 아닙니다. 그 도령이 하나낭자의 연분이 확실하나, 우리가 중신을 설 수 없는 집안사람입니다. 그러니…
순덕	잠깐만요, 그 전에 두 분이 연분이 확실하다고 하셨는데 어떤 연유로 그리 말씀하신 겁니까?
정우	그야 둘을 딱 보면… (뭐라 설명할 길이 없고, 무의식적으로 손을 가슴에 가져가며) 느껴집니다.
순덕	…

[INS] 9화 21씬.

조씨부인	다른 쌍연술사들은 소릴 듣기도 하고, 몸의 기운으로 연분을 알아보기도 한다던데, 자네는 어떻게 알아보나 해서.
순덕	혹시 하나아가씨와 꼬마 도령이 같이 있으면 가슴이 아프

셨습니까? 삼순아가씨와 종사관 나리가 같이 있었을 때 처럼.

정우   (생각해 보니 그렇다) …

씬46.   조씨부인 집 / 안방. 낮

조씨부인   증상을 들어보니 대감께서 쌍연술사 같네요.

정우   그게 무슨 말도 안 되는… 쌍연술사는 대부분 여인이지 않습니까?

조씨부인   간혹 남자도 있다고 들었습니다.

정우   쌍연술사는 자연스럽게 사람들의 연분을 만들어준다고 하던데 전 평생 그래본 적이 없습니다.

조씨부인   쌍연술사에 대해 많이 알아보셨나 봅니다. 그것 역시 대부분의 쌍연술사들이 하는 행동입니다. 내가 왜 이러는지 알고 싶어서죠.

순덕   (한숨) 그런 거로 치면 내가 쌍연술사여야 하는데…

조씨부인   된통 앓고 나면 알아본 연분이 더욱 선명해져 중매를 설 수밖에 없는 시기가 오는데… 그런 적은 없었나요?

정우   (어제 그제 자신의 상황과 같아 놀라는데) !

순덕   (그런 정우를 살핀다)

정우   (부정하고 싶다) 제가 쌍연술사가 맞다면, 연분을 이어줄 묘책도 있어야 하는데 이 댁 첫째 따님과 연분인 도령을

178

이어줄 방법이…!

[INS] 2화 3씬.

정우   세자저하를 혼인시킬 명분은 간단합니다.

정우   도성 안 원녀를 핑계로 세자저하의 혼인을 막았으니, 그 원녀들을 없애면 될 듯합니다.

정우   이 중매 애초에 세자저하를 혼인시키기 위한 일이었지…!

순덕   (그런 정우를 심상하게 보는데)

정우   (눈을 반짝이며) 첫째 따님과 연분인 도령을 이어줄 명분을 만들 수 있을 것 같습니다.

조씨부인   (속을 알 수 없는 표정) …

씬47.   좌상 집 / 사랑방. 낮

조영배와 박복기와 김문건 외 동노파 인사 두세 명이 모여 이야기 중이다.

조영배   박대감이 처리를 제대로 못 해, 단오 일이 실패하여 유감입니다.

박복기   (발끈) 아니 그게 왜 내 잘못입니까? 작정하고 끼어들어 일을 망친 경운재 탓이지.

조영배   (헛기침) 하여 경운재 의빈이 원녀 중매로 세자의 가례 명분을 만들기 전에 문제의 싹을 없앨까 합니다.

김문건   (조심스럽게) 싹을 없앤다는 게… 제거하시겠단 말씀이십
         니까?

조영배   필요하면 그리해야죠.

박씨부인   저는 반대입니다.

박씨부인, 안으로 들어오자, 조영배를 제외한 박복기와
김문건 등 동노파 인사들 자리에서 일어나 박씨부인의 자리를
마련한다. 심기 불편한 조영배.

박씨부인   세자 일로 금상이 예민한 지금, 이목 끌 일을 굳이 만들
         필요가 있을까요? 더욱이 맹박사댁 여식들의 혼담이 깨
         졌다고 하니 경운재 의빈의 거취보다 금상과 무슨 일을
         꾸미는지 알아보는 것이 우선이라고 생각합니다.

김문건   무슨 일을 꾸미다니요?

박씨부인   단옷날 세자의 단독행동이라고는 하나, 왈패에게 죽을 뻔
         했는데 아무 조치도 안 하는 것이 이상하지 않습니까?

굳은 얼굴의 조영배를 제외한 동노파 인사들 박씨부인의 말에
수긍한다.

씬48.   좌상 집 / 안채 / 안방. 낮

박씨부인과 조영배, 각각 찻상을 앞에 두고 마주 앉아 있다.

느긋하게 차를 마시는 박씨부인과 달리 조영배는 불편한

심경을 들어내며.

조영배   다들 있는 자리에서 제 의견을 대놓고 반대를 하시면 사
           람들이 집안에 기강이 없다 여기지 않겠습니까?

박씨부인   (무시하고 차를 마신다)

조영배   금상이 무슨 일을 벌이는지 아는 것도 중요하지만, 경고
           차원이나 동노파의 결집을 위해서도 지금 경운재 의빈을
           제거하는 것이 맞다고 생각합니다.

박씨부인   (탁, 찻잔을 내려놓으며) 그건 아까 끝난 이야기 아닙니까?
           혹, 경운재 의빈을 제거해야 하는 이유 중 제가 모르는 것
           이 더 있는 겁니까?

조영배   (잠시 마가 뜨고) 그런 것이 있을 리 없지 않습니까?

박씨부인   (조영배를 차갑게 보며) 저에게 속이는 것이 없다면…

조영배   …

박씨부인   그 문제는 더 이상 거론하지 마십시오. 제 생각은 변하지
           않으니.

씬49.   목멱산 중턱. 낮

내리막길을 순덕은 가볍게 내려가지만,

정우는 순덕의 속도에 맞추느라 애를 먹는다.

순덕   이제 보니 단오 작전이 어그러진 건 대감님 때문이었네요.
정우   (보면)
순덕   제가 아니고 대감님이 쌍연술사라 진짜 연분을 만나게 하
         려고요.
정우   부인, 나는 쌍연술사 따위가 아닙니다.
순덕   저도 인정하기 싫지만, 모든 상황을 미루어볼 때 대감께
         서 쌍연술사가 분명합니다.
정우   저 역시 쌍연술사에 대해 많이 조사하여 잘 압니다.
순덕   그것 역시 쌍연술사의 특징이라고 아까 맹박사댁 부인이
         말씀하지 않으셨습니까?

         가파른 길, 앞서 내려간 순덕, 조심스럽게 내려오는 정우에게
         손을 내민다. 정우, 순덕의 손을 잡고 내려오며,

정우   부인이 알고 싶다고 하여 조사한 겁니다.

         손을 내준 순덕은 정우의 말 때문에, 눈앞의 정우 때문에 심쿵.

순덕   …보여주세요, 저에게 주려고 조사한 거면.

씬50.   홍월객주 / 비밀창고. 낮

순덕, 복층 계단에 걸터앉아 "쌍연술사 백서"를 읽으며…

순덕   붉은 실이 보이고, 가슴 뛰는 거 빼곤 전부 내 이야긴데
        특히 "쌍연술사는 각자만의 연분 맺기 기술을 보유하고
        있다." 난 진짜 어울리는 남녀를 보는 순간 이어줄 방법이
        떠오르거든요.

정우   쌍연술사가 아니라서 많이 속상하십니까?

순덕   네.

정우   부인은 왜 쌍연술사이길 바란 겁니까?

순덕   아무리 좋아서 하는 일이라지만, 집안 어른들을 속여가며
        중매에 집착하는 것에 이유가 필요했거든요. 근데 쌍연술
        사면 해결되는 거잖아요. 중매가 타고난 운명인데 고민할
        게 없잖아요.

정우   운명이 있다고 생각하십니까?

순덕   네, 남녀 간의 연분도 결국은 운명 같은 거니까.

정우   그럼 제가 쌍연술사면… 당신을 볼 때마다 가슴이 이리
        뛰는 건 당신이 나의 운명이란 소리 아닙니까?

순덕   …아니요. 제 천생연분은 서방님이었다는 걸 맹박사댁 부
        인이 보셨대요.

정우   …

순덕   그러니, 대감님과 저의 마음은 그냥… 지나가는 바람일
        거예요. 시간이 지나면 이 폭풍 같은 마음도 잠잠해질 겁

니다.

정우   …확실한 겁니까?

순덕   아마도.

서로 마주 보는 둘에서…

十一話終

第
十
二
話

시한부 연인

씬1.   오프닝 인터뷰 순덕&정우: 홍월객주 / 비밀창고. 낮

나란히 앞을 보고 앉은 순덕과 정우, "그게…" 동시에 말을
꺼냈다가 동시에 입을 닫고 서로를 본다.

순덕   먼저… 하세요.

정우   아닙니다, 먼저 하십시오.

순덕   그럴까요? (정면 보며) 저는 제가 중매 실력이 더 낮다고
생각합니다.

정우   (순덕 보며) 쌍연술사는 접니다.

순덕   (정우 보며) 그러니까요. 쌍연술사로 태어난 것도 아닌데
쌍연술사인 대감님과 비등한 실력을 가졌으니, 제가 더
대단한 거 아닌가요?

정우   제가 여인으로 태어났다면 벌써 중매 시장을 평정했을 겁

니다.

순덕   아~ 그 울분 많은 성격으로요? 중매가 얼마나 다양한 마
      님들의 성미를 맞추어야 하는데요.

정우   (피식) 성미를 맞출 필요가 뭐 있습니까? 나의 가슴이 연
      분을 정확히 알아보는데.

순덕을 바라보는 정우의 가슴, 쿵.쿵.쿵 뛴다. 화면 점점
멀어지고,

"시한부 연인"

씬2.   홍월객주 / 비밀창고. 낮

순덕, 하나 초상화 옆에 [꼬마 도령]이라고 붙이며

순덕   어느 집 도령인지 말씀 안 해주실 겁니까?

정우   (난처해하며) 그 집안과는 먼저 해결할 문제가 있어… 적
      당한 시기를 봐서…

순덕   혹시 세자저합니까?

정우   (헉, 딸꾹) !

순덕   어머, 진실의 딸꾹질? 대박! 넘겨짚은 건데.

정우   (딸꾹) 다른 사람들에겐 비밀입니다. 하나낭자는 아는 것

같지만.

순덕   진짜 하늘이 정해준 천생연분은 따로 있나 봐요. 하나아 가씨는 궁궐 안에 있는 세자저하와 어떻게 만났지? 신기하네.

정우   나중에 세자저하께 듣고 알려드리겠습니다.

순덕   대감께서는 공주자가와 어떻게 처음 만나셨습니까?

정우   …

씬3.   (과거) 궁궐 앞. 낮

[자막 - 8년 전]

궁녀들, 외출증을 보여주고 궐 밖으로 나가고 있다.

그 줄 사이에 서 있는 성균관 유생 복장의 정우, 그 앞엔 쓰개치마를 꼭꼭 눌러써서 얼굴이 안 보이는 궁녀(효정공주)가 서 있다. 효정공주는 출입증을 보여주고 궐 밖으로 나가다가 얼마 안 가 멈춰 서더니 쓰개치마를 완전히 내리고 주변을 천천히 둘러본다. 그 모습을 본 정우, 무심히 효정공주를 지나쳐 간다.

정우   [E] 8년이 지난 지금도 나는 그때 왜 성균관으로 돌아가지 않고, 다시 그 궁녀에게 걸어가 그녀 앞에 멍청히 서 있었는지 설명할 길이 없습니다. 아마도…

몇 걸음 안가 정우, 뒤를 돌아보면

여전히 그 자리에 호기심 가득한 눈으로 서 있는 효정공주.

정우는 발걸음을 돌려 효정공주 앞에 선다.

씬4.   홍월객주 / 비밀창고. 낮

정우   걱정이 됐던 것 같습니다. 아무것도 아닌 거리를 눈을 반
        짝이며 바라보는 모습이.

순덕   (아니라는 듯 검지를 세워 저으며) 걱정은 무슨. 첫눈에 반한
        거죠. 그래서요?

정우   어딜 찾느냐고 물었더니, 한 시진 정도 시간이 있다며 저
        잣거리를 가보고 싶다고 했습니다.

        [자막 - 한 시진: 두 시간]

        [INS] 저잣거리. 낮

        신나서 가게를 구경하는 효정공주 옆의 정우. 가슴이 아파
        손으로 가슴을 잡고 힘들어하지만, 눈은 효정공주에게
        고정되어 있다.

정우   〔E〕 그때도 가슴 통증으로 사람 많은 곳엔 가지 않았는
        데… 상관없었습니다. 이미 처음부터 가슴이 너무 뛰고
        있어서.

순덕	공주자가도 저처럼 신분을 속였네요. (정우 보면) 그래서요?
정우	한 시진 후 궐로 돌아갔고, 감히 궁녀를 연모해서는 안 되지만 그 후로 계속 생각이 났습니다. 그리고 몇 달 뒤 부마 간택을 거둬달라고 전하를 찾아갔을 때 다시 만났습니다.

[INS] 임금의 처소. 낮
긴장한 정우, 임금의 처소로 들어와 예를 갖추고, 고개를
들었는데 임금 옆엔 효정공주가 앉아 있다. 임금이 "부마
간택에 대해 과인에게 할 말이 있다고?"라고 묻지만 정우는
멍하니 눈을 반짝이며 웃는 효정공주만 보고 있다.

정우	그날 전하께 무슨 말을 하고 나왔는지 기억은 안 나지만, 한 가지는 확실하게 기억납니다. 무척 기뻤다는 거.
순덕	(정우를 빤히 쳐다보고만 있다)
정우	제가 처음 반한 이가 부인이 아니라서 실망하셨습니까?
순덕	네, 무척 실망했습니다.
순덕	〔E〕 거짓말이었다. 공주와 억지로 결혼한 것이 아니라서, 나는 그가 더 좋아졌다.
정우	무척 실망했다니… 더 없이 다행이네요.

서로를 바라보고 미소 짓는 정우와 순덕.

씬5.   선화사 전경. 낮

씬6.   선화사 / 대웅전 안. 낮

홀로 치성을 드리는 박씨부인.

[CUT TO]

박씨부인은 한쪽에 모셔져 있는 아들 내외의 위패를 본다.

[자막 - 조인현 유선희]

주지스님   (조용히 다가와) 첫째 아드님 내외가 생각나 오셨습니까?

박씨부인   …

씬7.   선화사 / 대웅전 앞. 낮

주지스님과 박씨부인, 이야기 중이다. 좀 떨어진 곳에 삼월어미 서 있다.

주지스님   (송구한 얼굴로) 출가 전의 행적을 따지지 않아, 소천스님 이 남장파인지 미처 몰랐습니다.

박씨부인   언제쯤 그 스님을 만날 수 있을까요?

주지스님   좌상대감께서도 찾고 계셔서, 저희도 백방으로 수소문 중 입니다.

박씨부인	…그 스님을 중매쟁이도 같이 만났다고 하셨죠?
주지스님	예, 그렇게 알고 있습니다.
박씨부인	…

씬8.   나오는 길. 낮

박씨부인	경운재대감의 중매를 돕는 자가 예진이 중신을 선 여주댁 이라고 했지?
삼월어미	예. 들어오라고 할까요?
박씨부인	아니다, 지금 만나야겠다.

씬9.   홍월객주 / 비밀창고. 낮

벽을 바라보는 순덕과 정우. 신랑 후보가 붙어 있지 않은 건
두리뿐이다.

순덕	(기대의 눈빛으로 정우를 본다)
정우	(순덕의 시선을 느끼며 초조해하다가) 내가 아무리 쌍연술사 라고 하지만 나도 뭘 봐야지 느낍니다.
순덕	(검지 세워 저으며) 대감께선 이미 느끼셨습니다.
정우	?
순덕	두리아가씨 짝으로 16호 광부님을 말씀하신 거 기억나시

	죠?
정우	…

[INS] 6화 22씬.

| 정우 | 쌍연술사라 인연을 알아본다고 잘난 척하더니 너야말로 나보다 더 악랄하게 조건만 보는구나. 진정 세 딸의 미래를 생각한다면 출사 가능성이 있는 16호가 낫다. |

순덕, 어느새 16호 한종복의 번호표를 찾아와서는

순덕	그땐 제가 쌍연술사인 줄 알고 너무 오만방자했죠? (16호 번호표를 두리 초상화 옆에 붙이며) 이렇게 연분을 찾아가네요.
정우	(찜찜해하며) 그땐 조건만 보고 말한 것이라… 확실치 않습니다.
순덕	당장 확인해 보면 되죠.
정우	?

씬10. 조씨부인 집 앞. 낮

정우와 순덕 앞에 팔짱을 끼고 선 두리, 심드렁하게.

| 두리 | 아무나 괜찮아. 사내들 다 거기서 거기지. 나 때문에 막내 혼인을 못 하게 할 순 없잖아. |

| 순덕 | 감사합니다, 실망하지 않으실 겁니다. |

씬11.   남촌 / 한종복의 초가집 마당. 낮

정우와 순덕, 마당에서 한종복과 이야기 중이다.

한종복	대감께서 어쩐 일로?
정우	16호 담벼락님께 딱 맞는 처자가 있어 내 중신을 서러 왔습니다.
한종복	괜찮습니다. 저는 혼인하고 싶은 처자가 있어서요.
순덕	(살짝 당황하며) 벌써 그 처자와 혼인을 약조하신 겁니까?
한종복	사실 아직… 말도 못 건넸네. 하지만 이번에 내가 잡과에 합격하여 용기를 내보려는 중이네.
순덕	혹시, 어느 댁 아가씬지 알려주실 수 있으십니까?
한종복	그게… 바느질에 능하다는 맹박사댁 둘째 아가씨네. 계속 마음에 두고 있었는데… 초파일 선화사에서 처음 보고 반해서.
정우, 순덕	!

씬12.   남촌 거리. 낮

| 순덕 | 역시 쌍연술사는 정확하네요. |

정우   (괜히 가슴을 만지며 석연치 않아 한다)

순덕   두리아가씨 짝까지 정해졌으니, 슬슬 이 중매의 끝이 보
          이네요.

          중매의 끝이란 말에 정우, 순덕 잠시 말없이 걷는다.

정우   … 부인은 어느 댁 사람입니까?

순덕   (잠시 망설이다가) 저는…

정우   됐습니다, 차라리 모르는 것이 나을 것 같습니다.

순덕   (그런 정우를 보다) 우리 어디 좀 들렀다 가요.

씬13.   남촌 / 어느 초가집 (또는 작은 기와집). 낮

          규모가 좀 있는 초가집 안으로 들어가는 순덕, 정우 따라
          들어온다.

순덕   제가 살던 집입니다, 여덟 살부터 열일곱까지.

정우   (보면)

순덕   (자연스럽게 평상에 앉으며) 저희 친정이 부침이 좀 있어서
          한양 내에서 이사를 꽤 다녔거든요. 그래도 이 집에 살았
          을 때 좋았어요, 어머니도 살아계셨고.

정우   (순덕 옆에 앉아) 나도 이 동네에서 컸습니다.

순덕   진짜요? 대감님은 태어날 때부터 큰 집에서 살았다고 생

각했는데.

정우   선친께서 재물을 모으는데 재주가 없는 분이셨습니다.

순덕   (완전 공감) 저희 아버지도요.

정우. 순덕   (웃음)

정우   그런 선친께 아들 팔아 북촌에 큰집을 받아 좋으시냐고 못된 말을 했어요.

순덕   (보면)

정우   나중에서야 제 모난 성격 때문에 출사 후 고초를 당할까, 걱정하는 마음에 그러셨단 걸 전하를 통해 알았습니다.

순덕   아버지들은 말씀을 정확하게 안 하는 게 문젠 것 같아요.

정우   (쓸쓸한 웃음) 제가 내내 마음에 걸리셨는지… 돌아가실 때, 부마로 보내 미안하다고 하셨는데… 공주와 억지로 혼인한 게 아니라는 말씀을 못 드린 게 늘 후회가 됩니다.

순덕   아마도… 아셨을 거예요, 말씀을 안 하셔서 그렇지.

정우   … 고맙습니다, 그리 말해줘서.

순덕   오늘 마음 말리기 참 좋은 날씨네요.

순덕, 눈을 감고 하늘을 올려다보며 볕을 쬐자,
정우도 같은 포즈로 볕을 쬔다.

순덕   같은 동네에서 자랐으니 우린 과거에 만났을 수도 있었겠네요.

정우   그때 만났으면 어땠을까요?

순덕	말도 안 섞었겠죠, 까칠한 모범 도령은 제가 좋아하는 형이 아니라서.
정우	저도 부인같이 산만한 형 좋아하지 않습니다.
순덕	그때 만나지 않아 참으로 다행이네요.
정우	지금 만나 천만다행입니다.

이때, 방문이 열리면 관복을 입은 상상 속의 정우와 순덕이 나온다. 순덕 "너무 열심히 하지 말고 녹봉 받는 만큼만 하고 일찍 와요"라고 하면 정우 "부인, 어찌 그런 불경한 말을…" 순덕이 정우의 관복을 매만져주자, 정우 얼굴을 붉히며 "내… 일찍 오겠소"라고 한다.

호미를 든 집주인, 집으로 들어와 의아한 눈으로 둘을 보며,

집주인	남의 집에서 뭐 하는 거요?
순덕	그게…
정우	지나는 길에 집터가 좋아 기운을 좀 받고 있었네. 이 집, 팔지 말고 꼭 가지고 있게.
집주인	아… 예. 감사합니다. (꾸벅 인사)

정우와 순덕, 자연스럽게 그 집을 빠져나온다.

씬14.   남촌 거리. 낮

순덕   풍수도 잘 아십니까?

정우   도둑으로 몰릴까, 그냥 둘러댄 말입니다. (순덕 보면) 다
         부인께 배운 겁니다.

순덕   청춘어람이십니다.

정우   청출… 춘이 아니고, 사자성어는 웬만하면 안 쓰시는
         게… 아닙니다, 제가 알려드리면 되지요.

         순덕, 웃다가 앞쪽에 오는 박씨부인과 삼월어미를 보고 놀라
         몸을 돌리는데, 그 순간 정우, 순덕의 손을 잡고, 골목으로 몸을
         숨긴다.

         [CUT TO]
         박씨부인, 정우를 보고 발걸음을 멈추는데 (순덕은 몸을 돌려
         보지 못했다) 사람들이 가리고 지나간 사이 둘은 사라졌다.

삼월어미   왜 그러세요?

박씨부인   (분명히 정우를 봤는데) …

씬15.   남촌 거리 / 골목. 낮

정우, 순덕을 끌고 골목 안으로 몸을 피한다.

198

정우	죄송합니다. 좌상댁 정경부인이 있어서 잠시 피했습니다.
순덕	?! (어머니 때문에 피했다고? 정우를 본다)
정우	부인도 아시죠? 조선의 비선실세.
순덕	압니다. 정경부인을 왜 피하시는 겁니까?
정우	내가 중매에 성공하는 걸 바라지 않는 사람이라… 중매쟁이와 함께 있는 걸 보이고 싶지 않아서입니다.
순덕	(어머니가 늙은 아씨들 혼인을 싫어한다고? 왜지? 하다가) …!! 설마, 여주댁을 찾아가시는 건가? (큰일이다) 저는 가볼 곳이 있어서, 먼저 가십시오. (골목길 안쪽으로 뛴다)
정우	?

씬16. 여주댁 초가집 / 마당. 낮

집안을 둘러보는 박씨부인, 따르던 삼월어미 "집에 없나?"
하는데, 부엌에서 여주댁 "삶아서 말려야 오래 보관할 수
있어"라고 복희에게 일러주며 도화분의 재료가 담긴 채반을
들고나온다.

여주댁	(마당에 박씨부인을 보고 놀라) !
복희	(여주댁 뒤로 숨는다)
여주댁	마님께서 여기까지 어쩐 일이십니까? 저를 부르시지 않고…
박씨부인	…

第十二話

씬17. 남촌 거리. 낮

빠르게 뛰는 순덕. 뒤이어 나타난 정우, "무슨 일인지… 말을…"
하며 순덕을 쫓아간다.

씬18. 여주댁 초가집 / 마당 (교차) 남촌 거리. 낮

/ 초가집 마당. 평상에 앉은 박씨부인, 그 앞에 여주댁 서 있다.
삼월어미, 마루에 화장품을 보려는데 복희, 못 만지게 막는다.

박씨부인	딸아이 혼사 때문에 온 게 아니네. 자네 경운재대감과 소천스님을 왜 만났나?
여주댁	(이게 무슨 말이지?) 네?
박씨부인	…

/ 초가집 거리. 뛰어가는 순덕, 앞에 보이는 집 안에 있는
여주댁이 보인다. (박씨부인은 담에 가려 보이지 않는다)

/ 초가집 마당. 순덕, 그대로 여주댁 집으로 뛰어 들어간다.
놀란 눈으로 돌아보는 여주댁!

/ 초가집 거리 2. 싸늘한 얼굴로 돌아보는 박씨부인.

/ 초가집 마당. 순덕이 마당에 들어섰을 땐 박씨부인은 가고,

평상에 찻잎을 말리는 여주댁과 복희만 있다.

여주댁   (놀라서) 정경부인하고 안 만났어요? 좀 전에 오셨었는
          데…
순덕   역시 여기 오셨던 거군. 불길한 예감은 틀리는 법이 없지.

/ 초가집 거리 2. 싸늘한 박씨부인의 눈빛에 삼월어미 쫄아서,

삼월어미   이씨가 분명 여주댁이라고 했는데… 이 여편네 진짜…
박씨부인   경운재대감과 같이 다니는 중매쟁이를 당장 찾아서, 내
          앞에 데리고 오거라.

씬19.   여주댁 초가집 / 마당. 낮

정우, 매우 불편한 얼굴이다. 보면 복희가 팔짱을 끼고 매서운
눈으로 더는 들어오지 못하게 지키기라도 하듯 정우를
노려보고 있다.

마루엔 순덕(양반 복장)이 화장을 지우며 이야기 중이다.

순덕   맹박사댁 혼사가 아니라, 소천스님을 왜 만났는지 물었다
          고?
여주댁   (문 앞의 정우를 신경 쓰며) 네, 근데 제가 상황을 몰라 둘러

대질 못했어요.

순덕   (머리 굴리며) 내가 대감님과 소천스님을 만난 일을 어떻
       게 아셨지? (아무리 생각해도 답이 안 나오는데)

여주댁   저 나리는 누군데 계속 같이 다니시는 거예요?

순덕   (정우를 보며) 그냥… 같이 중매 서는 사이야, 쌍연술사거
       든.

여주댁   그게 뭔데요?

순덕   연분을 알아보는 사람.

여주댁   (새삼 정우를 본다)

씬20.   여주댁 집 앞. 낮

양반 복장의 순덕, 기다리고 서 있는 정우에게

순덕   먼저 가시라니까, 행색이 이래서 같이 갈 수도 없는데.

정우   제 나름대로 마음을 잠재우는 방법입니다. 질리도록 많이
       봐두는.

순덕   …

정우   먼저 가시면 이번엔 제가 알아서 세 걸음 떨어져 가겠습
       니다.

씬21.   남촌 → 북촌. 낮

/ 초가집 거리. 순덕이 앞에 가고 정우, 세 걸음 떨어져 따른다.

/ 냇가 돌다리. 정우가 앞서가고 순덕이 뒤따라간다.

정우가 돌아보느라 휘청하자 순덕이 잡아준다.

/ 기와집 거리. 양옆으로 세 걸음 떨어져 나란히 걷는 정우와

순덕. 갈림길에서 순덕, 정우를 한번 보고 오른쪽 길로 간다.

더 쫓아가지 못하고 사라질 때까지 보고만 있는 정우.

씬22.   궁궐 / 동궁전 도서관. 저녁

산더미같이 서적을 꺼내 놓고 보는 정우, 허탈한 얼굴로 마지막

책을 덮고,

정우   양반집 과부와 혼인하는 것이, 어찌 이리도 어려운가…

         (갑자기 울컥) 상소가 받아들여진들 무슨 소용인가, 조선

         의 법이 이토록 융통성이 없는 것을! (그대로 책상에 엎어

         진다)

         이때 풀죽은 세자, 들어와 정우 앞에 앉더니 정우와 같은

         포즈로 엎어진다. 정우, 고개를 들어 세자임을 확인하고

         일어나며,

정우	세자저하… 어디 편찮으십니까?
세자	(엎어진 그대로) 마음이 편찮습니다.
정우	(자리에 앉으며) 남산골 하나낭자 때문에 그러신 겁니까?
세자	(고개를 들고) 어찌 아셨습니까?
정우	(그런 세자를 보며) 하나낭자가 왜 좋으신 겁니까?
세자	하나낭자는 내가 아는 사람 중에 가장…

[INS] 7화 37씬. 한양 야경을 내려다보는 아름다운 하나.

세자	현명한 축에 속하는 사람이기 때문입니다.
정우	(예뻐서 좋다고 할 줄 알았는데 의외다) 하나낭자가 똑똑하긴 하죠.
세자	의빈께서도 하나낭자 외모에 가려진 현명함을 아실 줄 알았습니다.
정우	세자저하, 이건 비밀인데 제가 일전에 찾던 쌍연술사를 만났습니다. (세자 보면) 그자가 세자저하와 하나낭자가 천생연분이라고 제게 귀띔해주었습니다.
세자	(반색) 참말입니까?
정우	(고개 끄덕) 하여 제가 곧 두 분의 가례를 추진할 생각이니 저를 믿고 조금만 기다려 주십시오.

씬23.   홍월객주 전경. 낮

씬24.   홍월객주 / 마당 일각. 낮

마당 한쪽에서 투덕거리는 이씨와 삼월어미.

삼월어미   자네 말만 믿고, 마님이랑 남촌 가서 얼마나 망신을 당한
            줄 아나.

이씨   늙은 아씨들 중매는 여주댁이 맞는데… (하다가 마당 쪽을
            보며) 저기 여주댁 가네, 직접 가서 물어봐. 내 말이 맞지.

            삼월어미, 돌아보면 붉은 장옷의 순덕, 세책방으로 들어가고
            있다.

씬25.   홍월객주 / 세책방. 낮

세책방에 들어선 삼월어미, 안쪽으로 꺾어지는 붉은 장옷의
끝자락을 본다. 삼월어미, 바로 뛰어가 안쪽으로 들어가면
사라지고 없다! 당황한 삼월어미, 주위를 둘러보는데 뒤로
천천히 다가오는 시선, 삼월어미 어깨를 잡히자, 소스라치게
놀라 소리 지르고 보면 홍천수다.

씬26.   홍월객주 / 비밀창고 (교차) 세책방. 낮

/ 비밀창고. 세책방을 내다보는 순덕.

/ 세책방.

홍천수   잘못 봤나 보네, 내가 쭉 있었는데 여기 아무도 안 들어
         왔어.

삼월어미   내가 분명히 이쪽으로 들어오는 걸 봤다니까요.

홍천수   봤으면 여기 있어야지, 사람이 사라졌다는 게 말이 안 되
         지 않나.

삼월어미   (그렇긴 하다) 이상하네… 그럼 늙은 아씨들 중매쟁이가
         오면 좌상댁 마님께서 찾으신다고 전해주시게.

/ 비밀창고.

순덕   어머니께서 왜 이렇게까지 찾으시는 거지…

씬27.   홍월객주 / 마당. 낮

고개를 갸웃거리며 객주를 나가는 삼월어미.
마침 들어오는 정우를 본다. 한쪽으로 비켜선 삼월어미, 정우가
세책방으로 들어가는 걸 심상하게 본다.

씬28. **홍월객주 / 비밀창고. 낮**

탁자에 펼쳐진 지도 선화사('첫눈맞기'라 적혀 있다) 위에 "성공",

수성동 계곡('단오 운명 만들기'라 적혀 있고) 위에 "끝내 성공"

쓴 작은 깃발 말이 놓여 있다. (4화 37씬 지도)

세 딸 초상화가 붙은 벽면을 순덕과 정우 바라보며,

순덕   세자빈 간택령이 바로 내려질까요?

정우   맹박사 댁 딸들의 혼인은 세자저하의 가례 때문에 시작한

         일이니, 단오에 세자저하를 해치려던 일당들만 밝혀지면

         가능합니다. 그건 제가 곧 알아서 처리할 겁니다.

순덕   그럼 대감님만 믿고 저는 혼례 준비를 시작하겠습니다.

         둘 다 탁자로 가려다, 서로 방향이 안 맞아 정면으로 부딪친다.

         순덕, 정우에게 안긴 모양새가 된다. 잠시 야릇한 분위기…

순덕   (먼저 움직여 피해가며) 잘 보고 도십시오.

정우   (억울) 본디 오른쪽으로 도는 것이 일반적입니다.

         순덕, 피식 웃으며 "혼례 장소는 어디로 해야 할까요?"

         정우는 "한성부에서 할까 합니다", 순덕 "한성부는 좀

         그런데…" 순덕과 정우는 티격태격하며, 사이좋은 연인 같다.

씬29. **좌상 집 전경. 밤**

씬30. **좌상 집 / 안채 / 안방. 밤**

박씨부인, 과거 인현이 보낸 서찰을 보고 있다.

순덕   (문밖에서) 〔E〕 어머니, 근석 어미입니다.

박씨부인   들어오거라.

순덕이 들어오자, 박씨부인 보던 서찰을 내려놓는다.

순덕, 서안 위에 장부를 올려놓으며,

순덕   어제까지 김서방이 들여온 물품을 정리해놓았습니다.

박씨부인   그래, 앉아보거라.

순덕   (앞에 앉으며, 박씨부인 앞에 서찰을 보고) 누가 보낸 서찰입

               니까?

박씨부인   …첫째가 평양부에 있을 때 보낸 것이다. 그땐 그리 허망

               하게 떠날지 모르고 일도 바쁜데 안부 서찰까지 자주 보

               낼 것 없다고 했었는데… 이젠 그것도 후회가 되는구나.

순덕   아주버님 생각이 나셔서 오늘 선화사에 가신 겁니까?

박씨부인   (고개 끄덕) 요즘 들어 부쩍 생각이 나는구나. 내가 아들에

               대해 제대로 몰랐던 것 같아서…

순덕   …

| 박씨부인 | 내가 널 붙잡고 엉뚱한 소릴 했구나. 모레 숙빈마마를 뵈러 갈 테니, 근석이와 너도 채비를 하거라. |
| 순덕 | 저도요? |

씬31.   경운재 / 정우의 방. 밤

정우가 있는 방으로 들어오는 오봉.

오봉	대감님이 말씀하신 게 맞았어요. 그때 금잠고독을 팔던 상인, 명나라 역관이었어요.
정우	확실한 것이지?
오봉	네, 현재 태평관에 있는 걸 제가 확인했습니다.
정우	모레 입궐 때 전하께 고하면 되겠구나.
오봉	이제 좌상댁은 역모로 피바람이 불겠네요.
정우	…

씬32.   좌상 집 / 별채 / 순덕의 방. 밤

술을 마시는 예진 앞에 마주 앉아 있는 순덕.

| 순덕 | 왜 저까지 같이 가자고 하시는 거죠? |
| 예진 | (술 마시며) 이제 언니가 안주인 될 사람이니까. 숙빈마마와 가깝게 지내라는 거겠죠. |

순덕	어머니가 저리 정정하신데…
예진	(술 마시며) 울 어머니도 나이 드시나 봐요. 부쩍 절 붙잡고 큰 오라버니 이야기를 많이 하세요.
순덕	… (예진이 바로 술을 따르려 하자, 말리며) 오늘 왜 이렇게 마셔요?
예진	내가 언제 이유가 있어서 마셨어요? (순덕의 손을 물리고 기어이 술을 따라 마신다)
순덕	(그런 예진을 보고) 아직도 농사짓는 오라버니… 못 잊겠어요?
예진	내가 못 잊는다고 뭐가 달라져요? 그 오라버니도 혼인하잖아요.
순덕	아가씨는 그분하고 혼인할 생각은 한 번도 안 해봤어요?
예진	(바로) 네. 그럴 틈이 없었거든요.
순덕	(예진을 보면)
예진	(술을 마시고) 오빠들이 너무 일찍 떠났잖아요. 그러니 내가 좋아하는 사람과 혼인하겠다고 어리광부릴 순 없잖아요. 나라도 격이 맞는 집안과 혼인해야 나중에 근석이가 출사했을 때 힘이 되어줄 수 있죠.
순덕	아가씨… 언제 이렇게 컸어요? 내 생각만 하고 돌아다니는 내가 너무 창피하게.
예진	뭐래? 새언니가 뭐가 창피해? 중매쟁이 하는 거? 그 덕에 난 좋은 신랑 얻었잖아요.
순덕	…

[CUT TO]

예진이 술에 취해 자고 있고,

순덕은 "쌍연술사 백서" 뒤편에 뭔가 적고 있다.

씬33.　　홍월객주 / 비밀창고. 낮

비밀창고로 들어온 정우, 양반 복장의 순덕을 보고 잠시

멈칫한다. 불안한 얼굴로 쌍연술사 백서를 보고 있는 순덕을

물끄러미 보다가,

정우　　(와서 순덕의 앞에 앉으며) 오늘은 어찌 이러고 오셨습니까?

순덕　　집안일 때문에 일찍 들어가 봐야 해서요.

정우　　신분을 밝혔다고 이리 공사구분을 못 하시면…

순덕　　(쌍연술사 백서를 내밀며) 혼례 때 도움이 될 만한 걸 적어

　　　　보았습니다.

정우　　(백서를 받아 들고 뒤쪽을 펼쳐본다)

순덕　　가체장과 수모의 명단, 거주지입니다. 거기 적힌 사람에게

　　　　이미 말을 해놨으니 아가씨들 혼례 때 도와줄 것입니다.

정우　　왜 나에게… 당부하는 겁니까? 부인이 하시면 되지.

순덕　　아! 신부 화장은 여주댁이 해주기로 했습니다. 여주댁은

　　　　아시죠?

정우　　무슨 일 있으십니까?

순덕　　… 왜요?

정우   계속 날 보지 않고 말하고 있지 않습니까?

순덕   … (결심했다는 듯 정우를 보고) 대감님, 제가 더는…

이때, 비밀창고로 들어오는 오봉, 정우와 순덕의 엄한 분위기를
보고 조용히 돌아서 나가려는데

정우   (벌떡 일어나) 오봉아, 왜 그냥 나가느냐? 내가 시킨 일은
       다 됐느냐?

오봉   (시킨 일?) ?

정우   부인, 하려던 말은 다른 날 듣겠습니다. 내, 급한 일이 있
       어서. (오봉을 데리고 서둘러 비밀창고를 나간다)

순덕   …

씬34. 홍월객주 일각. 낮

오봉   (정우에게 끌려 나오며) 저한테 뭐 시키셨어요? 저는 그냥…

정우   잘했다.

오봉   네?

정우   이제 더는 못한다고 할 것 같아서, 피해 나온 것이다.

씬35.	홍월객주 / 비밀창고. 낮

순덕   (펼쳐진 백서를 덮으며 어쩌지 하는 얼굴로) 다음에 만나서…
         그만둔다고 하지 뭐… 하루 이틀 더 본다고, 큰일이야 나
         겠어.

씬36.	경운재 / 서재. 밤

순덕의 전신화를 보는 정우,

정우   부인의 장담처럼 내 마음은 잠잠해질 기미가 보이지 않습
         니다. 하여 하루 이틀이라도… 더 봐야겠습니다.

전신화를 고이 말아서 사방탁자 옆에 가만히 세워둔다.

씬37.	궁궐 전경. 낮

씬38.	궁궐 / 임금의 처소. 낮

주변 내관과 궁녀들을 물리고 정우와 독대를 하는 임금.

정우   8년 전 평양부에서 일어난 서윤 살인사건을 기억하십니

까?

임금   좌상의 장남이 강도에게 살해된 일 아니냐. 세자를 납치
              한 자에 대해 고한다고 하더니, 갑자기 그 일은 왜?

정우   그 사건이 현재 세자저하 납치 사건의 시작점입니다.

임금   ?!

정우   당시 평양부의 비리를 조사하던 조인현은 평안 관찰사였
              던 박복기와 자신의 부친이 역모를 공모하였던 것을 알고
              있었습니다.

[INS] 10화 7씬.

조인현   이 서찰 안엔 조공 비리뿐만 아니라, 운해대군을 살해할
              역모의 증좌도 함께 들어 있네.

정우   조인현이 알아낸 역모의 증좌는 금잠고독이었던 것 같습
              니다.

[INS] 10화 7씬.
서찰을 한장 한장 살피는 조인현의 얼굴이 어두워진다.
서찰엔 [자막 - 부탁한 증거가 남지 않는 독을 구했다.]라는
내용이 보인다.

임금   그 말은 8년 전에도 좌상이 세자를 죽이려 했다는 것이
              냐?

정우	네. 비리 조사 중 우연히 이 사실을 안 조인현은 고민하던 중에 사고로 아버지인 조영배에게 죽임을 당했습니다.
임금	그게 무슨 말이냐?!

씬39.   좌상 집 / 사랑방. 낮

박복기와 조영배, 단둘이 이야기 중이다.

박복기	차라리 누님에게 사실대로 말하고 도움을 청하는 건 어떨까요?
조영배	(정색) 그건 안 될 일이네. 집사람이 내가 인현이를 죽인 걸 알게 되면 이성적으로 옳고 그름을 따지지 못하고 어미로서 감정만 앞세워 집안에 괜한 분란을 만들걸세.
박복기	(혼잣말) 팽당하는 게 무섭단 말을 참… 어렵게 하시네. 이렇게 된 거 우리끼리 경운재 없애버리죠.
조영배	(보면)
박복기	머리 좋은 경운재가 들쑤셔서 만에 하나 8년 전 우리가 한 일이 밝혀지기라도 한다면 어쩌려고요. 누님에게 팽당하는 게 문제가 아니고 우리 모두 끝장입니다.
조영배	(그렇긴 한데, 박복기가 미덥지 않고)
박복기	걱정 마십시오. 이번엔 제가 직접 가겠습니다. 경운재 때문에 곳간 털리고, 맹하나 놓친 거 생각하면 이가 갈립니다.

씬40.   궁궐 / 임금의 처소. 낮

임금 당시 공주의 죽음 때문에 좌상 장남의 황망한 사고를 제대로 살펴보지 못했는데… 그런 내막이 있었군. 허나, 당시 세자에겐 아무 일도 일어나지 않았다.

정우 대신 공주마마가 죽었고, 증거가 없어 독살이란 걸 밝히지 못하고 돌연사로 묻히지 않았습니까?

임금 !

정우 이번에도 좌상은 금잠고독을 이용해 세자저하를 사가로 나오게 한 뒤 해하려 했습니다. 그 독을 좌상 측에 구해준 자가 명나라 역관임을 확인하였으니, 그자를 초환하여 심문하시면 좌상측 역모를 밝힐 수 있을 것입니다.

[자막 - 초환: 불러서 돌아오게 하는 것]

임금 태평관에 있는 역관을 초환하는 것은 어렵지 않지만…
(표정 어둡다)

정우 (임금을 살피며) 무엇이 마음에 걸리십니까?

임금 박복기는 진성군의 숙부가 아니냐? 그의 역모가 밝혀지면 진성군도 무사하지 못할 것이 걱정이구나.

정우 …

임금 그렇다고 한 달 사이 두 번이나 죽을 뻔한 세자의 상황을 두고 볼 수만도 없지. 알겠다, 내 그 역관을 초환하여 조사하겠다.

씬41.   궁궐 / 숙빈박씨 처소. 낮

숙빈박씨, 앞에 박씨부인과 근석, 순덕이 앉아 있다.

숙빈박씨   (근석에게) 궐에 와보니 어떠하냐?

근석   상상한 것보다 더 좋았습니다.

숙빈박씨   근석이는 클수록 점점 큰조카를 닮아가네요.

근석   (옆에 순덕을 보자)

순덕   (근석을 보며 미소 짓는다)

박씨부인   집안일 대부분은 이제 근석어미가 맡아 합니다.

숙빈박씨   (순덕에게) 언니가 자네 칭찬을 많이 했네. 일 처리가 영민
          하고, 근석이와 예진이도 잘 돌봐준다고.

순덕   저는 어머니께서 일러주신 대로 했을 뿐입니다.

숙빈박씨   맞네, 언니 말을 들어서 잘못되는 일은 없다네.

순덕   명심하겠습니다.

숙빈박씨   언니가 알아보라는 8년 전… (근석이가 있어 말조심하며) 그
          문서는 형조 쪽에 말해놨으니 구하는 대로 기별을 드리겠
          습니다.

순덕   (형조?) !

박씨부인   기다리고 있겠습니다.

씬42.   궁궐 일각. 낮

순덕   (조심스럽게) 어머니, 숙빈마마에게 부탁한 형조 문서가…
            8년 전 시아주버님 사건에 대한 것입니까?

박씨부인   ! (순덕을 보면)

순덕   일전에 하신 말씀을 미루어 짐작해본 것입니다.

박씨부인   (순덕을 말없이 물끄러미 본다)

순덕   어머님 얼굴에 수심이 보여서…요.

박씨부인   처음엔 네가 참으로 신기한 아이라 생각했다. 모든 사람
            이 날 무서워했지만, 너만은 그렇지 않았지. 궁금한 것이
            있으면 주저하지 않고 묻고, 아닌 것은 눈치 보지 않고 내
            게 말했어.

순덕   (박씨부인의 생각을 알 수 없어) …

박씨부인   그런 너에게 나는 종종 위안을 받았다. 지금도… 그렇고.

순덕   !

박씨부인   네 생각이 맞다… 임종을 못 지켜서인지, 어미가 돼서 아
            들이 어찌 떠났는지 모른다는 생각이 자꾸 들어… 첫째의
            일을 알아보고 있다. 8년이 지난 지금 무슨 소용이 있는지
            모르겠지만.

순덕   (사건의 진실을 알고 있어 박씨부인에게 죄책감이 든다)

씬42-1. 궁궐 일각 (퇴궐 길). 낮

궐 구경을 하며 앞에 가던 근석은 임금 처소에서 나온 정우와
마주친다.

근석	(반색하며) 스승님~
정우	소자는 여기 어쩐 일로… (하고 보면 순덕과 박씨부인이 보인다) !

정우, 상황 판단이 안 돼, 순덕을 멍하니 보고만 있는데
근석, 박씨부인과 오는 순덕 옆으로 가더니

근석	스승님, 저희 어머님이십니다.
정우	!
순덕	!

박씨부인, 어색해하는 정우와 순덕을 물끄러미 보다가

박씨부인	(정우에게) 금상을 뵙고 오는 길인가 봅니다.
정우	(멍하니 순덕만 보고 있다)
박씨부인	대감?
정우	(그제야 정신을 차리고) 아… 네.
박씨부인	(?) 그럼, 먼저 가겠습니다.

박씨부인, 근석과 함께 앞서가고 뒤따르는 순덕, 정우 옆을
지나쳐 간다.

순덕   (당황함과 미안함에 눈도 못 마주치고 간다)
정우   (멍하니 가는 순덕을 보다가) …!!

        [INS] 12화 40씬.
정우   그자를 추포하여 심문하시면 좌상 측 역모를 밝힐 수 있
        을 것입니다.

정우   (큰일 났다는 얼굴) !!

씬43.   한성부 앞. 낮

한성부로 다급하게 뛰어 들어가는 정우.

씬44.   한성부 / 종사관 집무실. 낮

집무실 안으로 다급하게 뛰어 들어오는 정우,
문서를 정리 중인 순구를 붙잡고 다짜고짜,

정우   지금 당장 박복기 대감을 추포하게!
순구   그게 무슨 말씀이십니까?

정우   (정신없고 다급하게) 내가 자네 여동생을 역모죄로 죽일 수
         있어 그러네!
순구   ?!!

씬45.   좌상 집 별채. 낮

궐에 다녀와 별채 툇마루에 앉은 순덕, 머리가 복잡하다.

[INS] 12화 42씬.

/ 순덕을 보고 놀란 정우.

/ 박씨부인 "그런 너에게 나는 종종 위안을 받았다. 지금도…
그렇고."

/ 정우 옆을 지나쳐 가는 순덕.

순덕, 이내 마음을 정하고 별채 안으로 들어간다.

씬46.   좌상 집 / 별채 / 순덕의 방. 밤

병풍 뒤 방물장수 때 쓰던 물건을 모두 정리한 순덕.
남은 건 붉은 장옷뿐이다.

[CUT TO]

붉은 장옷을 받은 개동이, 놀라며

개동이	진짜 저 주시는 거예요?
순덕	가지고 싶어 했잖아, 난 이제 필요 없거든.
개동이	중매 일 이제 안 하시려고요?
순덕	응, 이제 더는 못할 것 같아. (쓸쓸한 미소)

씬47.　좌상 집 / 안채 / 안방. 밤

박씨부인	무슨 말이길래 너답지 않게 이리 망설이는 것이냐.
순덕	어머니, 제가 중매의 신으로 불리는 여주댁입니다.
박씨부인	(당황하여) 그게 무슨 소리냐?
순덕	사실 제가 세책 일뿐만 아니라 중매 일도 했습니다. 예진 아가씨 중신도 제가 섰고요.
박씨부인	뭐라?
순덕	그래서… 도화분 만드는 여주댁이 저인 척 어머니를 속였 어요. 잘못했습니다.
박씨부인	(얼굴이 굳어서) 그 말은 경운재대감과 맹박사댁 중신을 서 고 다닌 것도 너란 말이냐?
순덕	네…
박씨부인	(기가 막힌다) 이제 와서… 사실대로 이야기하는 이유가 무엇이냐?
순덕	소천스님에게 들은 시아주버님의 죽음에 대해 말씀드려 야 할 것 같아서요.

박씨부인   !

씬48.   경운재 / 서재. 밤

심각한 얼굴로 서재의 병풍 뒤 정우가 정리한 수사 자료를 보는
순구.

순구   그러니까 8년 전 그 일로 좌상대감과 박복기 대감을 금상
         께 역모로 고하였다는 말씀입니까?

정우   (미치겠다) 여주댁이 종사관의 동생인지 모르고 한 일입니
         다. 미리 귀띔이라도 해주지 그러셨습니까?

순구   (미치겠긴 마찬가지) 이미 금상께서 역모를 알고 있는데,
         제가 박복기 대감을 살인죄로 추포한다고 뭐가 달라집니
         까?

정우   다행히도 금상께서는 진성군의 안위를 걱정하고 계십니다.

순구   (완전히 이해하지 못하고) 그래서요?

정우   박복기와 좌상이 역모죄면 진성군 역시 벌을 피할 수 없
         지 않습니까? 그러니 삭탈관직시킬 중죄를 찾아, 금상께
         다시 고하면 아마도 역모죄는 묻지 않을 것입니다.

순구   (이해했다) 그런 거라면 당장 이초옥 살인죄로 박복기 대
         감을 추포할 수는 있습니다. 하지만 모든 것이 정황증거
         뿐이고, 목격자들도 보복이 두려워 다들 증언을 안 하려
         할 겁니다.

정우	그건 나에게 생각이 있습니다.
순구	(보면)
정우	그럼 박복기는 됐고, 이제 좌상의 죄를 찾읍시다.
순구	네?
정우	(수사표를 가리키며) 종사관이 수사 쪽은 나보다 나을 것 아닙니까?
순구	그렇죠…

순구, 정우가 만든 수사표를 다시 본다.

씬49.　　좌상 집 / 안채 / 안방. 밤

박씨부인	(주먹 쥔 손이 떨리지만, 차분하게) 용기 내기 힘들었을 텐데 말해줘서 고맙구나.
순덕	…
박씨부인	경운재 의빈은 8년 전 사건을 어떻게 처리한다고 하더냐?
순덕	대감 역시 제가 양반인지 몰랐기에, 이 사실을 밝혀 여주댁의 무죄를 소명하기 어렵다는 말만 했습니다.
박씨부인	이 일에 대해서 아는 이가 또 있느냐?
순덕	(순구가 걸리긴 하지만) …없습니다.
박씨부인	예진이나 근석이가 이 일에 대해서 알게 되면 큰 상처가 될 것이다. 그러니 평생 모르도록 조심하거라.

순덕	네. 명심하겠습니다.
박씨부인	또 스스로 자백하였다고 해서, 날 속이고 외간 남자와 돌아다닌 허물까지 용서한 것은 아니다.
순덕	…
박씨부인	내가 다시 말이 있을 때까지 당분간 집 밖을 나가는 일은 없도록 하거라. 이번에도 어기면 용서치 않을 것이다.

씬50.　좌상 안채 전경. 밤

씬51.　좌상 집 / 안채 / 안방 문 앞. 밤

순덕, 예진에게 청심환과 물, 입가심할 다식이 담긴 쟁반을
주며,

순덕	(목소리 낮춰) 어머니 가져다드리고 드시는 거 보고 나오세요.
예진	언니가 가져다드리면 되지, 왜 굳이 나한테 시키는 거예요?
순덕	지금 어머니는 제 얼굴, 보고 싶지 않으실 거예요.
예진	(보면)
순덕	아가씨 중매 선 거며, 여주댁 행세한 거며… 다 말씀드렸거든요.

예진	괜찮아요?
순덕	난 마음의 짐을 덜었는데… 어머니는 충격이 크셨을 거예요.
예진	어머니도 중매 서는 것만 몰랐지, 나다니는 건 알고 계셨다면서요.
순덕	그래도… 많이 놀라셨을 거예요. 어서여~ (예진이 등을 떠민다)

씬52.   좌상 집 / 안채 / 안방. 밤

박씨부인	(조인현의 서찰 위로 떨어지는 눈물) 그 긴 세월을… 모르고 지내다니… 어미가… 미안하다.

예진이, 청심환을 들고 안으로 들어가다 그런 박씨부인의
모습을 보고

예진	(놀라서) 어머니…
박씨부인	(눈물을 보이기 싫어 고개 돌리며 차분하게) 무슨 일이냐?
예진	새언니가 어머니 가져다 드리라고… 해서요.
박씨부인	놓고 가거라.
예진	(쟁반을 박씨부인 앞에 놓고 나가려다 다시 앉는다)
박씨부인	(보면)

예진   새언니가 드시는 거 보고 나오라고 했어요.

박씨부인   …

씬53.   좌상 집 / 안채 / 안방 문 앞. 밤

방문을 닫으며 안의 상황을 본 순덕, 박씨부인에게 미안하다.

씬54.   경운재 / 대청마루 → 서재 . 밤

수사 자료를 나눠서 살피는 순구와 정우.

순구   (자료를 보며) 제 동생을 위해 애써주셔서 고맙습니다.

정우   (자료 보며) 당연히 해야 할 일입니다.

순구   연모하십니까?

정우   !

순구   이제 제 동생이 누군지 아셨으니, 더는 만나지 마십시오.

정우   (아…순덕이 오빠였지) …

순구   이건 부탁이 아니라, 순덕의 오라비로서 하는 경고입니다.

          순구, 갑자기 자리에서 일어나자 정우, 움찔하는데

          그런 정우를 보다가 그대로 벽면의 수사 자료를 보러 간다.

정우   (안도의 한숨을 쉬는데)

순구	(벽면의 수사 자료를 보며) 대감, 이리 와보십시오.
정우	(바로 일어나, 저자세로 순구 옆에 가서 선다)
순구	(벽의 도표를 보고) 유씨부인의 자결이 좀 이상하지 않습니까?
정우	듣고 보니 그러네요. 남편이 남색인 걸 알았을 텐데… 어린 아들을 두고 지아비를 따라 자결한 것이.
순구	당시 사건 현장에 유씨부인이…

순구, 대청마루 탁자 위 사건자료를 보자,

정우, 바로 찾아다 순구에게 두 손으로 공손히 건넨다.

순구	(자연스럽게 자료를 받아 들춰보며) 유씨부인 역시 사건 현장에 있었으니…
정우	그럼 자결이 아니라 입을 막기 위해서?

씬55.　정우와 순구 탐문 몽타주. 낮

/ 객주 일각. 정우와 순구, 개성댁의 증언을 듣는다.

개성댁	기억나죠. 정경부인이 평양부에 도착하자마자 유씨부인이 자결을 해선지, 시어머니의 강요에 목을 맸다는 소문이 파다했어요. 근데 한양 사람들은 그걸 진짜라고 믿더라고요.

/ 객주 행수방

홍천수 사실 그 소문은 당시 오작인이 술자리에서 유씨부인이 목
       매 죽은 것이 아니라, 누군가 죽인 후에 매단 게 확실하다
       고 말하고 다녀서… 소문이 퍼졌죠.
       [자막 - 오작인: 변사체를 검시하는 사람]

/ 객주 마당 평상. 안동건 옆에서 복희, 공기놀이하고 있다.

안동건 유씨부인은 자결한 게 아닙니다.
정우   혹시 누가 죽였는지 아는가?

       안동건이 고개를 젓자, 정우와 순구는 '뭐야?' 하는 얼굴인데
       안동건, 머뭇거리다가 옆에 놀고 있는 복희의 귀를 양손으로
       막으며

안동건 죽은 유씨부인을 좌상대감이 대들보에 묶는 건 보았습
       니다.
정우, 순구 !

씬56. 좌상 집 일각 → 별채. 낮
       / 빨래를 걷는 순덕, 어느새 순덕 옆에 같이 빨래를 걷는 정우

나타난다. 순덕, 상상 속 정우를 향해 빨래를 팡팡 편다.

상상 속 정우, 파사삭 사라진다.

/ 별채. 별채로 들어온 순덕, 별채 마당에 서 있는 정우를

보고도 무심히 지나쳐 가자 상상 속의 정우 힘없이 사라진다.

누마루로 나온 순덕. 누마루 난간에 기대앉아,

순덕   연분도 아닌데 왜 못 잊어, 잊을 수 있어. 거의 잊은 것

            같아.

화면 넓어지면 순덕과 나란히 툇마루에 앉아 있는 정우 보인다.

씬57.   임금의 처소 복도. 낮

상소문 상자를 들고 온 도승지를 막는 내관.

내관   전하께서 몸이 안 좋아 오늘 보고는 내일 받겠다고 하셨

            습니다.

도승지   많이 편찮으신가?

내관   가벼운 몸살기가 있어 일찍 잠자리에 드신 것으로 압니다.

도승지   (걱정된다) 웬만해선 보고를 미루지 않으시는데, 많이 안

            좋으신가…

씬58.   궁궐 일각. 낮

임금은 정우와 함께 걸으면서 이야기 중이다.

의금부 도사만 거리를 두고 호위한다.

정우   좌상과 박복기를 역모죄가 아닌, 다른 죄로 처벌하여 삭
         탈관직시키면 진성군에게도 피해가 없고, 세자저하를 보
         호하는 방법인 듯합니다.

임금   그들이 지은 다른 죄라면?

정우   박복기는 작년 9월 필동 이초옥을 살해하였습니다.

임금   그 일은… 증좌가 없다 하지 않았나?

정우   지금까지 보복이 두려워서 말을 안 했을 뿐, 박복기의 생
         일에 일어난 일이라 신변 보호를 약속하면, 양반 중에서
         증인을 찾을 수 있을 것 같습니다.

임금   과인도 그 일이 내내 찜찜했는데 잘됐구나.

정우   좌상은 8년 전 며느리 유씨를 살해하고, 자결하였다고 고
         해 거짓으로 정려문을 받은 죄가 있습니다.

임금   (!) 증좌가 있느냐?

정우   당시 평양부 종사관이 유씨의 시신을 좌상이 대들보에 매
         는 것을 목격했다 증언하였습니다.

임금   그의 증언만으로… 좌상이 죄를 순순히 인정하겠느냐?

정우   전하께서는 역모의 증좌가 있지 않습니까? 그 죄를 인정
         하지 않으면 역모죄로 다스린다고 하십시오. 그럼 분명
         본인의 죄를 자백할 것입니다.

임금	(고개 끄덕) 역모로 집안이 멸문지화 당하는 것보다는 살
	인으로 삭탈관직을 택하겠지. 이 일의 내막은 너와 나만
	아는 것으로 하자. 특히 고지식한 도승지가 알면 골치 아
	파지니.

씬59.   경운재 앞. 초저녁

정우와 오봉, 경운재로 들어가는 모습을 지켜보는 시선.

| 정우 | 오늘은 일찍 잠자리에 들 것이니 아침에나 건너 오거라. |
| 오봉 | 알겠습니다. |

정우와 오봉, 경운재 안으로 들어가면
숨어서 이 모습을 지켜보던 이좌랑, 모습을 드러낸다.

씬60.   좌상 집 / 사랑방. 초저녁

순덕과 개동이, 각각 조영배와 박복기 앞에 앵두화채와
앵두편이 놓인 다과상을 놓는다.

박복기	(상을 내려놓은 개동이의 손을 만지며) 앵두화채 맛있겠어~
조영배	(순덕에게) 저녁상은 됐고, 반 시진 뒤에 판윤대감과 참판
	대감이 오실 것이니 그때 맞춰 주안상을 들이면 된다.

순덕	네.

개동이, 박복기 손을 뿌리치고 뒷걸음으로 나가고,
뒤이어 순덕 방을 나가 문을 닫다가 박복기가 허리에 찬 칼을
본다. 순덕, 밖으로 나가 문을 닫으면.

조영배	이번엔 실수 없어야 하네.
박복기	(화채를 단숨에 마시고는) 샌님 하나 없애는 건 일도 아닙니다. 이 방에 주안상이 오기 전에 돌아오겠습니다. (비릿하게 웃으며) 저는 오늘 저녁 내내 여기 있었던 겁니다.

씬61.   좌상 집 / 사랑채 복도. 초저녁

문을 닫고 방 안 소리를 엿듣고 있던 순덕, 표정이 안 좋은데
옆에서 기다리던 개동이, 순덕에게 어서 가자고 손짓한다.

씬62.   좌상 집 일각 앞. 초저녁

개동이와 함께 사랑채에서 나오는 순덕, 이좌랑과 마주친다.
이좌랑은 순덕에게 목례를 하고 길을 비켜 사랑채 쪽으로 간다.
순덕, 이좌랑 역시 칼을 차고 있는 것을 본다.

씬63.   좌상 집 / 부엌. 밤

순덕, 부엌으로 들어와 솥에 끓고 있는 국을 보고 개동이에게
"국자 좀…" 손짓하자

개동이   (국자를 건네주며) 오늘 밤에 뭔가 큰 사달이 날 것 같아요.

순덕   (간을 보기 위해 국자로 국물을 뜨며) 그게 무슨 소리야?

개동이   (주위를 둘러보며) 일전에 사랑채 소재를 하다가 들었는데요.

[INS] 12화 39씬. 사랑방 복도 상황

사랑채 복도 걸레질을 시작하는 개동이. 사랑방에서 말소리
들린다.

박복기   [E] …제가 직접 가겠습니다. 경운재 때문에 곳간 털리고,
         맹하나 놓친 거 생각하면 이가 갈립니다.

개동이   없앤다는 사람이 도련님 과외 선생인 경운재대감님 같
         아요.

순덕   !!

박복기   [E] 샌님 하나 없애는 건 일도 아닙니다.

순덕, 갑자기 부엌 밖으로 뛰어나간다.

개동이   작은 마님 어디 가요?

| 씬64. | **북촌 거리 (경운재 앞 거리). 밤** |

순덕은 앞치마를 한 채 국자를 들고, 경운재를 향해 정신없이
뛴다.

| 씬65. | **경운재 앞. 밤** |

모든 불이 꺼지고 유난히 어두운 경운재.

순덕, 대문까지 뛰어 올라가 옆의 담을 한 번에 가볍게 넘는다.

| 씬66. | **경운재 안. 밤** |

/ 대청마루. 집안에 들어온 순덕, 다급하게 둘러보다 정우
방으로 들어간다.

/ 정우의 방. 등잔불을 끄고 잠자리에 들려던 정우, 밖에서
들리는 인기척에 "밖에 오봉이냐?" 하는 순간 문이 열리고
국자를 든 순덕이 들어온다.

정우	(놀라고 당황하여) 부인… 여긴 어떻게?
순덕	(급하다) 어서 피해야 합니다. 숙부님이 대감님을 죽이러
	오고 있어요.

/ 대청마루. 순덕, 정우를 끌고 밖으로 나가려는데

[INS] 마당에서 경운재 건물 쪽으로 들어오는 박복기와
이좌랑.

밖으로 도망치긴 힘든 시간. 정우도 사태를 파악하고 순덕을
데리고 서재로 숨는다. 그리고 나면 간발의 차로 복면을 쓴
박복기와 이좌랑, 대청마루로 들어와 정우 방을 먼저 들어간다.
방과 누마루가 비어 있는 것을 확인하고 서재 쪽으로 가는
이좌랑. 방에 켜져 있는 등잔불을 의미심장하게 보고 뒤따라
나가는 박복기.

/ 이좌랑, 서재를 살피지만 비어 있다.
/ 서재 병풍 뒤 정우와 순덕, 숨죽이고 숨어 있다.
/ 이좌랑, 서재 안으로 들어오는 박복기에게

이좌랑   여기도 없습니다.

박복기   (짜증) 아까 집으로 들어갔다며? 왜 없는 거야?

박복기, 서재를 훑다가 순덕과 정우가 숨어 있는 병풍에 시선이
멈춘다. 병풍이 부자연스럽게 너무 앞으로 나와 있는 것 같다.
박복기, '저기 숨어 있나?' 병풍 쪽으로 다가간다.

/ 서재 병풍 뒤 정우와 순덕, 긴장한다.

/ 박복기, 천천히 병풍을 미는데… 놀라 눈이 커진다.
보면, 정우와 순덕을 보고 놀란 것이 아니라
벽면 가득 붙어 있는 정우가 조사한 수사 자료를 보고 놀란 것.

박복기   이게 뭐야?! (이좌랑에게) 등잔불 좀 가져와 봐. 빨리!

/ 순덕과 정우는 병풍의 접힌 나머지 부분에 몸을 밀착시켜
숨어 있다. 병풍을 조금만 더 밀면 둘이 보일 상황.

/ 박복기, 등잔불로 벽면의 사건 자료를 비춰 확인해 보더니

박복기   경운재 이 새끼… 이걸 언제 다 알아본 거야. 미치겠네…
일단 돌아가자.

이좌랑   (잠시 수사 자료에 시선이 멈춘다)

박복기, 급하게 나가려다 발에 뭐가 걸려, 짜증을 낸다.
쓰러뜨린 물건을 등잔불로 비춰보더니,

박복기   !!

씬67.   경운재 마당. 밤

어둠 속, 경운재 건물에서 급히 나오는 박복기와 이좌랑.

씬68. 경운재 / 서재. 밤

정우, 고개를 내밀어 밖의 상황을 살피고 순덕과 병풍 뒤에서 나온다. 아직도 긴장이 풀리지 않은 순덕, 국자를 꽉 쥐고 있다.

정우	밥하다 말고 오신 겁니까?
순덕	(아직도 긴장 상태) 너무 급해서…
정우	그렇다고 그 차림으로 여길 오시면 어떡하십니까? 누가 보기라도 하면 어쩌려고…
순덕	(눈물이 그렁) 누가 보는 게 뭐 대숩니까!
정우	!
순덕	대감님이 죽을 수도 있다고 생각하니 아무 생각이 나지 않았단 말입니다.
정우	(그런 순덕을 가만히 안으며) 놀라게 해서… 미안합니다. 그리고 이리 날 구해주어 고맙습니다.
순덕	할 수 있다고 생각했는데 안 될 것 같습니다… (울먹이며) 대감님을 잊고 사는 것이.
정우	!

정우, 안고 있던 순덕을 바라보고

정우	(순덕의 눈물을 닦아주며) 그걸 이제야 아셨습니까… 저는 부인을 처음 볼 때부터 알았습니다. 평생 잊지 못할 사람 이란 걸.

순덕, 정우에게 입맞춤을 한다.

놀라는 정우, 이내 순덕을 안고 입맞춤을 한다.

十二話終

第十三話

헤어질 결심

씬1.   오프닝 김문건 인터뷰: 한성부 / 판윤 직무실. 낮

긴장한 김문건, 지나치게 정직하게 정면을 바라보고 앉아 있다.

[자막 - 김문건 / 한성부 판윤&동노파 넘버3 / 특이사항: 기회주의자]

김문건   양반은 어려서 외가 덕, 젊어서는 처가 덕, 늙어서는 사돈 덕으로 산다는 말이 있지 않습니까? 사실 좌상대감이나 박대감이 진성군의 친인척이 아니었으면 동노의 수장은 저였겠지요. 둘 다 정경부인의 허수아비인 걸 모르는 사람이 어디 있습니까? 남자가 출세하려면 장가를 잘 가야 하는 건데⋯ (한숨)

씬2.　오프닝 박복기 인터뷰: 경운재 / 서재. 밤

박복기, 한 손에 족자를 들고 병풍 뒤 수사 자료를 보다가
돌아서 정면 본다.

[자막 - 박복기 / 전직 병조판서&진성군의 숙부 / 특이사항:
호색한]

박복기　(자신만만) 경운재가 아무리 날뛰어도 우리 누님 손바닥
안입니다. 두고 보시면 알 겁니다. 누님이 이 일을 해결
하는지 못하는지. 아, 맞다. 8년 전 일을 물어보셨지. 그
때 계획이 공주가례로 궁이 어수선한 틈을 타서, 세자 음
식에 금잠고독을 넣는 거였죠. 네? (잠시 사이) 위험할 게
없는 것이 그게 독 증상이 없거든, 그러면 조사를 할 수도
없고, 의심 받을 일도 없는 완벽한 계획이었죠. 그거 역시
우리 누님 머리에서 나왔어요. 대단하지 않아요? (잠시 사
이) 그건 나도 진짜 궁금해, 왜 공주가 죽었는지.

"헤어질 결심"

씬3.　경운재 / 서재. 밤 (12화 마지막 씬)

아직도 긴장이 풀리지 않은 순덕, 국자를 꽉 쥐고 있다.

정우	(그런 순덕을 보고) 밥하다 말고 오신 겁니까?
순덕	(아직도 긴장 상태) 너무 급해서…
정우	그렇다고 그 차림으로 여길 오시면 어떡하십니까? 누가 보기라도 하면 어쩌려고…
순덕	(눈물이 그렁) 누가 보는 게 뭐 대숩니까!
정우	!
순덕	대감님이 죽을 수도 있다고 생각하니 아무 생각이 나지 않았단 말입니다.
정우	(그런 순덕을 가만히 안으며) 놀라게 해서… 미안합니다. 그리고 이리 날 구해주어 고맙습니다.
순덕	할 수 있다고 생각했는데 안 될 것 같습니다… (울먹이며) 대감님을 잊고 사는 것이.
정우	!

정우, 안고 있던 순덕을 바라보고

정우	(순덕의 눈물을 닦아주며) 그걸 이제야 아셨습니까… 저는 부인을 처음 볼 때부터 알았습니다. 평생 잊지 못할 사람이란 걸.

순덕, 정우에게 입맞춤을 한다.
놀라는 정우, 이내 순덕을 안고 입맞춤을 한다.

씬4. 좌상 집 마당. 밤

황급히 집 안으로 들어온 박복기, 손에는 족자가 들려 있다.

사랑채 쪽으로 가려다가 멈춰서

박복기   매형보다는 누님한테 먼저 말하는 게 맞지. (안채 쪽으로
           뛰어간다)

씬5. 좌상 집 / 안채 / 안방. 밤

박복기, 칼을 찬 채 족자를 들고 방 안으로 들어오며

박복기   (흥분해서) 누님, 제가 경운재 없애자고 했죠.

박씨부인   무슨 일이기에 이리 수선인가?

박복기   (앉으며) 그놈이 우릴 역모로 엮어서 다 죽이려고 하고 있
           어요. 내가 안 갔음 어쩔 뻔했어…

박씨부인   (정색하며) 무슨 일인지 알아듣게 말하게.

박복기   제가 방금 경운재에 갔었거든요. (박씨부인이 보자) 걱정
           마세요, 들키진 않았으니까. 지금 그게 문제가 아닙니다.
           경운재가 우리가 금잠고독을 구한 걸 조사하고 있더라고
           요.

박씨부인   !

씬6.   경운재 / 서재. 밤

키스 후 어색한 정우와 순덕. 괜히 주위를 둘러보는 순덕은

병풍 뒤, 정우가 정리한 수사 자료를 본다.

순덕   (자료 보고 표정 굳어서) 숙부님이 이걸 보고, 놀라 급히 가

신 거군요.

정우   (긍정의 침묵) …

순덕   그럼 우리 집은 이제 어떻게 되는 거죠?

정우   …오늘 밤 좌상대감과 박대감은 살인죄로 추포될 것입니

다.

순덕   (!) 저는 그만 돌아가야겠습니다.

정우   (가려는 순덕을 잡으며) 가지 마십시오.

순덕   (보면) …

정우   그곳에 부인을 혼자 보낼 수 없습니다. 우리, 그냥 이대로

멀리 떠납시다.

순덕   (순간 놀라 정우 보다가… 잡은 정우의 손을 가만히 감싸 잡으

며) 대감, 저 죽으러 가는 거 아니고… 집에 가는 겁니다.

정우   (그래도 너무 걱정되어) 부인…

순덕   저는 오늘 대감께서 무사하신 걸로 다 되었습니다.

정우, 그런 순덕을 안는다.

씬7.   좌상 집 / 안채 / 안방. 밤

박복기	(자랑스럽게) 근데 제가 그놈 잡을 약점을 발견하지 않았습니까? 그 급박한 상황에서 이걸 챙겨왔습니다. (손에 든 족자를 펼치자 순덕의 전신화다)
박씨부인	!!
박복기	앙큼한 조카며느리가 경운재와 내통하는 사이 같습니다.
박씨부인	…

[INS] 12화 42씬. 놀란 얼굴로 멍하니 순덕만 보는 정우

박복기	(신나서) 부마가 유부녀와 통정이라니, 바로 골로 보낼 수 있어요.
박씨부인	(정색하고) 근석어미도 우리 집안사람이네.
박복기	그치만… (박씨부인의 싸늘한 시선 느끼며 입을 닫는다)
박씨부인	내가 알아서 할 테니, 이 일에 대해서는 당분간 아무에게도 말하지 말게.

이때 밖이 소란스럽더니, 삼월어미 "마님~ 나와보십시오."
다급히 고하는 소리가 들린다.

씬8.   좌상 집 / 안채 마당. 밤

대청마루로 나오는 박씨부인과 박복기.

마당엔 순구와 한성부 포졸들이 횃불을 들고 몰려와 있다.

박씨부인	(순구를 알아보고) 이 시간에 무슨 일인가.
박복기	(승질) 여기가 어디라고 감히 몰려와서… 이 난리야?
순구	(박씨부인에게 예를 표하고) 박복기 대감, 작년 9월 이초옥을 살해한 혐의로 추포합니다.
박씨부인, 복기	!!

포졸들, 박복기를 포박하려 하자, 박복기 "어딜 감히" 뿌리치며

박복기	(흥분) 야, 이초옥은 자결했잖아. 내가 죽였다는 증거 있어? 아니지… 너 이러는 거 판윤대감은 알어?
순구	판윤대감께는 아직 보고 못 했습니다.
박복기	이거 완전 미친놈이네.
순구	급하게 내려온 어명이라 어쩔 수 없었습니다.
박복기	(헉!) 어명? (박씨부인을 돌아본다)
박씨부인	…

씬9.   좌상 집 / 사랑방. 밤

의금부 군사들, 방안으로 우르르 들어와 둘러싼다.

조영배는 인상이 굳고, 술을 마시던 김문건과 양반들, 무슨
일인가 싶다.

조영배	어허~ 여기가 어디라고 행패인가?
의금부도사	(교지를 펴서) 죄인 조영배는 어명을 받으시오.
조영배	(미간이 구겨지며) 뭐라?
의금부도사	8년 전, 며느리 유씨를 살해하고 자결로 꾸며 정려비를 받은 죄가 확인되었소.
조영배	!

군사들, 조영배를 포박하자, "며느리를 죽이다니…" 모인
사람들 술렁인다.

| 조영배 | 이건 모함이요. |
| 의금부도사 | 억울한 부분은 전하 앞에서 소명하시면 될 일입니다. (의금부 군사들에게) 추포해. |

씬10. 좌상 집 / 안채 마당. 밤

박복기가 끌려 나간 뒤 순구, 남아서 박씨부인에게 상황을
설명한다.

| 순구 | 하여, 제가 오게 된 것입니다. 송구합니다. |

박씨부인	금상이 진성군의 안위 때문에 역모죄가 아닌, 다른 죄로
	추포를 명했다는 말이군요…
순구	… (인사를 하고 돌아서려는데)
박씨부인	대감의 죄는… 확인이 된 것입니까?
순구	당시, 평양부 종사관이 목격했다고 증언했습니다.
박씨부인	(며느리까지 죽였구나) …

씬11.   좌상 집 마당. 밤

열린 대문으로 조심스럽게 들어오는 순덕,

하인들 모여 수군거리고 의금부 군사와 포졸이 보이는 등

어수선하다. 순덕은 정우가 말한 일이 벌어졌구나, 생각하고

서둘러 안채 쪽으로 가려는데 사랑채 쪽에서 의금부 군사에게

추포된 조영배와 안채 쪽에서 순구와 한성부 포졸에게 추포된

박복기가 나온다.

순구를 보고 놀라는 순덕, 순구도 놀랐지만, 무심히

지나쳐간다. 순덕, 집 밖으로 끌려가는 조영배와 박복기의

모습을 보다가 돌아서는데 차가운 시선으로 자신을 보고 있는

박씨부인과 눈이 마주친다. 그 자리에 얼어붙은 순덕.

씬12.   **좌상 집 일각. 밤**

박씨부인과 마주 선 순덕.

박씨부인   집 밖에 나가지 말라 일렀거늘 내 말을 어기고, 이 밤에
          어딜 다녀온 것이냐.

순덕   …

박씨부인   네가 경운재 대감과 중매를 서고 다닌다는 말을 들었을
          때, 맹랑하다 생각해도 밉지는 않았다. 너는 내 아들만을
          마음에 품고 산다는 믿음이 있어서.

순덕   (정우를 구하러 간 건 후회 없지만, 어머니에겐 진심 죄송하
          다)… 잘못했습니다. 어머님.

박씨부인   하지만 이제는 널 믿을 수 있을지 모르겠구나.

씬13.   **좌상 집 / 별채 / 순덕의 방 - 문 앞. 밤**

/ 밀려 방 안으로 들어오는 순덕, 밖에서 삼월어미 문을 닫는다.

/ 방 밖에서 문고리에 자물쇠를 채우는 삼월어미.

/ 난감한 얼굴로 방안에 서 있는 순덕.

씬14.   **좌상 집 / 안채 / 안방. 밤**

등잔불도 안 켠 어두운 방 안에 앉아 골똘히 생각에 잠긴
박씨부인. 안광만 빛난다.

씬15.   도성 전경. 밤 → 새벽

씬16.   의금부 / 고신실 입구. 아침

도승지, 고신실 안으로 들어서려는데 막는 의금부도사.

의금부도사   아무도 들이지 말라는 어명이 있으셨습니다.

도승지   (당황하여) 전하께서 혼자 추국을 하신다는 것이오?

씬17.   의금부 / 고신실. 아침

임금이 조영배를 신문한다.

조영배   소신, 나라를 위해 한 일입니다.

임금   세자를 죽이려 한 것이 나라를 위함이었다?

조영배   진성군이 세자시절, 금상께서도 성군의 재목이라 하지 않으셨습니까?

임금   그랬지. 허나 진성군에게는 치명적인 약점이 있었네. 바로 자신의 세력만을 키우려는 외척.

조영배   !

임금   좌상이 이제 이 나라를 위해 할 일은 하나뿐이네. 세자를 죽이려 한 역모의 벌을 받을지, 8년 전 며느리를 죽인 벌을 받을지를 결정하는 것일세.

조영배   …

임금, 고신실을 나가며, 입구에 서 있는 정우에게

임금   (조영배 들으라고) 한성부의 박복기는 어찌 되었느냐?
정우   주저 없이 이초옥의 살인죄를 택했습니다.
조영배   …

씬18.   홍월객주 / 세책방. 낮

정우, 소설책을 정리하는 홍천수에게 다가가

정우   여주댁에게 온 서찰이 없었는가?
홍천수   당분간 서찰을 보내기 어렵지 않을까요…
정우   (!) 혹시, 자네도 여주댁이… (뭐라고 물어야 하지?)
홍천수   (책 정리하며 무심히) 네~ 압니다. 애초에 도화분 만드는

         진짜 여주댁이 소개를 해줬거든요.
정우   (황당+짜증) 그동안 왜 말을 안 한 건가?
홍천수   안 물어보셨잖습니까.

         마침 개동이 세책방에 들어오다가, 정우를 보고 이야기가

         끝나기 기다린다.

253   第十三話

홍천수	(개동이에게) 볼일 있음 보게, 대감님과 말 끝났으니.
정우	(나는 아직 안 끝났는데 하는 표정으로 뒤로 물러나는데)
개동이	(홍천수에게 서찰을 주며) 전해주세요. (세책방을 나간다)
홍천수	(정우에게 서찰 내밀며) 기다리시는 여주댁 서찰 왔네요.
정우	!! (개동이를 쫓아간다)

씬19.   홍월객주 / 세책방 입구. 낮

정우, 새책방을 빠져나가는 개동이를 쫓아가며

정우	거기 잠깐 서보거라.
개동이	(돌아서 뭐냐는 얼굴) 무슨 일로…
정우	좌상집 하인이라 들었는데… 그 집… 손주는 잘 있는가? 내 그 집 도령의 과외스승이다.
개동이	(!) 경운재 대감님이시구나…! 아… 놀라시긴 했지만 잘 계십니다.
정우	도령의 모친도… 잘 계시는가?
개동이	(그걸 왜 물어? 하는 얼굴로 보면)
홍천수	(둘을 피해 나가며 툭) 말씀드려도 큰 문제는 없을 걸세. (나 간다)
정우	(헛기침)
개동이	일이 좀 있어서… 별채에 갇혀 계세요.
정우	…

씬20. **좌상 집 / 별채 / 순덕의 방. 낮**

가만히 앉아 있지 못하고 방을 크게 돌고 있는 순덕.

답답한지 병풍을 걷고 밖으로 통하는 쪽문을 열려다 그만두고

문 옆에 쪼그려 앉는 순덕.

순덕   〔E〕 대감께서 제 걱정에 잠을 이루지 못할 것 같아 서찰

남깁니다. 저는 잘 있습니다. 집안 상황이 좋진 않지만,

어머님이 계시니 크게 걱정은 하지 않으셔도 됩니다.

씬21. **좌상 집 / 별채 쪽 바깥담벼락. 낮**

정우, 별채 쪽 담벼락을 걱정스러운 얼굴로 하염없이 보고

있다.

씬22. **백초방 / 치료실. 낮**

의녀가 미음을 들고 방으로 들어가는데 동궁전 궁녀, 자리에

앉아 있다.

동궁전궁녀   (힘없이) 여…기가 어딥니까?

의녀   (!) 정신이 드십니까? 잠시만 기다리십시오. (황급히 방을

나간다)

씬23.   궁궐 / 임금의 처소. 밤

정우, 임금과 이야기 중이다.

임금   조영배까지 자신의 죄를 자백하면 둘 다 제주도로 유배
       보내 다시는 불러들이지 않을 생각이네.

정우   세월이 지나 동노파에서 형평성과 나라를 위해 일할 사람
       이 필요하다는 명분을 들어 그들의 복권 상소를 올릴 것
       이 우려됩니다.

임금   내 딸을 죽이고, 아들도 죽이려 한 인사들이다. 과인이 있
       는 한 복권은 절대 없을 것이고, 과인이 죽어도 복권을 금
       하는 유언을 남길 터 그건 걱정 말거라. 나 임금이다.

정우   …

임금   이제 세자의 가례만 올리면 되겠구나.

정우   예, 맹박사 집 혼인도 잘 진행되고 있습니다.

       이때 밖에서 "도승지 대감 들었습니다" 내관이 고하는 소리
       들린다.

임금   오늘은 좀 일찍 왔군. 들라 해라.

       도승지, 예를 갖추고 정우 옆쪽에 앉는다.

임금   마침 잘 왔네. 좌상과 박복기의 처벌에 대해 논의 중이었

	네.
도승지	전하, 그보다 시급한 일이 있습니다. 동궁전 궁녀가 깨어났습니다.
정우	(동궁전 궁녀가 있었지!) !!
임금	아… 그래? (정우를 본다)
도승지	경운재 의빈이 추측한 대로 좌상이 독을 주고 먹게 하였다고 자백했습니다. 하여, 좌상은 살인죄가 아닌 역모죄로 다스려야 마땅하옵니다.
정우	(미치겠다) …
임금	(갑자기 골치 아프다) 동궁전 궁녀가 거짓을 고할 가능성은 없는가…
도승지	(보면) ?
임금	아니… 오래 앓았으니 헛소리를 할 수 있지 않은가 말이다.
도승지	그동안 은밀히 찾던 도무녀가 지리산에서 추포되어, 지금 한양으로 압송 중이니, 좌상의 역모죄가 확실히 밝혀질 것입니다.
임금	(한숨, 혼잣말) 지리산까지 가서 추포를… 뭘 그렇게 열심히… 했군.

정우와 임금, 이 일을 어쩌나… 난감하다.

씬24.   도성전경 밤 → 아침

씬25.   궁궐 / 숙빈박씨의 처소. 낮

숙빈쪽궁녀   남장파에서 역모의 배후로 숙빈마마와 진성군대감을 지목
하여… (주저하다가) 사사를 청하는 상소를 올렸다 합니다.
[자막 - 사사: 죽일 죄인을 대우하여 임금이 독약을 내려
스스로 죽게 하던 일]

숙빈박씨   (!!) 사사라니… (정신없다) 내 당장… 언니를 만나러 가야
겠다.

충격을 받은 숙빈박씨, 일어나려다 다리에 힘이 빠져
주저앉는다. "내 아들을 죽이다니… 말도 안 된다…" 울음을
터트리는 숙빈박씨.

씬26.   이대감(시열)집 / 안방. 낮
방 한쪽에 혼수함이 놓여 있고 그 옆엔 치마와 저고리와
이불감, 솜, 패물함이 놓여 있다. 머리를 싸맨 정씨부인, 앞엔
시열, 앉아 있다.

정씨부인   (머릴 누르며) 이젠 좌상댁이 역모로 몰릴 판인데 함을 보

내야 해, 말아야 해? 지금 깨면 거의 파혼인데…

시열   …

정씨부인   (시열의 눈치를 보며) 남자 쪽은 파혼이 흠은 아니지…

시열   흠이 안 될지는 모르지만, 예는 아니지요.

정씨부인   아우~ 너는 어쩜 네 아버지와 똑같은 소릴 하니? 속상해
          죽겠네.

씬27.   좌상집 / 안채 / 안방. 낮

박씨부인, 태연하게『손자병법』을 읽고 있다.
책을 덮고, 붓을 들어 서찰을 쓴다.

씬28.   궁궐 / 빈청. 낮

상석에 김문건, 좌우로 동노파 관리들 서너 명 모여 있다.

관리1   판윤대감, 이러다 사화로 번지는 것 아닙니까?

관리2   (설마) 경운재 대감도 동노파인데… 그렇게까지 할까요?
          (역시 김문건을 보는데)

김문건   (다들 자신을 보자) 경운재 대감은 무늬만 동노파라…

이때 이좌랑이 급히 들어와 김문건에게 "정경부인께서
보내셨습니다" 라며 서찰을 건네자, 김문건, 급히 서찰을 보고,

모인 관리들 궁금해하는데,

김문건	(당황스러워하며) 오늘 좌상댁에서 회합을 한다는데요.
관리1	좌상대감이 옥에 있는데 무슨 회합을…
김문건	정경부인에게 무슨 묘책이 있는 게 아닐까요?
관리1	아무리 묘책이 있다고 이 시국에 좌상댁에? (단호) 저는 안 갑니다.
관리2	그렇긴 하죠… 판윤대감은 가실 겁니까?
김문건	(확고하게) 다들 안 가시면, 저도 여러분과 같이 행동하겠습니다.

씬29.   좌상 집 / 사랑방. 초저녁

앞 씬의 김문건을 포함한 관리들 모두 좌상집 사랑방에 모여 있다. 늘 조영배가 앉던 상석은 비어 있고, 모인 인사들 서로 민망해한다.

관리2	안 오신다더니…
김문건	뾰족한 수가 없어서 와봤습니다. 혹시 모르니. 다들 같은 생각 아니십니까?

관리들 맞다고 호응한다.

관리1	(빈 상석을 보며) 판윤대감이 상석에 앉아야 하지 않을까요?
김문건	(그렇겠지 하는 얼굴이지만) 지금 자리가 뭐 중요하겠습니까… 정경부인이 오신 후에 옮겨 앉든지요.

씬30.   좌상 집 마당. 초저녁

정우, 집 안으로 들어와 마당에 있는 이좌랑을 보고,

정우	자넨 아직도 여기서 이러고 있는가?
이좌랑	(보면)
정우	이제 권력의 뒤치다꺼리는 그만하고 나랏일을 하게. 이건 충고가 아니고 경골세.
이좌랑	…

사랑채 쪽에서 나오는 박씨부인.

박씨부인	오셨습니까?
정우	(불편한 얼굴) 손자분 문제로 부르신 게 아니시군요.
박씨부인	일단 안으로 드시지요. 다들 기다리고 있습니다.
정우	(다들? 인상 굳는다) …

씬31. 좌상 집 / 사랑방. 초저녁

정우가 들어서자, 김문건을 비롯한 동노파 인사들 일제히
쳐다본다. 박씨부인, 정우에게 비어 있는 상석에 앉으라고
손짓한다. 정우, 상석에 앉자 그 옆쪽에 앉는 박씨부인.
다들 정우의 등장에 당황하고, 이 와중에 김문건은 공연히 기분
상한다.

박씨부인   어수선한 시국에 한 분도 빠지지 않고 참석해주셔서 감사
            합니다. 정치적 음모로 좌상대감과 박대감이 고초를 당하
            고 있긴 하나, 그 오해를 여기 경운재 대감께서 풀어줄 것
            입니다.
다들   (놀라서 정우를 본다)
정우   (얼굴 굳으며) !
박씨부인   그러니, 다들 동요 없이 기다려주시길 당부드리러 이 자
            리를 마련했습니다.

씬32. 좌상 집 / 별채 / 순덕의 방. 초저녁

순덕이 방을 크게 돌고 있는데, 병풍 뒤에서 손이 나오더니
병풍을 밀고 개동이, 술병을 들고 예진과 함께 들어온다.

순덕   어머니께 들키면 어쩌려고 우르르 몰려다녀요?
예진   (갑자기 욱) 지금 집안이 망할 판인데, 들키는 게 대수예

	요? (앉는다)
개동이	(순덕에게 속닥) 객주에서 말을 들어보니까, 시열 도련님 댁에서 아씨한테 줄 혼수품을 안 산다고 다 돌려보냈대요.
순덕	!
예진	(짜증) 다 들리거든.
순덕	미안해요, 아가씨.
예진	새언니가 왜 미안해?
순덕	…
예진	(조심스럽게 순덕에게) 아버지가 큰 새언니를 진짜… 그런 거예요? 남장파에서 지어낸 말이죠?
순덕	…
예진	(아버지가 죽인 게 맞구나… 그러나 믿고 싶지 않다) 하긴 시집 오기도 전인데 새언니가 어떻게 알겠어.
개동이	(술 따르며) 아씨, 이럴 때야말로 진탕 마시고 정신 좀 놔요.
예진	됐어, 안 마셔.
순덕	(치우라고 손짓하며) 아가씨 무서울 때 술 안 마시는 거 몰라?
개동이	그럼 나나 마셔야겠다. (마시는데)

철컥! 밖에서 방문 자물쇠 여는 소리!
예진와 개동이 놀라 후다닥 병풍 뒤로 숨고, 방문 열린다.

삼월어미	큰마님이 찾으세요.

순덕   (놓고 간 술 바구니를 치마에 숨기고 서서) 알았네.

[INS] 병풍 뒤

개동이   아씨까지 숨을 건 없잖아요?

예진   괜히 뒷문이 있다는 걸 알면, 여기까지 막힐 거 아니야.

개동이   아~ 양반들은 똑똑해.

씬33.   좌상 집 / 사랑방. 초저녁

모두 돌아가고 정우와 박씨부인만 남아 이야기 중이다.

정우   지금 뭐 하자는 것입니까?

박씨부인 금상을 돕고자 하는 것입니다.

정우   부인 집안을 살리는 것이 전하를 돕는 거라고요?

박씨부인 네, 저만이 할 수 있습니다.

정우   ?

박씨부인 금상이 좌상과 제 동생을 역모가 아닌 살인죄로 처벌하려

하는 건, 외척은 없애되 진성군을 살리고자 함이겠지요.

정우   …

박씨부인 제가 해드릴 수 있습니다.

정우   부인께서 어떻게…?

박씨부인 방법을 물을 것이 아니라, 제가 원하는 것이 무엇인지 물

으셔야죠. 그래야 거래가 성립되지요.

264

정우	거절하면요?
박씨부인	대감은 그럴 수 없을 겁니다. (정우 보면) 우리 집안이 역모죄로 멸문지화를 당한다면 며느리 역시 무사하지 못할 텐데… 괜찮으시겠습니까? (정우 보면) 제 며느리를 연모하지 않으십니까?
정우	(크게 당황한다) !!

씬34.   좌상 집 일각. 초저녁

사랑채로 향하는 순덕, 나가는 정우와 마주친다.
둘은 얼어붙은 듯 멈춰서 마주 보는데 박씨부인, 사랑채 쪽에서
그런 둘을 차가운 눈으로 내려다보고 있다.

순덕은 말없이 정우와 엇갈려 박씨부인이 있는 쪽으로 향한다.
잠시 멈춰 섰던 정우도 순덕을 지나쳐 밖으로 나간다.

씬35.   좌상 집 / 사랑방. 초저녁

조영배가 앉던 상석에 박씨부인이 앉아 있고,
그 앞에 순덕이 죄인처럼 앉아 있다.

박씨부인	별채에만 있어도 집안의 위태로운 상황은 들어 알 것이다.
순덕	…

박씨부인	이 우환은 내, 며칠 안에 해결할 것이니, 너는 예진이와 근석이가 이번 일로 상처받지 않게 잘 챙기거라.
순덕	(진심으로) …어머니는 괜찮으십니까? 면목 없지만 저는 어머니가… 걱정됩니다.
박씨부인	(생각지 못한 순덕의 위로에 눈동자 흔들린다) … (하지만 이내) 아무리 큰 위기가 와도 집안 여인들이 똑바로 서 있으면, 그 집안은 절대 망하지 않는 법이다. 명심하거라.
순덕	네. 어머님.
박씨부인	병판댁에서는 아직 널 중매쟁이로 알고 있으니, 내일 병판댁에 들려 예진이 혼사가 틀어지지 않게 단속해라.
순덕	(생각지 못한 박씨부인의 말에, 보면)
박씨부인	내가 집안 문제를 해결하기도 전에 병판댁에서 성급히 파혼 의향이라도 비치면, 어차피 할 혼례인데 서로 모양새가 좋지 않을 것 아니냐.
순덕	알겠습니다… 어머니.

씬35-1. 경운재 / 서재. 초저녁

급히 서재 안으로 들어온 정우,
순덕의 전신화를 놓았던 곳을 보지만 전신화는 없다.

정우	(짚이는 게 있다)

[INS] 12화 66씬. 병풍 뒤에 숨은 순덕과 정우.

잠시 조용해지자, '이제 나갔나?' 밖을 살피는데 박복기,

뭔가를 등불로 유심히 비춰보고 있다.

정우   (그때 그림을 가지고 간 거군) !

씬36.   궁궐 / 임금의 처소. 밤

정우와 독대 중인 임금, 의아한 얼굴로,

임금   이삼일, 더 못 기다릴 것은 없지만… 네 생각은 어떠하
             냐?

정우   필경 방책이 있어, 제안한 것으로 보이니, 정경부인의 해
             결책을 본 뒤 결정을 내리셔도 될 듯합니다. 헌데, 해결
             후에 원하는 것이 있다고 하였습니다.

             [INS] 13화 33씬.

박씨부인   제가 원하는 건 맹박사집 혼례를 우리 집에서 제 딸아이
             혼례와 함께 하는 것입니다.

임금   (당황) 원녀들과 자기 딸의 혼례를 같이 하게 해달라? 무
             슨 생각인지 종잡을 수 없구나.

정우   소신이 좀 더 알아보겠습니다.

씬37.   궁궐 / 동궁전 도서관. 밤

세자   (걱정스러운 얼굴로) 진성군 형님은 진짜 사사를 받으시는
         겁니까?

정우   아직 결정된 것은 아무것도 없습니다.

세자   진성군 형님은 절 해칠 분이 아닙니다. 의빈대감은 뭐든
         잘 하시니 진성군 형님을 지켜주세요.

정우   … 그 누구보다 제가 더 지키고 싶을 겁니다.

씬38.   좌상 집 / 별채 누마루. 밤

밤하늘을 보는 순덕.

순덕   [E] 저는 대감님을 보고 싶을 때마다 밤하늘을 봅니다.

씬39.   경운재 / 정우의 방. 밤

정우, 순덕의 서찰을 본다. "선화사에서 풍등 날린 거…"

순덕   [E] 선화사에서 풍등 날린 거 기억나십니까? 무슨 소원을
         빌었냐고 물어보셨죠?

정우   …

[INS] 5화 31씬.

순덕, 눈을 감고 소원을 빈 다음 풍등을 날려 보낸다.

정우   무슨 소원을 빌었느냐?

순덕   소원을 남에게 말해주면 아무 소용없다고 오라버니가 그
       러셨습니다.

정우, 하늘의 풍등을 올려다보는 순덕, 너무 예쁘다.

순덕   〔E〕 대감님과 중매를 잘 마칠 수 있게 해달라 빌었습니다.

정우, 답신을 쓰면 그 내용이 메신저 화면처럼 옆에 가로
자막으로 뜬다.
[자막 - 소원을 말하면 이루어지지 않는다고 하지 않았습니까.
어쩌려고 소원을 말하는 것입니까.]

정우   〔E〕 소원을 말하면 이루어지지 않는다, 하지 않았습니까?
       어쩌려고 소원을 말하는 것입니까?

씬40.   좌상 집 / 별채 누마루 (분할) 경운재 / 정우의
방 → 누마루. 밤

/ 별채 누마루. 밤하늘을 보는 순덕 옆으로 순덕의 편지 내용이

뜬다.

[자막 - 신기한 건 제가 분명 풍등 하나를 망쳤는데, 가는 길 하늘에 두 개의 풍등이 떠 있었단 겁니다.]

순덕   〔E〕신기한 건 제가 분명 풍등 하나를 망쳤는데, 가는 길 하늘에 두 개의 풍등이 떠 있었단 겁니다.

          / 정우의 방. 정우, 답신을 쓰면 순덕의 편지에 답을 한 것처럼 옆에 뜬다.

정우   〔E〕신기해할 거 없습니다, 나중에 제가 띄운 것이니. 다만 신기한 것이 있다면 나도 부인과 같은 소원을 빌었다는 것입니다.

          / 별채 누마루. 밤하늘을 보는 순덕 옆으로 순덕의 편지 내용이 뜬다.

순덕   〔E〕하여 세월이 많이 지나 옛일을 이야기할 때 저는 우리 둘이 같이 풍등을 띄운 것으로 기억할 것 같습니다.

          / 정우의 방. 정우, 답신을 쓰면 순덕의 편지에 답을 한 것처럼 옆에 뜬다.

정우   [E] 저는 이제 밤하늘을 보면 부인이 생각날 것 같습니다.

          정우, 자신이 쓴 답신을 고이 접어, 순덕의 서찰과 함께 서랍
          안에 넣는다.

정우   [E] 분명 소원은 이루어질 것입니다. 제가 그날 빈 소원은
          당신에게 전해지지 않을 것이니 말입니다.

          / 별채 누마루. 밤하늘을 보는 순덕.
          / 경운재 누마루. 밤하늘 보는 정우.

씬41.   홍월객주 / 세책방. 낮

세책방 안으로 급하게 들어오는 삼순, 장부 정리하는
홍천수에게

삼순   종사관 나리가 안에 있지? (바로 문을 밀고 비밀창고로 들어
          간다)
홍천수   내 대답도 안 들을 거면서 다들 왜 묻는 걸까?

씬42.   홍월객주 / 비밀창고. 낮

삼순, 비밀창고 안으로 들어오면 굳은 표정의 순구, 기다리고

서 있다.

순구   낭자에게 드릴 말씀이 있어서, 뵙자고 연락을 드렸습니다.

삼순   (해맑게) 저도 드릴 말씀이 있었는데, 먼저 말해도 될까요?

순구   (밝은 삼순을 애잔하게 보다가) 아… 예, 먼저 말씀하십시오.

삼순   설화와 백묘 중 뭐가 더 낫습니까?

순구   예?

삼순   저의 새로운 필명 말입니다.

순구   이제 소설은 안 쓰기로 한 것 아닙니까?

삼순   소설은 좋아서 쓰는 것이 아니랍니다. 쓰지 않을 수 없어
        서 쓰는 거죠. 그러니 우리가 혼인해도 저는 계속 소설을
        쓸 것입니다, 그리 아십시오.

순구   (어렵게 입을 열며) 아직 소식을 못 들은 것 같은데… 우리
        집안 문제로 낭자와 혼인을 할 수 없을 것 같습니다.

삼순   사돈댁이 역모죄로 몰린 것 때문에요?

순구   (!) … 알고 계셨습니까?

삼순   그 일은 우리 혼인에 아무 문제가 되지 않습니다.

순구   왜 문제가 안 됩니까? 제가 관직에서 물러날 수 있습니다.

삼순   그럼 제가 먹여 살리면 되죠, 나리를.

순구   …

삼순   그러니, 나리께서는 제 필명을 설화로 할지 백묘로 할지만
        정해주십시오. 혼인을 안 한다는 생각은 하지도 마시고!

순구   (감동하여 삼순을 보면) …

삼순	안아주시고 싶으면 안아주셔도 됩니다.

순구, 삼순을 가만히 안자, 삼순 힘껏 안는다.

씬43.   좌상 집 / 예진이 별당. 낮

예진이 마루에 뾰로통한 얼굴로 걸터앉아 있고 윤부겸 그 옆에
서 있다.

예진	왜 왔어?
윤부겸	어르신께서 정경부인께 보낼 물건이 있다고 해서.
예진	그러니까 우리 외갓집 하인 두고 왜 오라버니가 왔냐고.
윤부겸	(너 괜찮은지 보려 왔지) …
예진	우리 집, 망한 거 보고 싶어서 온 거야? 이렇게 되니까 고 소해?
윤부겸	왜… 마음에도 없는 말을 해?
예진	(눈물이 글썽) …그냥 나 너무 무서워. (기어이 눈물이 터지 고, 손에 얼굴을 묻고 운다)

윤부겸, 우는 예진의 어깨에 손이 가지만, 차마 닿지는 못하고
거둔다. 우는 예진이 옆에 서 있을 수밖에 없는 윤부겸, 마음이
아프다.

씬44. 한성부 / 감옥. 낮

김문건은 밖에서 감옥 안의 박복기를 만나고 있다.

김문건   정경부인, 진짜 대단하십니다. 이 상황에 그 깐깐한 경운
          재 대감을 포섭해 문제를 해결하게 하다니…

박복기   (피식) 왜 그런지 아나?

김문건   (보면)

박복기   경운재의 결정적 약점을 잡았거든, 그것도 내가.

김문건   약점이 뭔데요?

박복기   경운재가 세상 고고한 척하더니 글쎄…

김문건   (귀를 쫑긋 흥미롭게 듣는데)

박복기   됐습니다, 내 알려줘도 판윤대감은 감당이 안 될 겁니다.
          하여간 그 덕에 경운재가 최선을 다해 해결할 겁니다.

씬45. 의금부 / 감옥. 낮

가부좌하고 꼿꼿하게 앉아 있는 조영배 앞에 정갈한 밥이 든
찬합 놓여 있다. 감옥 밖의 박씨부인, 조영배를 내려다보며 서
있다.

조영배   아침 일찍 판윤대감이 왔다 갔습니다. 동노파 회합을 가
          진 건 잘하셨습니다.

박씨부인   …

274

조영배	경운재 의빈이 해결을 해준다, 나섰다고 하던데… 재물이라도 주기로 한 것입니까?
박씨부인	그 전에 묻고 싶은 것이 있습니다. 큰 며느리를 진짜 죽이셨습니까?
조영배	(돌직구에 헛기침을 하고는) 정신이 나가, 모든 사실을 친정에 알린다고 하여 어쩔 수가 없었습니다.
박씨부인	지아비가 시아버지의 손에 죽는 걸 보았는데… 정신이 온전한 것도 이상하지요.
조영배	!!
박씨부인	(조영배의 얼굴을 보고 확신) 당신이 내 아들을 죽인 게 맞군요.
조영배	(당황했지만 침착하게) 부인에게는 말 못 할 이유가 있었습니다. 인현이가 남색에 빠져 원수의 아들과 붙어먹은 것도 모자라, 그때 우리의 계획을 조정에 알리려 했단 말입니다.
박씨부인	(살기 어린 눈) 그 원수의 아들인 민서준은 살아 있지 않습니까.
조영배	!
박씨부인	아무것도 없는 것을 좌상까지 만들어놨더니, 감히 내 아들을 죽여?
조영배	부인, 지아비에게 어찌 그런 천박한 언사를…
박씨부인	(그런 조영배를 차가운 눈으로 보다가) 이 일을 어찌 수습할지는 내일 저녁에 다시 와 알려드리지요.

第十三話

(돌아서 감옥을 나간다)

조영배   …

씬46.   이대감(시열) 집 / 안방. 낮

순덕, 장사치 복장으로 머리를 싸맨 정씨부인 앞에 앉아 있다.

순덕   조정에서 역모죄를 확정한 것도 아닌데, 만약 무혐의가
          나오면 좌상댁과 껄끄러워지지 않겠습니까.

정씨부인   나도 그게 걸리긴 하지만 역모죄가 아니라도… (목소리 낮
          춰) 첫째 며느리를 죽였다지 않는가. 그 집 둘째 며느리도
          정신이 온전치 않다고 해서 맘에 걸렸는데.

순덕   제가 그 댁 작은 마님과 잘 아는 사인데, 미쳤다는 건 헛
          소문입니다. 모든 것을 접어두고, 시열 도련님과 예진아
          가씨가 잘 어울립니다.

정씨부인   나도 그 댁 딸이 마음에 안 드는 건 아니네. 시열이도 마
          음에 들어하는 눈치고… 괜히 미리 만나게 해서. (한숨)

순덕   …

정씨부인   알겠네, 상황이 바뀔 것 같지는 않지만.

씬47.   홍월객주 / 세책방. 낮

세책방의 책을 정리하던 홍천수, 갑자기 일어나 비밀창고 문을

열면 급히 안으로 뛰어 들어온 정우, 그대로 안으로 들어간다.
그럼 문을 닫고 아무 일도 없었다는 듯 다시 일을 하는 홍천수.

홍천수   물어볼 틈을 안 주니 대답을 할 필요도 없고 훨씬 마음이
        좋군.

씬48.   홍월객주 / 비밀창고. 낮

급하게 뛰어 들어오는 정우, 안에서 기다리고 있는 순덕.

정우   지금 같은 때에 이런 모습으로 나다니시면 어찌합니까?
       정경부인 알기라도 하면 어쩌려고.

순덕   우리 아가씨 혼사 때문에 어머님 허락받고 나온 거니 걱
       정 마십시오. 나온 김에 대감님을 뵙고 싶어서요.

정우   지금이라도 그 집에서 나와 친정에 가 계시는 것이 어떻
       겠습니까? 제가 종사관을 통해…

순덕   말도 안 돼요. 사람이 도리가 있지, 집안에 우환이 있는데
       근석이와 아가씨를 두고 어떻게 저 혼자 친정으로 피해
       요?

정우   저는… 부인이 너무 걱정됩니다.

순덕   이럴 것 같아 뵙자 한 것입니다. 집안일은 어머니께서 해
       결하신다고 하니 너무 걱정 마십시오. 어머니는 해결하실
       수 있는 분이신 거… 대감님도 아시죠?

277   第十三話

정우   …

[INS] 13화 33씬. 계속

박씨부인   제 며느리를 연모하지 않으십니까?

정우   (크게 당황한다)

박씨부인   (정우의 표정을 보고) 그럼 거래를 승낙하는 걸로 알겠습
            니다.

정우   …

박씨부인   저는 더는 집안에 흠이 생기기를 원치 않는 사람입니다.
            하니, 제 며느리를 만나지 마세요. 만약 계속 만난다면 저
            는 가문을 위해 제 방식대로 할 수밖에 없습니다.

정우   정경부인을 너무 믿지 마십시오.

순덕   네? 저는 지금 믿을 수 있는 사람이 어머니뿐인데요.

정우   (답답하다)…

순덕   제 걱정이 그리되시면, 제가 보내는 서찰에 답장이나 바
            로바로 해주십시오. 제가 답답해서 죽지 않게.

씬49.   좌상 집 전경. 초저녁

씬50.　　좌상 집 / 안채 / 안방. 초저녁

박씨부인　　사랑방에 황색 환이 있을 것이다. 그것을 찾아오너라. 중
　　　　　　요한 일이니, 아랫사람 시키지 말고 네가 직접 찾거라.
순덕　　　　네, 어머니.
박씨부인　　찾으면 나에게 가져올 것 없이, 네가 가지고 있고. 오늘
　　　　　　저녁은 네 숙부의 것까지 같이 준비해 가져오너라. 숙부
　　　　　　의 저녁은 좋은 것으로 넉넉하게 준비하고, 생강주도 한
　　　　　　병 챙겨라.

씬51.　　좌상 집 / 사랑방. 초저녁

순덕은 사랑방 책장 서랍이며, 문갑을 열어 박씨부인이 말한
환을 찾는다. 어디에도 없자, 어쩌지 하며 방안을 둘러보다
서안에 시선이 머문다. 서안 서랍 안쪽에서 환을 싼 기름종이를
찾은 순덕, 기름종이를 펼치자, 누런색 환(금잠고독)이 들어
있다.

씬52.　　좌상 집 / 안채 / 안방. 밤

순덕 앞엔 저녁 식사를 넣은 찬합 두 개와 술병이 놓여 있다.

박씨부인　　수고했다, 나가보거라.

순덕	(술병을 보다가 나간다)

씬53.   한성부 / 감옥. 밤

찬합과 술병을 싼 보자기를 든 삼월어미와 박씨부인,

순구의 안내를 받으며 감옥 안으로 들어온다.

안쪽 감옥 안에 있는 박복기를 보고, 박씨부인, 순구에게

박씨부인	잠깐 식사만 건네주고 갈 것이니 주변 사람을 물려주시게.

순구, 옥 안을 지키는 포졸을 데리고 밖으로 나간다.

박씨부인, 감옥 앞에 서자 박복기 반색하며 앞으로 다가온다.

박복기	누님!
박씨부인	지내기는 어떤가?
박복기	말도 못 하게 불편하죠. 그나저나 경운재가 해결하기로 했다면서요? 그거 제가 가지고 나온 그림 때문, 맞죠?
박씨부인	(가볍게 고개만 끄덕)
박복기	(뿌듯해하며) 제가 큰 건 하나 한 겁니다.
박씨부인	…
박복기	근데 아무리 경운재라도 아예 없었던 일로는… 못하겠죠? 저는 한적한 곳에 유배 몇 달 다녀오는 것도 괜찮습니다. 이왕이면 진주가 좋을 것 같은데… 거기 기생이 그

렇게 수려하답니다.

박씨부인   (뒤에 삼월어미에게 눈짓하면)

삼월어미, 찬합과 술병을 감옥 안으로 넣어준다.

박복기, 찬합을 열면 칸칸이 산해진미가 들어 있다.

박복기   제 생각하는 건 누님밖에 없다니깐요.

박씨부인   내일이면 여기서 나가게 될 테니 오늘 밤 맘 편하게 주무

            시게.

박복기   그렇게나 빨리요? (술부터 한잔 따라 마신다)

박씨부인   …

씬54.   의금부 일각. 밤

보자기를 든 삼월어미 한두 걸음 떨어져 있고

잔뜩 겁먹은 숙빈박씨, 박씨부인에게 이야기한다.

숙빈박씨   (울먹이며) 못 할 것 같아요.

박씨부인   마음 굳건히 하십시오, 이것이 진성군과 집안을 살리는

            유일한 방법입니다.

숙빈박씨   (말없이 고개를 주억거린다)

씬55. 의금부 / 감옥 입구. 밤

박씨부인과 삼월어미, 숙빈박씨와 함께 감옥에 들어선다.

숙빈박씨 간수에게 "잠시 자리를 비워주게"라고 말하자,

간수, 옥 열쇠를 주고 나간다.

씬56. 의금부 / 감옥 안. 밤

정좌하고 앉아 있는 조영배, 앞에 박씨부인 앉아 있고,

숙빈박씨는 열린 문 앞에 삼월어미와 함께 서 있다.

조영배   숙빈마마 송구합니다.

숙빈박씨   (긴장한 표정으로 조영배의 시선 외면)

조영배   (박씨부인에게) 그래, 집안일을 수습할 방도가 무엇입니까?

박씨부인   사람들은 죽음 앞에선 진실만을 말한다 생각합니다. 하여 대감께서 억울함을 자진으로 보여주시는 겁니다.

          [자막 - 자진: 스스로 자기의 목숨을 끊음]

조영배   (얼굴이 굳더니) !

박씨부인   하면, 금상과 사람들은 대감의 죄가 정치적 누명이라 믿을 겁니다.

조영배   내 집안을 살리기만 한다면 자진이 대수겠습니까마는, 집안에 사람이라곤 어린 근석이 뿐인데 내 어찌 무책임하게 세상을 버린단 말입니까? 집안의 중심인 내가 살아 있어

282

야, 차후 집안을 일으키지 않겠습니까? 역모는 끝까지 부

정하면 금상도 어쩌지 못 할 것입니다.

박씨부인   마지막까지 나를 실망시키는군요.

조영배   어허… 지아비에게 그 무슨 말버릇이십니까?

박씨부인   유서를 미리 작성해 오길 잘한 것 같습니다.

조영배   뭐요? (인상을 쓰는데)

조영배 뒤에서 목에 동아줄을 거는 손,

당황한 조영배가 미처 돌아보기 전에 줄은 조여온다.

숙빈박씨와 삼월어미 사력을 다해 끈을 잡아당긴다.

핏줄 선 조영배의 당혹스러운 얼굴을 박씨부인이 담담하게

바라본다. 목줄을 벗기려던 손에 힘이 풀리고 조영배 죽는다.

씬57.   좌상 집 / 안채 안방. 아침

초조해하는 삼월어미의 시중을 받으며 태연하게 아침을 먹고

있는 박씨부인, 밖에서 남자 하인이 "마님~ 큰일났습니다."

고하는 소리 들린다.

조영배   [E] 저의 억울함을 죽음으로 밝히려 합니다.

씬58.   의금부 / 감옥 안. 아침

조영배, 감옥 문틀에 목을 맨 채 죽어 있고, 붓과 벼루, 유서가
놓여 있다. 상황을 확인한 정우, 크게 놀란다.

조영배   〔E〕8년 전, 제 아들 조인현은 당시 세자였던 진성군에 대
            한 잘못된 충심으로 운해대군을 없애려 금잠고독을 구했
            습니다. 이 사실을 알게 된 저는 자식의 대역죄를 막고자
            인륜도 져버리고 생때같은 장남을 죽였습니다.

씬59.   궁궐 / 임금의 처소. 낮

조영배   〔E〕자식까지 죽이는 희생을 치르며 임금께 충성하였는데
            확인되지 않은 증언으로 역모 죄인이 되다니 억울하고 원
            통하여 죽음으로 결백을 증명하려 합니다.

            임금은 조영배의 유서를 읽고 있고, 정우와 의금부도사가 앞에
            앉아 있다.

임금   (유서를 내려놓고) 좌상은 자진을 한 것이고 죽은 박복기의
            사인은 무엇인가?
의금부도사   검시했지만, 타살 흔적은 없었습니다.

[INS] 한성부 감옥 안. 낮

눈을 뜬 채 죽어 있는 박복기. 옆에는 찬합만 있을 뿐 술병은
보이지 않는다.

의금부도사   극심한 심리적 압박으로 인한 돌연사인 것으로 추정됩
　　　　　니다.

정우   　　공초에 보면 8년 전 평양부 서윤 살인사건의 범인으로 지
　　　　　목된 자 역시 한양으로 압송 전 이처럼 돌연사한 사례가
　　　　　있습니다.

임금   　　자업자득이군.

씬60.   　**궁궐 / 편전. 낮**

중앙에 임금이 앉아 있고, 양편으로 나누어 서 있는 관리들.

도승지가 임금을 대신해 조영배에 대한 판결 내용을 읽고 있다.

도승지   　사람이 죽음 앞에 진실을 고한다 사료되는 바, 죽음으로
　　　　　결백을 주장한 조영배의 모든 죄는 무죄로 인정한다. 이
　　　　　로 인해 박복기 역시 역모죄는 사라졌지만, 본인이 이초
　　　　　옥 살해에 대해 자백하였으니 공초에 살인 죄인으로 기록
　　　　　하라.

씬61.   궁궐 일각. 낮

정우와 함께 산책하는 임금.

정우   좌상대감도 박복기처럼 역모죄만 거두시지, 왜 살인죄까

지 거두신 것입니까? 정경부인 때문입니까?

임금   죽은 첫째 아들 때문이네.

정우   ?

임금   조인현은 8년 전 평양부 서윤으로 가기 전에 날 찾아와 집

안에 얽매이지 않고 평양부에서 벌어지는 조공비리를 철

저히 조사하겠다고 하더군.

정우   (보면)

임금   처음엔 나도 반신반의했지만, 그는 약속대로 숙부인 박복

기의 비리 정황을 나에게 보내왔지. 실질적 증좌를 확보

할 것 같다는 마지막 서찰 뒤에 황망하게 떠나 내내 신경

이 쓰였지. 좌상에 대한 처분은 그의 아들의 충심에 대한

보답이었네.

정우   좌상의 집안은 정경부인이 아니라, 죽은 아들이 지킨 거

군요.

씬62.   좌상 집 / 안채 / 안방. 낮

안방 문을 벌컥 열고 들어오는 순덕.

상소를 쓰던 박씨부인, 순덕을 보고 얼굴 굳으며

박씨부인	무슨 일인데, 기척도 없이 소란이냐.
순덕	(뭘 물어야 할지 모르겠다)
박씨부인	(붓을 내려놓으며) 할 말이 있으면, 와서 앉거라.
순덕	(박씨부인 앞에 앉아서) 어머님이… 그리 하신 겁니까?
박씨부인	무엇을 말이냐?
순덕	…
박씨부인	집안일 해결한 것을 말하는 것이면 내가 한 일이 맞다. 너도 돕지 않았느냐.
순덕	!!

[INS] 13화 52씬. 앞 상황.
박씨부인 앞엔 찬합과 술병 놓여 있다.

박씨부인	내가 찾으라는 건 찾았느냐?
순덕	(소매에서 기름종이에 싸여 있는 금잠고독을 꺼내 박씨부인에게 준다)
박씨부인	(받은 금잠고독을 순덕 보는 앞에서 생강주에 넣는다)
순덕	…
박씨부인	수고했다, 나가보거라.
순덕	(술병을 보다가 나간다)

순덕	(자신의 예감이 맞아 당황하며) 어머니를 늘 존경했습니다. 모든 일에 답을 알고 계신 것 같아서요. 허나, 가족을 죽

여가며… 이건 아닌 것 같습니다.

박씨부인   아닌 것 같다… 그럼 역모로 몰려 대감과 숙부가 참형을
             당하고, 진성군과 숙빈은 사사되고, 근석이와 예진이는
             노비가 되어 집안이 풍비박산 나게 두는 것이 맞았다는
             것이냐?

순덕   !

박씨부인   너 같으면 이 상황에서 어떻게 했을 것 같으냐?

순덕   …

박씨부인   아마, 너도 나와 같은 선택을 했을 것이다.

순덕   (반박을 할 수 없어 혼란스럽다)

박씨부인   장례는 내가 알아서 준비할 것이니 너는 예진이 혼사에만
             신경을 쓰거라.

순덕   (당황) 아버님이 돌아가셨는데… 지금 어찌 아가씨 혼사
             를 치른단 말입니까?

박씨부인   내 알아서 한다 하지 않았느냐? 너는 내가 시키는 대로만
             하면 된다.

순덕   …

씬63.   조씨부인 집 / 안방. 낮

조씨부인과 마주 앉은 정우.

정우   조만간, 세자빈간택령이 내려질 것입니다. 그때 반드시

하나낭자의 처녀 단자를 넣으십시오.

조씨부인 결국 이리되는군요. 알겠습니다.

정우 세자저하가 하나낭자와 연분인 걸 알고 계셨습니까?.

조씨부인 10년 전… 왕가행차를 구경하다, 하나와 세자가 끈으로
연결된 걸 보았어요.

정우 따님을 궁에 보내는 게 싫어… 혼인을 안 시키신 겁니까?

조씨부인 그것도 이유 중 하나죠. 기세등등한 진성군이 왕이 되면,
지금 세자는 죽은 목숨이나 마찬가지니.

정우 이제 절대 진성군이 왕이 되는 일은 없을 겁니다. 하나낭
자가 세자저하의 목숨을 두 번이나 구했으니.

조씨부인 !

정우 쌍연술사는 자신의 연분도 알아봅니까?

조씨부인 물론이지요.

정우 …

조씨부인 하지만 가슴이 뛰는 것으로 연분을 알아보는 대감의 경우
는 애매하겠군요.

정우 그게 무슨…?

조씨부인 가슴은 무서워도 뛰고, 어여쁜 사람을 봐도 뛰고, 한낱 북
소리를 들어도 뛰니 말입니다. 본인의 연분이라 뛰는 건
지 충동적인 감정으로 뛰는 건지 모호할 거란 말입니다.

정우 …듣고 보니 그렇군요.

조씨부인 쌍연술사 간에도 능력 차이가 있다고 하던데 대감은 좀
처지는 쪽인가 봅니다.

第十三話

정우	(괜히 발끈) 태어나 처진다는 소리는 처음 듣습니다.
조씨부인	확실한 건 여주댁은 대감의 연분이 아닙니다. 제가 여주댁의 연분을 보았거든요.
정우	부인께서는 여주댁이 좌상집 사람이었단 걸 아셨습니까?
조씨부인	(고개 끄덕) 여주댁을 걱정하여 잊으라 말씀드렸던 것입니다. 관계가 알려지면 수모와 화를 당하는 것은 늘 여자 쪽이니.
정우	…

씬64.   궁궐 / 임금의 처소. 낮

임금 앞에 상소 더미를 올려놓는 도승지.

도승지	조영배의 부인이 상소를 올렸습니다. 그것부터 보셔할 것 같습니다.

임금, 상소 맨 위에 놓인 박씨부인의 상소를 본다.

박씨부인	[E] …지아비의 유언에 본인의 장례는 최대한 소박하고 짧게 하길 원하였고 본인의 죽음으로 인해 여식의 혼례를 미루지 말길 당부하였습니다.

[INS] 좌상집 안방. 삼월어미가 가지고 온 삼베 천을 보는

박씨부인.

[INS] 좌상집 선산. (6화 44씬 동장소)

박씨부인, 삽을 든 일꾼들에게 장지를 가리킨다.

박씨부인   〔E〕 또한 좌상대감은 살아생전 광부와 원녀의 문제에 신
           경을 많이 써, 형편이 넉넉지 않은 맹박사 여식들의 혼인
           을 제 여식과 함께 치르라 하셨습니다. 하여 조속하게 장
           례를 치를 것을 윤허해 주십시오.

임금   (상소를 내려놓고) 이제 내가 조건을 들어줄 차례군.

씬65.   궁궐 / 편전. 낮

관료들 모여 있고, 중앙에 상복을 입은 박씨부인이 서 있다.

임금   6월장으로 치르는 것이 맞지만, 좌상의 경우, 과거 충심으
           로 생때같은 자식을 먼저 보내고, 병으로 황망하게 남은
           자식까지 앞세웠으니 하나 남은 딸자식을 위하는 아비의
           마음을 저버리지 못하겠다. 하여 예정된 혼례 전에 장례
           를 마무리 짓는 것을 윤허한다.

씬66.　　　이대감(시열의) 집 / 안방. 낮

임금　　　　〔E〕또한 혼례를 하는 좌상집과 상대인 병판집에 혼인 선
　　　　　　물로 각각 면포 열 필을 하사한다.

　　　　　　여전히 머리를 싸맨 정씨부인, 방안에 놓인 면포를 보고 깊은
　　　　　　한숨을 쉰다.

정씨부인　　집안 상중을 핑계로 혼례를 미루고 흐지부지 파혼을 시키
　　　　　　려 했더니… 금상까지 알게 되었으니… 텄네. 저런 극악
　　　　　　한 집구석에 우리 아들을 보내야 하다니… (답답한지, 자리
　　　　　　에 누워버린다)

씬67.　　　궁궐 일각. 초저녁

정우와 임금, 산책하며 이야기한다.

정우　　　　조정에서 주관하는 원녀 혼례를 자신의 집에서 딸과 함께
　　　　　　치르면 집안이 건재하다는 걸 보여줄 수 있다, 생각한 것
　　　　　　같습니다.

임금　　　　일을 이렇게 용의주도하게 풀어가는 걸 보니 정경부인이
　　　　　　남자가 아닌 것이 다행이란 생각이 드는구나.

정우　　　　전하, 이번 원녀 혼례가 성공적으로 끝나도 제가 올린 혼

인무효 상소는 윤허하지 말아주십시오.

임금   갑자기 왜 마음이 변한 것이냐.

정우   혼인무효상소를 올린 것은 공주마마의 유언 때문이었습
니다.

[INS] 공주의 방 (1화 7씬 인서트와 동장소)

사경을 헤매는 공주를 지키고 있는 정우. 공주, 입을

달싹거리자 정우, 그 말을 듣고자 공주 쪽으로 몸을 기울인다.

공주 힘겹게 "출사하여 아버지를 도와주세요"라고 한다.

임금   공주가 그런 말을 했었구나…

정우   …

씬68.   좌상 집 / 별채 바깥쪽 담벼락. 밤

오봉과 함께 별채 담벼락을 보는 정우.

정우   (주변을 살피더니) 엎드려보아라.

오봉   (뭔지 알겠지만) 왜…요?

정우   왜는, 담을 넘으려면 밟고 올라갈 것이 필요하지 않으냐?

오봉   (정우 위아래를 과장되게 훑으며) 대감마님이 만약 절 밟죠?
제 허리는 아작 나요. 저 혼인한 지 반년도 안됐어요.

정우   혼인한 게 무슨 벼슬이라고, 말만 하면…

오봉	(담에 나온 돌을 치며) 여기 밟고 넘으시면 되겠네요. 키도 크신 양반이… (정우 째려보자) 제가 넘어가서 얘기하고 올까요?
정우	네가 왜 넘냐! 담은 내가 넘을 터이니, 너는 망이나 보고 있거라.
오봉	네~ (바로 길가 쪽으로 간다)

정우는 벽에 나온 돌을 밟으며 어설프게 담을 탄다.
그렇게 겨우 담장 기와에 올라앉은 정우,
안쪽에서 담을 넘던 순덕과 담장 위에서 딱 마주친다.
둘은 서로를 보고 놀란다. 이어 둘은 이 상황이 어이가 없는지
웃는다. 순덕이 "제가 먼저…"라며 담을 넘으려고 하자

정우	잠시만… 그 자세로 가만히 계십시오.
순덕	?

정우, 조심스럽게 올라왔던 반대로 담을 내려가 양손을 벌리고,

정우	나를 믿고 내려오십시오.
순덕	(두근두근)

하늘에 뜬 달은 둘만을 비추는 것 같다.
순덕은 그대로 가볍게 내려와 정우에게 안긴다.

잠시 순덕을 안고 있는 정우.

씬69. 북촌 거리. 밤

오봉, 망을 보다 이쪽으로 순라군들이 오는 것을 보고,

고민하다가 "아아아아아~" 괴성을 지르며 반대편 길로

뛰기 시작한다. 순라군들 어둠 속 오봉을 보고 "웬 놈이냐!"

소리치며 쫓는다. 오봉도 순라군도 사라지자, 어둠 속에서

정우와 순덕이 나와 반대편으로 뛰어간다.

씬70. 홍월객주 마당. 밤

아무도 없는 객주 마당에 앉아 있는 정우와 순덕.

순덕	강상의 도가 지엄한데 어찌 과부가 있는 별채에 월담할
	생각을 하셨습니까? 누가 보면 어쩌려고요.
정우	(대답 없이 순덕을 보기만 한다)
순덕	제가 그리 보고 싶으셨습니까?
정우	제가 담을 넘은 이유는… 부인이 보고 싶어서가 아닙니다.
순덕	(보면)
정우	더는 서찰을 보내지 말라는 말을 하러 간 것입니다.
순덕	제가 걱정돼서 그러신 겁니까?
정우	아닙니다… 부인이 말한 대로 나의 마음은 잠잠해졌습

니다.

순덕	!
정우	이제 더는 부인을 연모하지 않습니다.
순덕	(눈동자 흔들린다)

단호한 눈빛으로 순덕을 바라보는 정우에서…

十三話終

第十四話

더 사랑하는 사람이
강자다

씬1.   오프닝 예비 신랑들 인터뷰: 홍월객주 / 객실. 낮

순구, 세자(유생 복장), 한종복이 어색하게 모여 서 있고,

시열은 따로 떨어져 한쪽에 진열된 여성용 장신구를 보고 있다.

시열   화사하니 이것도 잘 어울릴 것 같군. (두리 생각에 입가에
          미소)

한종복, 세자를 훑어보고는 의아하다는 듯,

한종복   입성을 보니, 사는 집 도령 같은데 어찌 원녀와 혼인을 하
          시오?

세자   (생각 못했다) 하나낭자가 원녀였습니까? 제가 그분께 반
          한 이유는 식견이 높아서였습니다.

| 한종복 | (뭐래?) 여인이 식견이 높아 뭐에 쓴단 말입니까? |
| 순구 | (세자가 말하기 전에 발끈하여) 식견은 누구에게나 필요합니다. |

세자는 '내 말이 그 말이다'라는 듯 순구를 보고, 한종복은
'얘들 뭐니?' 하는 얼굴인데, 시열 "다들 모이시랍니다"라고
소리친다.

면접을 보듯이 나란히 앉은 세자, 순구, 한종복, 시열 한마디씩
한다.

세자	여인이지만 존경할 수 있는 배우자라 확신합니다.
순구	(마냥 좋아 웃다가) 서로 아끼며 잘 살겠습니다!
한종복	집안에 큰 보탬이 될 배우자를 만났다고 생각합니다.
시열	부부의 예를 다 하겠습니다.

네 명의 예비 신랑 한 화면에 들어오고, [四人의 신랑 확정!]
자막 박힌다.

씬2.　오프닝 인터뷰: 홍월객주 비밀창고. 낮

하나, 두리, 삼순 모여 앉아 있고, 예진은 따로 떨어져 소설책을
구경한다.

예진   (앞을 보며) 지금요? (보던 책을 내려놓고 마련된 자리로 간다)

            예진, 하나, 삼순, 두리 순으로 나란히 앉아 있다.

예진   정략혼인데 좋고 싫을 것이 뭐가 있나요. (잠시 사이) 병판
            집안이면 저희 집과 격이 맞는다고 생각합니다.

            두리, 인터뷰하는 예진을 보다가, 자신과 같은 머리꽂이를 한
            것을 본다.

두리   미친… 같은 걸 사준 거야? 빡치네. (신경질적으로 머리꽂
            이를 뺀다)

하나   제 배필은 제가 아는 사내 중 가장 어른스럽고 존경할 만
            한 사람이라 선택했습니다.
삼순   (입이 귀에 걸려서) 저와 혼인할 분은 상냥하고 용감하고,
            똑똑하고, 착하고 그리고…

            흥분한 삼순, 말이 길어지자 화면은 두리로 옮겨간다.
            하지만 삼순 "…무엇보다 잘생겼습니다!"라는 들뜬 마무리
            말이 들린다.

두리   (무표정하게) 큰언니도 원하는 상대를 만나고, 동생도 운

명의 상대를 만났으니 전 됐습니다. (잠시 사이) 이제 더는
할 말 없는데… 사실 혼인은 미친 짓이죠.

예진은 그렇게 말하는 두리를 본다.
네 명의 예비신부 한 화면에 들어오고, [四人의 신부 확정!]
자막 박힌다.

"더 사랑하는 사람이 강자다"

씬3.   **홍월객주 / 마당. 밤 (13화 마지막 씬 계속)**

하늘엔 보름달이 떠 있다.
아무도 없는 객주 마당에 앉아 있는 정우와 순덕.

순덕	강상의 도가 지엄한데 어찌 과부가 있는 별채에 월담할 생각을 하셨습니까? 누가 보면 어쩌려고요.
정우	(대답 없이 순덕을 보기만 한다)
순덕	제가 그리 보고 싶으셨습니까? 저도 대감님을 찾아가는 길이었는데, 이리 마음이 통했네요.
정우	부인… 괜찮으신 거죠?
순덕	(많은 생각이 지나가지만) …대감님을 보니, 괜찮아졌습니다.
정우	(그런 순덕을 보고 주저하다 결심하고) 제가 담을 넘은 이유

는… 부인이 보고 싶어서가 아닙니다.

순덕   (보면)

정우   더는 서찰을 보내지 말라는 말을 하러 간 것입니다.

순덕   제가 걱정돼서 그런 겁니까?

정우   아닙니다… 부인이 말한 대로 저의 마음은 잠잠해졌습
             니다.

순덕   !

[INS] 11화 50씬.

순덕   대감님과 저의 마음은 그냥… 지나가는 바람일 거예요.
             시간이 지나면 이 폭풍 같은 마음도 잠잠해질 겁니다.

정우   이제 더는 부인을 연모하지 않습니다.

순덕   (눈동자 흔들린다) …

정우   (그런 순덕을 보니 가슴이 아픈데)

순덕   왜 마음에도 없는 거짓말을 하시는 겁니까?

정우   (당황) !!

순덕   저를 좋아하지 않는데 서찰을 보내지 말라는 말을 하기
             위해, 여인 혼자 지내는 별채 담을 넘었다고요?

정우   …

순덕   좋아하지 않는데 믿고 내려오라고 상냥하게 팔을 내주신
             겁니까?

302

[INS] 13화 68씬. 정우 담 아래서 "나를 믿고 내려오십시오."

순덕   좋아하지 않는데 저를 안았을 때 그리 가슴이 요동친 겁니까?

[INS] 13화 68씬. (순덕의 시선)
순덕 정우의 품에 안겨 정우의 요동치는 심장 소릴 듣는다.

정우   (순덕의 말에 부정하기 힘든데)

[INS] 13화 48씬.
박씨부인   저는 더는 집안에 흠이 생기기를 원치 않는 사람입니다. 하니, 제 며느리를 만나지 마세요. 만약 계속 만난다면 저는 가문을 위해 제 방식대로 할 수밖에 없습니다.

[INS] 13화 58씬. 감옥 문틀에 목을 맨 채 죽은 조영배

정우   제 가슴이 뛴 것은… 두려워서입니다.
순덕   (보면)
정우   부인이 지금처럼 제 마음을 맘대로 예단하여, 저까지 곤란하게 만들까 봐, 두려워서… 가슴이란 본디 무서워도 뛰고 한낱 북소리에도 뛰지 않습니까.
순덕   …

정우   하니, 저에게 피해가 오지 않도록 잘 처신해주십시오.

정우는 그대로 돌아 객주를 빠져나가고,

순덕은 그 자리에 서서 정우가 나간 쪽을 멍하니 본다.

씬4.   홍월객주 앞 (분할) 홍월객주 마당. 밤

/ 객주 문 앞. 객주에서 나온 정우, 순덕이 있는 객주를

돌아본다.

/ 객주 마당. 그 자리에 서 있는 순덕.

/ 정우와 순덕은 문을 사이에 두고 마주 서 있다.

둘의 머리 위엔 같은 보름달 떠 있다.

씬5.   도성 전경. 아침

씬6.   조씨부인 집 마당 / 마루. 낮

앙증맞은 노란 나비 수를 마무리 짓고 손으로 만져보는 두리,

보면 수를 놓은 곳은 남자 버선의 안쪽 발목 부분이다.

화면 넓어지면 삼순, 안방 문에 귀를 대고 있는 것이 보인다.

마당엔 사복을 입은 궁녀 한 명 서 있다.

씬7.   조씨부인 집 / 안방. 낮

상석에 중전(양반집 부인 복장)이 있고, 조씨부인과 하나가

나란히 앉아 있다.

중전   따님을 영특하고 용감하게 키우셨습니다.

조씨부인   제가 키운 것이 아니고, 그리 태어났습니다. 하여, 걱정이

           많았습니다.

중전   (보면)

조씨부인   조선에서 문무겸비한 재능은 여인에겐 그리 환영받는 덕

           목은 아니지 않습니까.

중전   하지만 중전이 될 여인이라면 필요한 덕목이지요.

조씨부인   제 딸은 순한 부인은 아닐 수 있으나, 어질고 사리에 밝아

           분명 세자저하의 충신이자 든든한 동반자가 될 것입니다.

중전   (만족스러운 눈으로 하나를 보며) 세자에겐 든든한 동반자면

           됩니다. 세자는 제가 잘 압니다. 분명 자상한 지아비가 되

           어줄 것입니다.

씬8.   조씨부인 집 / 마당 마루. 낮

삼순, 무릎걸음으로 바느질하는 두리에게 다가와,

삼순   (목소리 낮춰) 대박, 큰언니 세자빈 될 것 같아.

두리   그 꼬마가 세자였나 보네, 그래서 눈빛에 위아래가 없었

구나.

삼순 (혼자만의 상상에 급 빠짐) 그럼 이제 우린 외척의 중심이 되
어 구중궁궐의 암투에서 큰언니를 구해내게 되는 걸까?

두리 뭐래… 넌 언니를 그렇게 모르니? 큰 언니는 우리가 구해
주고 자시고 할 일이 없는 사람이야.

삼순 나 정했어, 다음 소설의 제목, 여인천하.

씬9. 홍월객주 / 마당. 낮

사인방 모여 앉아 이야기 중이다.

개성댁 세자빈간택령 기간이 뭐가 이렇게 짧대요?

전주댁 내 말이, 좌상댁이 주저앉았으니 있는 집안에선 다들 처
녀단자를 넣으려 난릴 텐데.

이씨 간택령이 왜 짧은 줄 알아? 내 소식통에 의하면 도승지댁
딸로 내정이 됐다고 하더라고.

개성댁 도승지댁은 아들만 셋 아니었어요?

전주댁 형님 소식통은 어째 매번 틀려…

이씨 (민망하여 승질) 나만 틀려? 여주댁이 올해 간택령 없다고
한 것도 틀렸잖아. 나한테만 난리야?

개성댁 여주댁은 요즘 통 안 보이네요.

마산댁 그러게 뭔 일이 있나…

씬10. 좌상 집 / 예진의 별당 마루. 낮

순덕(상복), 소박한 상을 넛 놓고 앉아 있는 예진(상복) 옆에

놔준다.

예진	생각 없어요.
순덕	그렇게 안 먹으면 큰일 나요. (수저를 쥐어주며) 한술이라 도 떠요.
예진	아버지가 돌아가셨는데 혼례를 그대로 하겠다니… 어머 니는 도대체 무슨 생각이신건지…
순덕	…
예진	사람들이 뭐라고 생각하겠어요?
순덕	다른 사람 생각을 왜 해요, 아가씨 혼렌데.
예진	(보면)
순덕	아가씨가 가장 중요하니까, 하기 싫으면 혼례 안 해도 돼요.
예진	어떻게 그래요… 어머니 마음이 저리 확고한데.
순덕	잊었어요? 내가 중매의 신, 여주댁인 거? 혼례를 늦출 수 도, 소리 소문 없이 파투 내드릴 수도 있으니, 말만 해요. 혼례에 대해서는 내가 아가씨 원하는 대로 다 해줄게요.
예진	(눈물이 글썽, 웃음) 말만이라도 고마워요.

개동이 간단한 먹거리가 든 쟁반을 들고 근석(상복)과 함께

온다.

근석	어머니, 여기 계셨습니까?
개동이	(쟁반 내려놓으며) 제가 작은 마님께서 챙기실 거라고 했죠.
순덕	고모 생각해서 챙겨온 거야?
개동이	말도 마세요. 도련님이 부엌까지 들어오셔서 제가 얼마나 식겁했게요. (몸서리치며) 큰마님이 보셨으면…
예진	내 생각만 하느라… 어린 너에게까지 걱정을 끼쳤네. 미안하다.
근석	미안하다니요, 고모님도 제가 아플 때 밤새 돌봐주시지 않으셨습니까.
예진	그건… (하다가) 그래, 고맙다… 고모 생각해 줘서.
근석	어서 드십시오. 고모님이 다 드시는 걸 봐야겠습니다.

순덕, 서로를 챙기는 예진과 근석을 흐뭇하게 보는데,
문득 박씨부인의 말이 생각난다.

박씨부인	〔E〕 그럼 역모로 몰려… 근석이와 예진이는 노비가 되어 집안이 풍비박산 나게 두는 것이 맞았다는 것이냐?

순덕, '어머님의 선택이 맞았던 건가…' 하는 생각이 들어
머릿속이 복잡하다.

씬11. 경운재 / 누마루. 밤

정우, 멍하니 넋 놓고 밤하늘만 보며 앉아 있는데

"대감마님, 서찰이 왔습니다"라며 오봉이 들어오자,

정우	(정색하며) 더는 객주에서 오는 서찰은 받지 말라 이르지 않았느냐.
오봉	(서찰을 건네려다 주춤) 원주에 계신 형님께서 보내신 건데… 좌상댁 작은마님 서찰을 기다리시나 보네.
정우	(민망해하며 헛기침, 서찰을 받는다) 아니다.
오봉	(앞에 앉으며) 정승댁 개가 죽으면 문상을 와도, 정작 정승이 죽으면 문상객이 없다더니…
정우	(서찰을 펴보다 오봉을 보면)
오봉	평소에 문지방이 닳도록 드나들던 동노파 인사들도 찾질 않아… 좌상댁 장례는 소리 소문 없이 치르나 보더라고요. 이제 좌상댁 권세도… 저무나 봅니다.
정우	…

씬12. 좌상 집 곳곳. 밤

/ 좌상집 마당. 천막을 치고 상이 놓여 있지만, 조문객이 없어 썰렁하다.

/ 좌상집 부엌. 부엌에 들어온 박씨부인(상복), 손님이 없어

너무 많이 남은 장례 음식을 본다. 한쪽의 순덕, 개동이, 하인들 박씨부인의 지시를 기다린다.

박씨부인   (순덕에게) 조문객은 더는 없을 것 같으니, 음식은 하인들 과 소작인들에게 전부 나눠주거라.

하인들 얼굴에 좋아하는 빛이 역력하다.

순덕   네, 어머님.

부엌에서 나가는 박씨부인을 보며, 또 생각이 많아지는 순덕.

씬13.   경운재 / 정우 몽타주. 아침 → 밤

/ 방안, 세숫물을 들고 정우를 깨우러 오봉이 들어오면 빈방이다. 보면, 누마루에 멍하니 앉아 있는 정우.

/ 방 안, 아침상을 받았지만, 입맛이 없는지 수저도 들지 않고 "상을 물리거라" 말하는 정우.

/ 서재, 책장에 '교훈서' 부분의 책을 꺼내다가 도로 넣는 정우, 서안 앞에 앉아 습관적으로 종이를 펼치고, 붓을 들지만 쓸 상소가 없다.

/ 대청마루, 의복 정제하고 방에서 나오는 정우.

오봉이 신기 좋게 신발을 돌려놓는다.

| 오봉 | 어디로 뫼실까요? |
| 정우 | (갈 곳이 없다, 대청마루 의자에 앉는다) … |

정우, 그대로 앉은 채 시간이 흐르고, 날이 저문다.

/ 누마루, 멍하니 밤하늘을 올려다보는 정우.

씬14.　좌상 집 / 별채 누마루. 밤

밤하늘을 올려다보는 순덕.

씬15.　좌상 집 / 안채 마당 전경. 아침

씬16.　좌상 집 / 안채 / 안방. 아침

벗은 상복이 옆에 놓여 있고, 평상복으로 갈아입은 박씨부인,

옷고름을 매만지는데 밖에서 "근석 어미입니다"라는 소리

들린다.

박씨부인	들어오거라.

상복을 입은 순덕, 방으로 들어와 박씨부인 앞에 앉는다.

박씨부인	이제 너도 그만 환복하고, 혼례에만 신경을 쓰거라.
순덕	네… 어머님.
박씨부인	그리고 예진이 혼례는 맹박사집 딸들과 함께 우리 집에서 치를 것이니, 그 집 혼인 준비도 함께 해야 할 것이야.
순덕	네?
박씨부인	여주댁이 아니라, 이 집안 며느리로 말이다.
순덕	그게… 무슨 말씀이신지. 왜 아가씨가 맹박사댁과 함께 혼례를 치릅니까?
박씨부인	시간이 지나면 알 것이니, 지금은 내가 시키는 대로 하면 된다.
순덕	그래도… 아가씨가 싫어하실 텐데요.
박씨부인	혼례도 가문을 위한 일인데 싫어하고 좋아할 것이 무엇이냐. 예진이에겐 내 따로 말할 테니, 너는 신경 쓰지 마라.
순덕	…
박씨부인	맹박사집 첫째가 세자빈으로 간택되었다고 하니, 남은 둘의 혼례만 신경 쓰면 된다.
순덕	네, 어머님.
박씨부인	너는 그 집 첫째가 세자빈이 될 줄 알고 있었던 모양이구나.

순덕	(당황하는데)
박씨부인	널 나무라는 것이 아니다. 사람의 자질과 쓰임을 알아보는 안목을 칭찬한 것이다.
순덕	…

씬17.　궁궐 / 세자빈 처소 복도. 아침

최상궁은 하나를 세자빈 처소로 안내한다.

최상궁	이곳에 머물면서 가례 전까지 궁중 예절에 대한 수업을 받으실 겁니다.
하나	알겠네.

하나, 태어날 때부터 왕가의 여인처럼 당당하게 처소로
들어간다.

씬18.　경운재 / 정우의 방. 낮

정우의 방. 입궐할 의관을 갖춰 입은 정우, 오봉이 급히
들어온다.

오봉	좌상댁 마님이 오셨어요.
정우	! (순덕이라고 생각하고) 그리 안 만난다고 했거늘 여기까

지 오다니…

오봉   여주댁이 아니시고… (하는데 정우 이미 나갔다)

씬19.   경운재 / 대청마루. 낮

집안을 써늘한 눈으로 둘러보는 박씨부인.

방에서 나온 정우는 놀란다.

[CUT TO]

대청마루에 마주 앉은 정우와 박씨부인.

정우   저를 부르시지 어찌 이곳까지 직접 걸음을 하셨습니까?

박씨부인   대감을 집으로 부르기엔 여러 가지로 신경이 쓰여서요.

정우   …

박씨부인   의관을 보니 입궐하시나 본데, 미리 알았다면 궐에서 뵐
           걸 그랬습니다. 저도 숙빈마마를 뵈러 가는 길이라.

정우   (얼굴 굳는다)

박씨부인   걱정 마십시오. 대감으로 인해 양 날개가 꺾였으니, 더는
           진성군으로 어찌할 생각은 없습니다.

정우   …하실 말씀이 무엇입니까.

박씨부인   맹박사댁 혼례는 우리 쪽에서 알아서 준비할 테니, 대감
           은 더는 신경 쓰지 마세요.

정우   알겠습니다.

박씨부인 일어나 나가려다

박씨부인	아, 그림은 제가 잘 가지고 있겠습니다.
정우	! (당황)
박씨부인	제 손에 들어왔기에 망정이지. 다른 사람이 보았더라면 내 며느리가 공연한 추문에 휩싸일 뻔 했습니다. 앞으로 처신 똑바로 하십시오.

씬20.　　궁궐 / 숙빈박씨 처소. 낮

풀 죽어 기운 없는 숙빈박씨와 그 앞에 앉은 박씨부인.

숙빈박씨	큰일 치르느라 고생하셨습니다. (대놓고 한숨) 세자빈 간택 소식은 들으셨죠?
박씨부인	세자의 가례는 경사스러운 일이니 이런 때일수록 표정이나 몸가짐에 신경 쓰셔야 합니다, 괜한 구설에 오르지 않으려면.
숙빈박씨	(어떻게 그래? 하는 뚱한 얼굴) … 다 부질없습니다.
박씨부인	맹박사집 첫째가 간택된 것은 우리 쪽에 나쁜 일만은 아닙니다. (숙빈박씨가 보면) 맹박사집은 외척이랄 것이 없고, 근석어미도 친분이 있으니, 어느 쪽이든 방도는 있을 것입니다.
숙빈박씨	그 말은… 진성군에게 아직 기회가 있단 말이십니까?

박씨부인	금상도 방계로 들어와 왕위를 잇지 않았습니까?
	[자막 - 방계: 형제, 조카등과 같이 공통 조상을 통해 갈라진
	관계]
숙빈박씨	(목소리를 낮춰) 제 손자가 왕이 될 수도 있단 말씀이시죠?
박씨부인	앞으로의 일은 아무도 모릅니다. 허나, 준비하고 있지 않
	으면 기회도 잡을 수 없는 법입니다.

씬21.   좌상 집 / 예진의 별당 마루. 낮

외출 준비를 한 순덕(이하 계속 양반 복장)

예진이와 툇마루에 앉아 이야기 중이다.

예진	(흥분) 내가 왜 늙은 아씨들이랑 혼례를 치러요? 사정 아
	는 언니가 말렸어야죠. 부겸 오라버니와 같이 혼례를 치
	르는 게 말이 돼요?
순덕	…
예진	(흥분) 나 안 할 거야, 아니 못 해요.
순덕	그 선비님과 같이 혼례를 하는 게 문제인 거예요?
예진	(그렇지 하는 얼굴) …
순덕	그 선비님은 단옷날 밤에 혼례를 안 하겠다고 하셨어요.
	그래서 두리아가씨는 다른 분과 혼인해요.
예진	!! (멍한 얼굴)
순덕	(그런 예진을 보며) 그 선비님 못 잊겠으면, 지금이라도 얘

	기해요.
예진	……
순덕	나, 중매의 신인 거 알죠?
예진	예전이라면 혹시 몰라도… 지금 부겸 오라버니에게 시집가면 사람들이 집안이 기울어 그런 거라 생각할 것 아니에요? (단호하게) 전 그런 거 싫어요.
순덕	아가씨 마음이 중요하지 다른 사람들이 뭐가 중요해요.
예진	난 중요해요. (울컥하며) 전 꼭 병판댁에 시집갈 거예요.
순덕	아가씨 생각이 그렇다면 그렇게 하세요. 하지만 집안보다 중요한 건 아가씨예요.

씬22.   조씨부인 집 / 안방. 낮

조씨부인 앞에는 순덕이 앉아 있다.

옆에는 팔짱을 낀 채 못마땅한 얼굴의 두리와

머리를 귀 뒤로 넘기며 세상 참한 얼굴로 앉아 있는 삼순.

순덕	첫째 따님께서 세자빈으로 간택되신 것을 감축 드립니다.
조씨부인	혼례 장소는 경운재 대감에게 이야기 들었습니다. 윗분들이 그렇게 하기로 했다니까 따라야겠지요.
순덕	불편함 없도록 저희 쪽에서 신경을 쓸 것이니 너무 걱정 마십시오.
조씨부인	(순덕이 여주댁인 걸 알기에) 걱정 안 합니다, 어련히 잘할

줄 아니까.

순덕 …

두리 (참지 못하고) 왜 우리가 그 집에서 혼례를 치러? 재수 없 게…

순덕 (두리의 머리꽂이에 시선이 가는데)

삼순 (놀라 두리 입을 막으며, 순덕에게) 못 들은 걸로 하세요… 마님. 종사관 나리의 여동생분 맞으시죠? 얼굴이 너무 고 우세요. 근데 우리 만난 적 있나요? 낯이 익어서… 너무 미인이라 그런가? (어색하게) 하하하하하…

두리 (삼순을 한심하게 보며) 혼인도 하기 전에 되도 않는 알랑방 구는…

순덕 우리 아는 사이 맞습니다.

두리, 삼순 ?

순덕 (조씨부인에게) 따님들에게는 알려드려도 되지 않을까요? 저의 이중생활에 대해서…

씬23. 궁궐 / 동궁전 도서관. 낮

세자와 정우, 책상에 마주 앉아 대화를 나눈다.

세자 (기분 좋아서) 이게 다, 의빈대감 덕분입니다.

정우 세자저하와 하나낭자가 천생연분이라 만나신 것입니다. 저는 다 차려진 밥상에 수저를 놓았을 뿐입니다.

세자	수저가 없으면 아무리 진수성찬이 차려 있어도 먹기가 힘든 법이지요.
정우	…
세자	아! 하나낭자와 내가 천생연분이라고 말한 쌍연술사 말입니다. 혹시 청상과부입니까?
정우	(갑자기?) 뭐… 비슷합니다.
세자	역시~ 그 전설이 맞네요.
정우	(보면)
세자	일전에 수이전을 보다, 쌍연술사의 슬픈 운명에 대해 알게 되어 알려드리려 했습니다. (수이전을 꺼내와 펴보며) 신라에선 쌍연술사를 사랑의 술사가 아닌 외로운 술사라 불렀는데 연분과 혼인하면 상대가 단명하기 때문이랍니다. [자막 - 수이전: 신라를 배경으로 한 설화 모음집]
정우	(놀라서 수이전의 그 부분을 본다) !
세자	사랑하는 사람과 함께할 수 없다니 너무 슬픈 운명 같습니다.
정우	…

씬24.   조씨부인 / 집 마당. 낮

두리, 삼순과 함께 마당으로 나온 순덕.

삼순	어쩜 여우 둔갑술처럼, 화장으로 사람이 이리 달라 보일

수 있다니 놀랍습니다.

순덕   속여서 죄송해요, 우리 오라버니 잘 부탁드립니다.

삼순   (새삼 공손하게) 제가 도리어 잘 부탁드려요. 작은 시누이.

두리   작작 좀 해라. 아직 혼례도 안 올렸는데, 작은 시누이는
         무슨…

순덕   혼례 전에 신랑 되실 분 만나보는 게 좋지 않을까요?

두리   됐다니깐요, 만난다고 신랑이 바뀌는 것도 아니잖아요.

순덕   그거야 모르죠.

두리   (잠시 눈빛 흔들리다가) 절대 안 되는 걸 전 알아요.

순덕   혹, 마음에 두신 분이 있으십니까?

두리   (발끈) 뭐래… 없거든요.

순덕   크게 화를 내는 거 보니, 더 의심스러운데요.

두리   (피식) 헛다리 짚으셨어요, 난 그냥 혼인이 싫거든.

순덕   왜 혼인하기 싫은지 물어봐도 될까요?

두리, 대답 못 하는데 삼순도 궁금한지 두리를 본다.

씬24-1.   조씨부인 집 앞. 낮

집 밖으로 나온 두리와 순덕.

두리   (대뜸) 어머니가 눈이 먼 거, 저 때문이에요.

순덕   (예상치 못한 말에 놀라) 그게 무슨…

두리	아버지는 공부밖에 모르는 분이라 식구들 밥이 어떻게 구해지는지 관심도 없었죠. 어머니가 중매 일로 식구들을 먹여 살렸는데, 할머니와 아버지는 어머니를 창피하게 생각했어요. 천한 일을 한다고.
순덕	…
두리	내가 커서 바느질로 돈을 벌자, 할머니는 어머니가 밖으로 돌지 못하게 어머니에게 눈을 멀게 하는 약을 먹였어요. 아버지는 알면서 말리지도 않았고요.
순덕	(!)(너무 놀라다가) 그게… 왜 아가씨 탓이에요? 할머니와 아버지가 잘못하신 거죠.
두리	알죠… 하지만 어머니만 보면, 내 탓 같아요.
순덕	(자신의 잘못도 아닌 걸로 자책하는 두리가 안타까운데) …
두리	삼순인 그때 어려서 모르지만, 그 일을 알게 된 언니와 저는 혼인하지 않고 죽을 때까지 우리 세 자매 같이 살자고 각서를 썼어요. 나는 여전히 그 맘 변함없고요. 이게 내가 혼인하기 싫은 이유에요. (집으로 들어가 버린다)

순덕, 그런 두리를 보다가 돌아서는데 정우, 앞에 서 있다.

순덕	대감님…!? 여기는 어인 일이십니까?
정우	(기분을 알 수 없는 얼굴) …
순덕	이 댁 아가씨들 혼례라면, 저희집에서…
정우	(사무적으로) 압니다. 저는 혼사 때문이 아니라 맹박사댁

부인께 여쭐 말씀이 있어, 들렀습니다.

정우, 자기 할 말만 하고 집 안으로 들어가 버린다.
순덕, 그런 정우를 걱정스럽게 본다.

씬25.   조씨부인 집 / 안방. 낮

조씨부인   쌍연술사가 연분과 혼인하면 상대가 단명한다니… 저는
            처음 듣는 이야기입니다.
정우   (안도하며) 맹박사께서는 단명하신 것은 아니지요.
조씨부인   하나 아버지는 저의 연분은 아니었습니다.
정우   !
조씨부인   혼인 전에 정혼자가 있었습니다. 그분이 저의 연분이었
            죠. 혼례 일주일 전, 마을에 돌림병이 돌아… 손도 못쓰고
            죽었어요. 납폐서를 받은 터라 이미 혼인 관계였지만, 양
            가의 합의로 없던 일로 처리했죠. …그럼 제가 쌍연술사
            라 그가 죽은 건가요?
정우   (그럼 공주는 나 때문에 죽은 건가) …

씬26.   조씨부인 집 앞 거리. 낮
굳은 얼굴로 조씨부인 집에서 나오는 정우, 순덕이 기다리고

있다. 정우는 다시 순덕을 못 본 척 지나쳐가지만, 순덕은
정우를 따라간다.

정우, 가다가 멈춰 서자 급하게 쫓아가던 순덕, 콩! 정우의 등에
부딪힌다.

정우	불편하니… 먼저 가십시오.
순덕	(앞질러 가나 싶지만 이내 돌아서) 저에게 이야기하셔도 됩니다.
정우	…뭘 말입니까?
순덕	대감님이 하고 싶은 말이요.
정우	!
순덕	대감님께서 더는 저를 좋아하지 않는다… 하셨지만, 저는 계속 쭉 좋아하고 있으니, 저에게 말씀하시란 말입니다.
정우	… 하고 싶은 말 없습니다.
순덕	그것 역시 거짓말이네요.
정우	(보면)
순덕	대감님은 대감님 얼굴을 볼 수 없어 그렇지, 지금 하고 싶은 말이 무지 많은 얼굴이에요.
정우	설령 하고 싶은 말이 있다고 한들 왜 부인에게 해야 합니까?
순덕	좋은 질문입니다. 대감님이 맹박사댁 부인을 찾았다는 건… 따님들의 혼사나 쌍연술사에 관한 이야기 둘 중 하

난데… 둘 다 저랑만 할 수 있는 이야기잖아요.

정우   …

순덕   그러니 하세요, 무서워하지 말고.

정우, 순덕의 말에 자신도 모르게 웃음이 나는데…

순덕   웃었으니, 이제 이야기 하는 겁니다.

정우   …

순덕   제가 여기 이야기하기 좋은 곳을 알고 있습니다.

씬27.   남산골 / 당집. 낮

당집 평상에 앉은 정우와 순덕.

정우   공주의 죽음을 알기 위해 그리 노력했는데…

순덕   설마 대감님이 쌍연술사라서 공주자가가 돌아가셨다, 생
         각하는 건 아니시죠?

정우   …

순덕   어머, 진짜로 그렇게 믿고 있나 봐… 인명은 재청이라 하
         지 않았습니까?

정우   …청이 아니고 천입니다.

순덕   그러니깐요. 그렇게 똑똑한 분이 고려적 전설 따위를 믿
         으십니까?

정우	아니 맹박사댁 부인의 정혼자도 그렇고…
순덕	모든 쌍연술사에게 다 물어본 것도 아니잖습니까, 그것이 야말로 성급한 일반화의 오류 아닙니까?
정우	…! 부인, 갑자기 왜 똑똑해지셨소?
순덕	다 대감님한테 배운 겁니다. 이성적으로 생각해보십시오. 공주자가 돌아가신 것이 왜 대감님의 탓입니까? 역모를 위해 독을 쓴 자들 때문이지…!! 그러네요… (깨달았다) 죄를 지은 사람은 따로 있었네요.
정우	그래도… 나 때문인 것 같소. 쌍연술사인 나와 혼인만 안 했어도…
순덕	그런 생각하지 마세요, 절대 대감님 탓이 아니니까. 이건 제가 대감님을 좋아하여 무조건 편을 드는 것이 아니고, 사실이 그렇습니다.
정우	…
순덕	(정우의 등을 가볍게 토닥이며) 그러니 절대 자책하지 마십시오.
정우	(순덕의 토닥임과 말에 위로를 받는다) …고맙소.
순덕	제가 더 고맙습니다. 대감님과 이야기하다 보니 제가 고민하던 일의 답을 찾은 것 같아요.
정우	(보면)
순덕	(환하게 웃으며) 저는 대감님이 점점 더 좋아집니다.
정우	(가슴이 덜컹… 순덕을 어째야 하나 싶다)

第十四話

씬28.　　조씨부인 집 / 마당. 초저녁

마루에 멍하니 앉아 있는 두리, 그 옆에 삼순.

삼순　　(걱정스러운 얼굴로) 아까 여주댁이랑 무슨 말한 거야?

두리　　뭐… 내 신랑 어떤 사람이냐고.

삼순　　(표정 밝아지며) 언니도 혼인에 기대가 좀 생긴 거네.

두리　　(보면)

삼순　　다행이다, 난 작은언니가 혼인이 진짜 싫은데… 나 때문에 하는 거면 어쩌나… 걱정했잖아.

두리　　내가 돌았냐, 너 때문에 하기 싫은 혼인을 하게.

삼순　　그니깐.

삼순, "언니야… 우리 혼인하고도 같이 잘 지내자"라며 두리에게 엉기고, 두리, 삼순을 밀어내는 척하지만 싫지만은 않은지 이내 그냥 둔다.

씬29.　　좌상 집 / 안채 / 안방. 밤

박씨부인　　하고 싶은 말이 무엇이냐.

순덕　　지난날 어머니의 물음에 대해 생각해 봤습니다.

박씨부인　　그래, 너라면 그 상황에서 어찌 가문을 지킬지 방법을 찾았느냐?

순덕	아니요, 못 찾았습니다. 방법을 찾는 것 자체가 부질없다는 걸 알았습니다. 저라면 애초에 세자저하를 죽이려는 어리석은 선택은 하지 않았을 테니깐요.
박씨부인	어리석다… (순덕을 매섭게 쳐다보는데)
순덕	(두렵지만 눈빛을 피하지 않는다)
박씨부인	그럼 너는 진성군이 세자 자리를 빼앗기는 것을 보고만 있었을 거란 말이냐?
순덕	그것이 순리라면 따라야지요. 그건 우리가 바꿀 수 없는 일이 아닙니까?
박씨부인	순리란 힘 있는 자들이 만드는 것이다. 힘이 있다면 그 누구라도 나 같은 선택을 했을 것이다.
순덕	그 선택 때문에 결국 아버님도 돌아가시고… 시아주버님도 잃으신 것입니다. 어머님께서 말하는 순리가 이런 것입니까?
박씨부인	…!!
순덕	(멈추지 않고) 어머니를 존경하여 그동안 닮아가려고 노력했지만 저는 어머님이 원하는 사람이 될 수 없다는 걸 깨달았습니다. 그래서 이젠 저만의 방식을 찾으려 합니다.
박씨부인	(꽉 쥔 손이 떨리지만 이내) 내가 알던 근석어미가 아닌 것 같구나. 그래, 한번 찾아보아라. 어차피 네가 이끌어갈 집안이니까.
순덕	(순순히 허락한 것에 놀랐다가) 감사합니다. 어머님.

씬30.   좌상 집 / 안채 / 안방. 밤

순덕에게 말할 때와 달리 싸늘한 표정의 박씨부인.

바닥엔 순덕의 전신화가 펼쳐져 있다.

씬31.   궁궐 / 중전 처소. 낮

최상궁   (곤란한 얼굴로) 조대감집 부인이 알현을 청하였는데 어쩔까요?

중전   (불쾌하다) 감히 여길 오겠다고?

최상궁   (중전 반응 보고) 세자저하의 가례로 시간을 낼 수 없다 전하겠습니다.

중전   (생각하다가) 아니다, 무슨 말을 할지 들어봐야겠다. 들라 해라.

[CUT TO]

다과상을 놓고 중전과 마주 앉은 박씨부인.

박씨부인   세자저하의 가례를 감축 드리옵니다.

중전   (차 마시며) 부인에게 세자의 가례를 축하받는 날이 올진 몰랐습니다.

박씨부인   지난날, 제 자식이 한 잘못은 잊어주십시오. 앞으로 성심을 다해 중전마마를 따르겠습니다.

중전	(무슨 속셈이지 싶다) 그러도록 하세요.
박씨부인	하여, 진성군을 8월에 가는 사신단의 수장으로 보내심이 어떨까 합니다.
중전	!
박씨부인	진성군이 조선에 없으면 중전마마의 마음도 편치 않겠습니까.
중전	진성군이 가려 하겠습니까? 더욱이 세자 책봉서를 받아 오는 사신단인데.
박씨부인	그것이 걱정되신다면, 경운재 의빈을 함께 보내시면 어떻겠습니까?
중전	(이건 무슨 말이지) 의빈을요?
박씨부인	의빈이 진성군과 동행한다면 중전마마도 마음이 놓이실 것 아닙니까. 의빈 또한 왕실의 일원으로 세자저하를 돕는 것이 큰 기쁨일 것입니다.
중전	(수긍하듯 고개를 끄덕) 고려해보겠습니다.

박씨부인, 흡족한 얼굴로 차를 마신다.

씬32. 궁궐 / 중전의 처소. 낮

간단한 주안상을 사이에 둔 임금과 중전.

중전	오늘 낮에 조대감집 부인이 찾아와 세자를 위해, 경운재

의빈을 명나라 사신단에 함께 보내자 하더군요.

임금   (중전이 걱정된다) 그래요?

중전   그 말을 들으니 저는 의빈이 세자에게 꼭 필요한 사람이라는 생각이 듭니다.

임금   (예상밖에 결론에) !

중전   하여 의빈이 세자를 보필할 수 있도록 혼인무효상소를 윤허해주셨으면 합니다.

임금   상소를 허하면 우리 공주가 혼인도 못하고 세상을 떠난 것이 되는데… 괜찮겠습니까?

중전   소첩도 그것이 마음 쓰이긴 하지만, 애초에 의빈이 상소를 올린 이유가 공주의 유언 때문이었다 하지 않으셨습니까?

임금   그렇지요. 나 역시 의빈이 안타까운 인재이기에 볼 때마다 마음이 좋지 않았는데… 먼저 그리 말해주어 고맙소.

한결 편안한 얼굴로 서로를 보며 미소 짓는 임금과 중전.

씬33.   경운재 / 대청마루. 밤

정우의 안내를 받으며 경운재 안으로 들어오는 임금.

정우   여기까지 어쩐 일로 오셨습니까?

임금   사가의 장인처럼 사위랑 술 한잔하러 들렀다.

정우   …

씬34.   경운재 / 누마루. 밤

간단한 주안상을 놓고 마주 앉은 정우와 임금.

임금   그 긴 세월 이곳에서 홀로 외로웠겠구나.

정우   나름 바쁘게 지냈습니다.

임금   혼인무효 상소를 쓰면서 말이냐?

정우   …그것만 하고 있었던 건 아닙니다.

임금   너는 괜찮다고 했지만, 이번 혼례가 끝나면 약속대로 너
        의 혼인무효 상소를 윤허할 것이다.

정우   소신은 지금이 좋습니다.

임금   공주가 출사하여 과인을 도우라 했다지 않았냐, 지금 공
        주의 유언을 안 들어주겠다는 것이야?

정우   전하의 명으로 중매를 서면서, 느낀 것이 많았습니다.

[INS] 과거 순덕의 대사, 몽타주

순덕   사랑은 곳곳에 있고, 모든 것의 시작입니다.(4화 39씬)

순덕   한 달 전에 고리채 이자라며 아직 혼기도 안 된 열네 살짜리
        어린아이를 첩으로 들였습니다. 그건 인신매매라고요! 그
        런 사람을 처벌하지 못한다는 게 말이 안 되죠. (4화 26씬)

순덕   우리는 이제부터 진실을 많은 이에게 알려 헛소문을 미담
        으로 바꾸고 극악무도한 살인범도 처단할 것입니다! (6화

57씬)

순덕   기억이 없어도 저의 과거니, 진범을 알아내는데 함께하고
     싶습니다. (9화 56씬)

순덕   그러기에 굳이 여기 계시는 거 아닐까요? 사랑하는 분의
     위패가 이곳에 있으니까요. (10화 9씬)

정우   반드시 출사해야만 나라를 위해 일할 수 있는 것이 아니
     란 걸 알게 되었습니다. 하여, 소신 지금의 자리에서 성심
     을 다해 전하를 돕겠습니다.

임금   이제 좀 세상 돌아가는 걸 알게 된 것 같구나.

정우   …

임금   출사하면 과인을 위해 더욱더 많은 일을 할 수 있다. 하
     니, 나라와 백성을 위해 일할 준비를 하거라. 이건 장인이
     아닌 임금으로 하는 명령이다.

정우   …

임금   왜? 더 많은 일은 하기 싫은 것이냐?

정우   (더는 거절할 수 없고) 소신, 어명을 받들겠습니다.

임금   허면 먼저 원녀들 혼례를 잘 끝내야겠지. 그 혼례에 세자
     가 참석을 청하더구나.

정우   하지만, 그 집은…

임금   알고 있다. 그 집에 보내는 것이 나 역시 탐탁지 않지만,

사가로 치면 예비 처제들의 혼례이니 명분은 충분하고 또
한 세자의 첫 정치적 행보로 나쁘지 않은 것 같아 허락했
다. 이제 그들은 세자에게 두려운 존재가 아니라는 걸 보
여줘야지.

정우   …

임금   하니, 정우 네가 옆에서 세자를 잘 보필해주게.

씬35.   임금의 처소. 낮

임금   의빈의 봉작을 폐하려면 어떤 절차가 필요한지, 고훈사와
          상의하여 준비하도록 하게.
          [자막 - 고훈사: 종친, 관리와 공신의 작위 관리, 추증 등을
          담당하는 부서]

도승지   (!) 경운재 의빈의 혼인무효상소를 윤허하실 생각이십니
          까?

임금   (고개 끄덕) 과인 곁에 두고 일을 시켜볼 생각이네.

씬36.   홍월객주 / 비밀창고. 낮

          탁자에 마주 앉은 삼순과 순구. 순구는 범인처럼 고개 숙이고
          있고 삼순, 취조하는 형사처럼 다그친다.

삼순	왜 말씀 안 하셨습니까?
순구	그게…
삼순	말할 수 있는 날들이 새털 같이 많았습니다.
순구	(쫄아서) 너무 걱정 마십시오, 제 동생은…
삼순	제가 걱정을 왜 합니까? 너무 기쁜데. (순구가 보면) 여주댁이 작은 시누이니, 앞으론 제가 소설 쓰는 걸 적극적으로 밀어줄 것 아닙니까?
순구	그렇군요… 2대 1이니 이제 제 말은 먹히지도 않겠군요. 쓰지 말라고 하진 않을 테니 수위 조절은 조금 했으면 합니다.
삼순	혹 야한 건 쓰지 말라는 말인가요.
순구	(부끄러워하며) 예…
삼순	안 됩니다, 그런 게 없으면 부인들에게 금방 외면 받을 거예요.
순구	그럼 현실에 있을 법한 걸 쓰시던가요. "마님의 사생활" 일편에 마지막 나오는 살이 훤히 비치는 옷이 말이 됩니까?
삼순	아~ 마님의 전투복 말하는 거군요, 그거 진짜 있는 옷이에요.

"모른다고 지어내지 마십시오", "야한 건 싫다더니 자세히
기억하십니다?"
순구를 놀리는 삼순, 순구 얼굴이 빨개진다.

씬37. 여주댁 초가집 / 마당. 낮

순덕, 여주댁과 마루에 앉아 이야기 중이고, 복희는 마당에서
놀고 있다.

여주댁   이제 돌아다니셔도 돼요?
순덕   어머니 심부름으로 아가씨 중매쟁이를 구해야 해서.
여주댁   이제 혼례만 치르면 된다면서요… 사람을 왜 구해요? 제
       가 해드릴까요?
순덕   벌써 구했어, 딱 맞는 사람으로.

씬38. 홍월객주 / 마당. 아침

순덕은 개동이를 대동하고 객주 안으로 들어와 마루에 앉아
물건을 챙기는 이씨 앞에 선다.

순덕   자네가 이씨 맞는가?
이씨   예… 그렇긴 한데. (순덕이를 보고 뭐냐는 얼굴로) 혹시…
순덕   (알아보나 긴장하는데)
이씨   초파일 선화사에서 우리 봤죠? 어느 댁 분이신가?
개동이   좌상댁 작은 마님이시네, 예를 갖추시게.
이씨   아~ 그 미쳤다는… (개동이가 째려보자, 아차차 하는 얼굴
       로) 아이고~ 어쩐 일로 예까지 오신 겁니까? (혼잣말) 삼
       월어미 이 여편네는 귀띔 좀 해주지…

第十四話

순덕	우리 아가씨의 중신을 서던 여주댁이 갑자기 사라져, 이 일에 가장 경험이 많다는 자네에게 맡기려고 하네.
이씨	좌상댁 중신을 서면, 저야 영광이죠.
순덕	상대인 병판댁에서 납폐서와 함 받는 일만 예에 맞게 처리해주면 되네. 소문나지 않게 조심해주고.
이씨	아이고 여부가 있겠습니까. 제가 입은 진짜 무겁습니다.

[CUT TO]
보면, 이씨 앞엔 순덕이 아니라 흥분한 마산댁이 앉아 있다.

마산댁	좌상댁과 병판댁이 혼인을 한다고?
이씨	아직 비밀이니 아무한테도 말하지 말어.
마산댁	걱정 마요.
이씨	근데 더 대박은 뭔지 알아? 여주댁이 야반도주했대.
마산댁	(놀라서) 왜요?
이씨	왜긴, 추노꾼이 잡으러 다니는 게 무슨 뜻이겠어? 도망친 노비라는 거고, 신분이 탄로 날 것 같으니까 토낀 거지.
마산댁	그렇게 안 보이던데…
이씨	난 딱~ 그렇게 보이더만. 그럼 나는 병판대감댁에 갔다 옴세~

이씨는 거만한 걸음걸이로 객주를 나간다.
마침 들어오는 기생1, 2와 이씨 잠시 스쳐 지나갔을 뿐인데…

기생1	좌상댁 딸이 병판댁 도령과 혼인한다고?
기생2	어머~ 좌상집 아직 안 죽었네.

기생들 세책방으로 들어가고 뒤따라 객주로 들어오는

전주댁과 개성댁, 후다닥 마산댁에 다가와

전주댁	대박 소식! 좌상집 딸하고
마산댁	병판댁 도령하고 혼인한다는 거?
개성댁	어떻게 알았어요? 그것보다 더 대박 소식 있는데…
마산댁	여주댁 야반도주? (이씨가 나간 문을 보며) 비밀이라더니 자기가 다 말하고 다니네.

씬39.　여주댁 초가집 / 마당. 낮

순덕	아마 내일이면 한양에 소문 다 날 거야.
여주댁	그래서 입이 가장 싼 이씨에게 부탁한 거군요.
순덕	어머님은 집안이 건재하단 걸 사람들에게 알리고 싶은 것 같아.
여주댁	마님 말씀대로 큰마님 대단한 분 같아요.
순덕	(더 이상 그렇게 생각하지 않는다) …
여주댁	(그런 순덕을 보다가) 저는 여기 정리하고, 명나라 가서 본격적으로 도화분 장사하려고요.

순덕	아~ 그 종사관이랑 같이?
여주댁	…종사관 나리하고 저는 그런 사이 아니에요.
순덕	아니긴 완전 그런 사이던데~ 그 종사관은 자기 엄청 좋아하고 있어. 알지, 내 추리가 거의 무당급인 거.
여주댁	알죠… 저 살자고 그런 종사관 나리 마음을 이용했는데요.
순덕	(보면)
여주댁	절 좋아하는 마음을 알아서… 8년 전에 살려달라고 부탁한 거였어요. 거절하지 못할 걸 알고. (눈물이 글썽) 그 일로 파직당해 그분 인생이 망가졌죠.
순덕	여주댁도 좋아하잖아…
여주댁	… 제가 무슨 염치로 나리를 좋아하겠어요. (기어이 눈물이 흐른다)
복희	아~ 답답해. 마님이 어떻게 좀 해줘요. 아저씨 오늘 떠난다고 했다고요.
순덕	근데 왜 여기 있는 거야…? 가서 잡아. 사랑에 염치가 어딨어.
여주댁	…

씬40. 홍월객주 / 비밀창고. 낮

비밀창고 안으로 뛰어 들어오는 정우, 안에서 기다리던 순덕을
보고

정우   (숨을 몰아쉬며) 더는 서찰을 보내지 말라 하지 않았습니까? 왜 이리 말을 안 듣는 것입니까?

순덕   역정 내시는 것 치곤 빨리 오셨네요.

정우   …

순덕   대감님만이 해결할 수 있는 일이 생겨 연락드렸습니다.

[CUT TO]

정우   못하겠습니다.

순덕   왜요? 그냥 둘이 천생연분이다, 이 한마디만 해주시면 되는데.

정우   …

[INS] 11화 14씬.
순덕의 어깨를 감싸 안은 정우를 그냥 지나쳐가는 안동건.
정우, 뭐지? 돌아보면, 안동건과 여주댁이 마주 보고 서 있다.

정우   둘을 봤을 때 제 가슴은 뛰지 않았습니다. 그들은 연분이 아닙니다.

순덕   (잠시 생각을 하다가) 그럼 거짓말이라도 하세요, 대감님이 쌍연술사라고 말해놨으니까.

정우   왜 그래야 합니까? … 연분이 아니니 둘 다 잊을 수 있을 겁니다.

순덕	(버럭) 연분 아닌 사람도 좋아할 수 있잖아요! 우리는 뭐 연분이라 좋아했습니까?
정우	!

씬41. 나루터. 낮

안동건, 배를 타러 가는데… "아저씨!!" 복희가 부르는 소리
들린다. 안동건 돌아보면 복희, 자신을 향해 뛰어오고, 그 뒤에
여주댁이 보인다.

복희	아저씨, 가지 마요. 우리랑 같이 살아요.
안동건	…아저씨는 가야 해.
여주댁	(안동건의 팔을 잡으며) 가지 마세요…
안동건	… (자신을 잡은 여주댁의 손을 물린다)
여주댁	(용기 내 잡았던 손이 무색하고) …
안동건	자네 잘못은 아니지만, 내가 자네를 좋아한 탓에… 내 처는 약 한 첩 못 쓰고 힘든 시간을 보내다 죽었네.
여주댁	!
안동건	그런데 이제 와서 자네와 같이… 살 순 없어. 그럼… 죽은 부인에게 너무 미안하지 않겠나.
여주댁	(역시 안 되는 거구나. 눈물이 그렁)
정우	(어느새 다가와) 힘들게 살면, 그 미안함이 없어집니까?
안동건	!

340

보면, 정우와 순덕이 와 있다.

정우   인연을 알아보는 눈을 가진 내가 보기엔 두 사람 천생연
         분이라 이리 먼 길을 돌아 다시 만난 것입니다. 과거는 잊
         고 같이 사십시오.

안동건   …

정우   지금 떠나도 또 만날 것입니다, 두 사람은 그런 운명입니다.

순덕   (정우를 본다)

안동건   (마음의 짐을 내려놓은 듯 눈물이 그렁) …

씬42.   강가. 낮

멀리 배는 떠나고, 여주댁과 안동건, 복희는 나루터를
빠져나가고 있다. 복희, 순덕과 정우를 향해 크게 손을 흔든다.
여주댁과 안동건은 고개 숙여 인사를 한다.

순덕   (셋을 보고는) 분명 평생 잘 살 것입니다. 저 둘은 천생연
         분은 아닐지라도 제 눈엔 둘도 없이 사랑하는 것이 보이
         거든요.

정우   그렇게 사랑하는 사이면… 천생연분이란 거짓말 안 해도
         헤어지지 말아야 하는 거 아닙니까?

순덕   … 그러기엔 마음에 짐이 너무 많았잖아요. 그 짐을 덜어
         줄 명분으로 운명만 한 건 없어요.

정우	…부인이 쌍연술사였어야 했는데.
순덕	그니깐요.
정우	할 일을 다 했으니, 저는 이만 가보겠습니다.
순덕	이제 그만하시면 안돼요? 저 좋아하지 않는 척하는 거. 그렇지 않아도 힘든 일이 많은데…
정우	(가슴이 철렁) 왜 힘든 겁니까? 무슨 일이 있습니까?
순덕	…
정우	말을 해보십시오.
순덕	이리 제 걱정을 하시면서… 안 좋아하는 척하시긴.
정우	(버럭) 그럼 어쩝니까? 방법은 없고… 그래도 부인이 걱정되고… 보고 싶어 죽을 것 같은데… 저라고 이러고 싶겠습니까?
순덕	(웃으며) 솔직히 말해주시니 훨씬 낫습니다. 제가 소설에서 가장 싫어하는 말이 뭔지 아십니까?
정우	…
순덕	사랑해서 헤어진다는 말입니다.
정우	!
순덕	저는 경운재 담을 넘던 날 결심했습니다. 대감님과 함께하기로.
정우	어떻게 말입니까?
순덕	방법은 아직 모르겠어요.
정우	(당황)
순덕	(자신 있게) 허나, 걱정은 마십시오. 저 중매의 신입니다.

정우	사람 맺어주는 건 제가 조선에서 가장 잘합니다.
	정경부인은 부인이 생각하는 것보다 무서운 사람입니다.

순덕, 자신을 진심으로 걱정하는 정우를 사랑스럽게 보다가
까치발을 하고, 최대한 팔을 벌려 정우를 폭 안는다.

정우	!
순덕	저는 대감님이 생각하는 것보다 훨씬 용감합니다. 그러니
	저를 믿고 기다려주십시오.

순덕, 따뜻하게 정우의 등을 토닥인다.

씬43. 궁궐 / 빈청. 낮

관리1, 2를 포함해 3~4명 모여 "… 저도 들었습니다",
"이제 어찌 되는 겁니까?" 수군거리는데 김문건이 들어온다.

김문건	(혼자 해맑게) 제가 늦었네요, 한성부 일이 워낙 많아야지
	요. (상석에 앉으며) 우리 집에서 동노파 회합을 할까 하는
	데, 며칠이 좋겠습니까?

다들 말없이 눈치만 보고 분위기 싸하자, 김문건 뭐지?
싶은데…

관리2	아직 이야길 못 들으셨나 봅니다.
김문건	무슨?
관리1	이번 광부, 원녀 혼인 성사를 치하하여 경운재 의빈의 혼인무효 상소를 윤허할 예정이랍니다.
김문건	!!
관리2	그럼 동노의 영수는 경운재 대감이 맡아야 하지 않나…
김문건	(당황스러운데) 아무리 그래도 그 새파랗게 젊은 애를… 아니 정치 경험도 없는데 뭘 믿고 영수를 시킨단 말입니까?
관리1	머리가 좋잖습니까. 조선 최연소 장원급제. 아~ 그때 판윤대감께선 차차석을 하지 않았나요?
김문건	…

[INS] 1화 4씬.

정우	(배려 없이 큰소리로) 불혹에 월등히 뒤처진 차.차.석을 하느니, 소년등과로 불행하게 사는 것도 나쁘지 않은 듯한데, 그 역시 제가 어려서 뭘 모르는 것인가요?

김문건	(그때 일이 생각나면서 인상 굳는데)
관리2	상소가 받아들여지면, 한성부 판윤으로 제수한다는 말도 있던데.
관리1	하긴 한성부에서 원녀나 집값 문제 뭐 하나 해결된 게 없으니…

씬44.   한성부 / 판윤실. 밤

김문건   경운재 대감의 약점에 대해 박대감에게 들은 거 없어?

이좌랑   (없다는 얼굴) …

김문건   (답답하다) 경운재 대감이 출사하면 나만의 문제가 아니
          야. 이좌랑, 자네도 출사길 그냥 막히는 거야.

이좌랑   …

[INS] 12화 66씬.

나가려다 돌아보는 이좌랑, 수사 자료에 보이는 혐의자

'이좌랑' (자막)

[INS] 13화 30씬.

정우   자네는 아직도 여기서 이러고 있나?

정우   이제 권력의 뒤치다꺼리는 그만하고 나랏일을 하게. 이건
          충고가 아니고 경골세.

김문건   (말 없는 이좌랑을 답답하게 보며) 자네 원래 그리 말이 없나?

이좌랑   판윤대감을 따르겠습니다.

김문건   (만족스러운 표정) 그래, 이제 자네와 나는 같은 배를 탔으
          니, 경운재 대감이 출사하지 못하도록 힘을 모아보세.

씬45.　　좌상 집 / 안채 / 안방. 낮

박씨부인은 많이 봐서 낡은『손자병법』책을 예진에게 주며,

박씨부인　　내가 너에게 주는 혼인 선물이다.

예진　　　　(받은『손자병법』을 의아한 얼굴로 본다)

박씨부인　　왜, 패물이 아니어서 실망했느냐?

예진　　　　그런 건 아닌데, 이건 병법서 아닙니까?

박씨부인　　병법서는 전쟁에서만 필요한 것이 아니다. 가정을 이끌어
　　　　　　가는데도 전략이 필요한 법이다. 두고 읽으면 도움이 될
　　　　　　것이다.

예진　　　　네, 어머니.

박씨부인　　혼인 후엔 지아비를 섬기고 따라야 한다. 허나, 그것은 무
　　　　　　조건 순종하라는 뜻이 아니다. 지아비가 올바른 길로 갈
　　　　　　수 있도록 방향을 제시할 줄 알아야, 남편도 너를 신뢰하
　　　　　　게 되고 부부간에도 대등한 사이가 될 수 있다.

예진　　　　(고개를 끄덕)

박씨부인　　병판댁과의 혼인은 차후 근석이 출사를 위한 초석을 다지
　　　　　　는 일임을 명심해라. 이제 내가 시키지 않아도 숙빈마마
　　　　　　와도 가까이 지내며 챙겨드리고.

예진은 고개만 주억거리며 박씨부인의 말을 듣고만 있다.

씬46.   이대감(시열) 집 / 안채 / 안방. 낮

정씨부인과 마주 앉은 두리, 나비노리개를 받고는

두리 　　　제가 받아도 될지 모르겠네요.

정씨부인 　내 너에게 혼인선물을 꼭 주고 싶었다. 그러니 부담가지
　　　　　지 말거라.

두리 　　　감사합니다. 사실 저도 도련님의 혼례 선물을 준비했습니
　　　　　다. (버선을 내민다)

정씨부인 　아우~ 네 혼례 준비도 정신없을 텐데… 고맙다. (버선을
　　　　　보다가 버선목 안쪽 나비수를 보며) 아우~ 곱네.

두리 　　　아드님이 출사하여 높은 자리에 오르시라고, 나비 수를
　　　　　놓아보았습니다.

씬47.   이대감(시열) 집 앞. 낮

옷 보퉁이를 들고 시열 집을 나오는 두리.
마침 집으로 들어가려던 시열과 마주친다.
둘은 말없이 서로를 바라만 보고 있다가…

시열 　　　오셨습니까…

두리 　　　가는 중이야. (시열을 피해 간다)

시열, 그런 두리를 보고 집으로 들어가려다가 발길을 돌려

두리를 쫓아간다.

씬48.   한적한 길. 낮

두리, 쫓아오는 시열이 신경 쓰여, 걸음을 멈추고

두리   (돌아서서) 뭐야? 왜 쫓아와?

시열   쫓아가는 게 아닙니다. 가는 방향이 같을 뿐입니다.

두리   어디 가는데?

시열   벗을 만나러 가는 길입니다. 아시지 않습니까? 남산골에
         제 무당 벗이 있는 거.

두리   (픽 웃음이 터진다)

시열, 슬쩍 두리가 든 옷 보퉁이를 자기가 들고 앞서간다.

두리, 어쩌나 싶다가 이내 시열의 옆에서 걷는다.

시열   혼례 준비는 잘돼 가십니까?

두리   준비는 나라에서 해야지, 이리 귀한 원녀가 혼인을 하는
         데…

시열   오~ 쩝니다요.

두리   하나 배웠나 보네…

사이좋은 연인처럼 길을 가는 두리와 시열.

씬49.   좌상 집 / 안채 / 안방. 밤

순덕	세자저하께서 혼례에 오신다고요?
박씨부인	덕분에 관료들이 혼례에 참석할 것이다. 장례엔 코빼기도 안 비췄던 사람들이 줄을 서며 찾아오겠지. 이것이 내가 맹박사집 딸들과 예진이 혼례를 함께 치르는 이유다.
순덕	…
박씨부인	하니, 이번 혼례에 한 치의 실수도 있어선 안 될 것이야.
순덕	…네, 어머님.
박씨부인	(잠시 생각하다가) 예진이가 병판 가문에 시집을 가게 된 것도, 맹박사집 첫째가 세자빈이 되는 것도 결국 다… 네 덕이다.
순덕	! (아, 이게 아닌데…)
박씨부인	그 와중에 네 오라비 또한 세자와 동서지간이 됐으니…
순덕	(박씨부인의 말을 막으며) 어머님, 그건 아닙니다.
박씨부인	(보면)
순덕	저는 집안을 위해서가 아니라, 서로가 원하는 짝을 찾아 연결해준 것뿐입니다.
박씨부인	그래서 뭐가 다르더냐? 결국 예진이가 원한 짝과 내가 원한 집안, 네가 성사시킨 혼사가 다 똑같지 않느냐.
순덕	하지만…
박씨부인	너만의 방식을 찾겠다는 뜻은 말리지 않겠다. 결국 우린 다 같은 편이니. (승자의 미소)

순덕   (내 방식을 인정해 준다는 건 그냥 하는 말이었구나) …

씬50.   도성 전경. 아침

해가 떠오른다.

씬51.   혼례풍경 몽타주. 낮

/ 좌상집 안채 마당. 천막을 치고, 혼례상 준비로 분주하다.

/ 3인의 신부

예진의 방, 수모가 붙어서 예진에게 혼례복을 입혀주고 있다.

순덕의 방, 혼례복을 입은 두리에게 신부 화장을 해주는

여주댁. 혼례복을 입고 기분 좋아, 제자리에서 한 바퀴

돌아보는 삼순.

/ 3인의 신랑

북촌 거리 1. 시열 혼례복을 갖춰 입고 가마를 타고 좌상

집으로 향한다. 앞에는 청사초롱을 든 하인들과 기러기를 든

친척이 보인다.

북촌 거리 2. 순구 혼례복을 갖춰 입고, 기러기를 든 친척과

함께 걸어서 좌상 집으로 향한다.

기와집(채진사 집)앞. 혼례복을 입은 한종복 나온다.

씬52.   좌상 집 / 안채 마당. 낮

/ 신랑 세 명, 사선으로 얼굴을 가리고 식장에 들어와 혼례상

앞에 선다.

/ 신부들도 혼선으로 얼굴을 가리고 수모의 부축을 받으며

나오고 있다.

/ 세 쌍 모두 혼례상을 마주하고 서 있다.

(신부와 신랑의 얼굴은 혼선과 사선 때문에 전혀 보이지 않는다)

/ 이방 "신부 재배" 지시에 따라 신랑(시열)에게 두 번 절을 하는

두리.

"[E] 신랑 답배" 삼순에게 한 번 절을 하는 순구.

/ "[E] 신부 재배" 신부(순덕), 절을 하기 위해 혼선을 내리자,

앞에 서 있는 신랑(정우), 순덕을 보고 놀라

정우   부인, 왜 거기 서 계십니까?

순덕   (놀라긴 마찬가지) 대감님은 왜…

당황하는 정우와 순덕에서…

十四話終

第十五話

혼례大작전

씬1.　　오프닝 복희 인터뷰: 여주댁 초가집. 낮

툇마루에 어색하게 앉아 있는 안동건, 여주댁이 부엌에서
나오자 자리에서 일어나 어쩔 줄 몰라 한다. 그런 안동건의
모습에 미소를 짓는 여주댁. 평상에 앉아 그런 둘의 모습을
보던 복희, 정면을 보며.

[자막 - 복희 / 8세 / 여주댁 딸 / 특이사항: 사람을 알아보는
능력이 탁월함]

복희　　중매쟁이 마님 덕에 아저씨랑 같이 살게 되어 너무 좋아
　　　　요. (잠시 사이) 아저씨가 왜 좋냐고요? (안동건을 한 번 보
　　　　고) 책임감 있고 좋은 사람이라서요. (잠시 사이, 의아한 얼
　　　　굴) 그걸 어떻게 아냐고요? 그냥 보면 아는 거 아니에요?

썬2.   **오프닝 근석 인터뷰: 좌상 집 별서. 낮**

가부좌하고 의젓하게 앉아 정면 보는 근석.

[자막 - 조근석 / 12세 / 순덕의 양아들 / 특이사항: 다정다감,

영민함]

근석   어머니는 고모가 얘기해준 선녀와 나무꾼의 선녀 같아요,

하늘나라에서 두레박을 타고 내려온. 그래서 좋기도 하고

불안하기도 해요. 날개옷을 찾으면 하늘나라로 가버릴까

봐요. (잠시 사이 / 생각하더니 어른스럽게) 하지만 저도 다

컸고, 아들된 도리로 어머니 날개옷을 찾아드려야 할 것

같아요.

"혼례大작전"

썬3.   **북촌 전경. 아침**

썬4.   **좌상 집 / 안채 마당. 아침**

천막을 치고 멍석을 까는 하인들, 분주하게 움직인다.

순덕과 박씨부인은 궁에서 나온 최상궁과 이야기 중이다.

최상궁	세자저하께서는 대례에 맞춰 참석하실 겁니다.
박씨부인	기별 받았습니다.
최상궁	하객들 음식 준비는 소주방 궁녀가 도울 것이니, 부엌의 위치와 참고해야 할 것이 있으면 말씀해주십시오.
박씨부인	제 며느리가 알려드릴 겁니다.
순덕	이쪽으로 오십시오.

순덕은 최상궁, 소주방 궁녀들과 함께 안채를 나간다.

집사	(박씨부인에게 다가와) 박대감댁에서 술 한독을 보내왔고 필동 명대감댁에서 굴비 두 두름과 조청 한 단지를 보내왔습니다.
박씨부인	(고개 끄덕) 들어 온 혼례선물은 누락되지 않게 보낸 이와 물품을 꼼꼼히 기록해두게.
집사	예, 마님. (목례하고 자리를 떠난다)
삼월어미	(혼잣말) 장례 때는 코빼기도 안 비치더니, 세자저하께서 오신다니까 난리구만.

박씨부인은 하인들에게 혼례 병풍을 놓을 곳,
천막 위치, 바닥에 멍석을 까는 것 등을 지시, 감독한다.

씬5.　　**좌상 집 / 예진의 신방. 아침**

방에 걸려 있는 화려한 혼례복을 물끄러미 보는 예진.

이때 문이 빼꼼히 열리더니 근석이 고개를 내민다.

예진　　　(주춤거리는 근석에게) 지금은 들어와도 돼.

근석　　　(들어와 앉아 시무룩하게) …옷이 아주 예쁩니다.

예진　　　(그런 근석을 보며) 왜? 고모 혼인하는 거 싫어?

근석　　　(어른스럽게) 싫다니요, 가당치도 않습니다. 혼사는 집안
　　　　　의 경사가 아닙니까?

예진　　　(웃음) 나는 이제 우리 근석이 많이 못 볼까 봐 벌써 섭섭
　　　　　한데.

근석　　　저도… 고모가 해주는 재미난 이야기를 듣지 못해 섭섭합
　　　　　니다. (망설이다) 그리고… 단오에 더는 그 형님과 함께 물
　　　　　고기를 잡으러 갈 수 없는 것도 아쉽구요.

예진　　　(!) 물고기 잡았던 게… 그렇게 좋았어?

근석　　　(끄덕) 예, 오랫동안 생각날 것 같습니다.

예진　　　나도… 평생 생각날 것 같아. (생각이 많은 얼굴)

씬6.　　**윤부겸의 초가집. 아침**

윤부겸, 평상에 멍하니 앉아 있다.

[INS] 10화 60씬.

예진의 머리를 수건으로 말려주는 윤부겸.

예진	오라버니 장가가서 잘 살아.
윤부겸	(머리 말려주는 손, 잠시 멈추는데)
예진	농사만 짓지 말고, 과거도 보고, 오라버니 머리 좋잖아.

윤부겸은 예진이 생각을 떨쳐버리기라도 하듯, 호미를 들고
밭으로 나간다.

씬7.   이대감(시열) 집 / 시열의 방. 아침

방 한쪽에 혼례복과 소품들이 단정하게 놓여 있다. 새 저고리와
바지를 입은 시열, 대님을 매다가 버선목에 나비 수를 본다.

[INS] 11화 12씬.

두리	내가 니 혼수 이불 다 만드는 거 알지? 계속 밉보이면, 혼수 이불속에 바늘을 넣고 꿰매는 수가 있다.

시열, 나비 수를 손끝으로 가만히 만지며 "내가 밉보이진
않았나 봅니다" 라며 퍽 슬픈 얼굴이 된다.

씬8. **조씨부인 집 / 두리 방. 아침**

두리, 시열이 준 머리꽂이를 만지작거린다.

이때 방문이 열리고 마냥 신난 삼순, 고개를 내밀며,

삼순   작은언니~ 큰 언니도 오고, 가마도 왔어~ 얼른 나와.
       (말만 하고 나가버린다)

두리는 머리꽂이를 반짇고리에 넣고 방 밖으로 나간다.

방문을 넘을 때, 들린 치마 사이로 살짝 보이는 두리 버선목의

나비 수.

씬9. **좌상 집 / 부엌 안 - 밖. 낮**

부엌 밖에도 천막을 쳐놓고 소주방 궁녀들이 음식 준비를 하고

있다. 순덕은 안, 밖을 오가며 분주하게 음식 준비를 한다.

개동이   (순덕에게 다가가) 작은 마님 남산골 아씨들과 마님께서 오
        셨어요.

순덕   그래. (개동이와 함께 가는데)

개동이   (속닥) 경운재 대감님도 같이 오셨어요.

순덕   …

씬10.   좌상 집 마당. 낮

하나의 부축을 받으며 두리, 삼순과 함께 집 안으로 들어서는

조씨부인. 정우와 오봉도 같이 들어온다.

박씨부인은 삼월어미와 나와 있고, 집 안쪽에서 순덕이 나온다.

정우와 순덕 서로 눈이 마주친다.

박씨부인, 그런 둘에게 잠시 시선이 가지만 이내,

조씨부인과 하나를 깍듯하게 맞이하며

박씨부인   오시느라 고생하셨지요?

조씨부인   가마를 보내주셔서 편하게 왔습니다.

박씨부인   (순덕에게) 근석어미야, 아가씨들을 방으로 안내해드려라.

순덕   네, 어머님.

박씨부인   (정우에게) 전안상은 사랑채와 별서 쪽에 각각 마련되어

            있습니다. 먼저 가 둘러보십시오. 신랑들이 도착하면 맹

            박사댁 부인과 함께 건너가겠습니다.

삼월어미   (정우에게) 저를 따라오십시오.

순덕은 두리와 삼순을 데리고 별채 쪽으로

정우와 오봉은 삼월어미를 따라 사랑채 쪽으로 간다.

박씨부인 각각 반대편으로 사라지는 순덕과 정우를 보고는

하나와 조씨부인을 안내하며 안채 쪽으로 이동한다.

씬11.   좌상 집 / 별채 / 순덕의 방. 낮

삼순과 두리가 순덕의 안내를 받아 방 안으로 들어온다.

안에는 혼례복 두 벌이 걸려 있다.

순덕   곧 수모와 화장을 도와줄 사람이 올 것입니다.

두리, 심드렁하게 방 한쪽에 앉는다.

삼순   (신기한 듯 방안을 둘러보며) 여주댁 방이 이렇게 생겼구
           나…! 아, 여주댁이 아니고 마님이지.

순덕   아니요, 작은 시누이요.

삼순   (마냥 좋아서) 좋네요, 작은 시누이. 내가 작은 시누이를
           주인공으로 소설을 하나 써도 될까요?

순덕   완전 되지요. 잘 부탁드립니다.

씬12.   신랑&신부 혼례 전 몽타주. 낮

/ 좌상집 안채 마당. 세 개의 대례상 준비로 분주하다.

/ 예진의 신방. 수모가 붙어서 예진에게 혼례복을 입혀주고
있다.

/ 북촌 거리. 시열 혼례복을 갖춰 입고 가마를 타고 좌상 집으로
향한다. 앞에는 청사초롱을 든 하인들과 기러기를 든 친척
보인다.

/ 순덕의 방. 혼례복을 입은 뚱한 두리에게 신부 화장을 해주는

여주댁, 그 옆에서 야무지게 여주댁을 돕는 복희. 혼례복을

입은 삼순, 입이 귀에 걸려 제자리에서 한 바퀴 돌아본다.

/ 북촌 거리. 순구 혼례복을 갖춰 입고, 기러기를 든 친척과

함께 걸어서 좌상 집으로 향한다.

/ 기와집(채진사 집)앞. 혼례복을 입은 한종복 대문으로 나온다.

씬13.   좌상 집 / 마당. 낮

신랑을 기다리는 정우와 오봉. 대문이 열리고 김문건 선두로

관리1, 2, 이좌랑, 이방까지 우르르 들어온다.

정우, 여전히 김문건을 보필하는 이좌랑을 보고 표정 굳고,

이좌랑, 정우의 시선 무시한다.

김문건	(과장되게 반색하며) 아이고~ 경운재 대감, 고생이 많으십니다.
정우	(갑자기 친한 척?) 일찍들 몰려오셨습니다. 대례까지 시간이 많이 남았는데.
김문건	(짐짓 위엄 있게) 한성부 원녀와 광부 혼례 아닙니까, 판윤인 제가 응당 일찍 와서 문제는 없나 살펴야지요.
정우	몇 달 전까지 원녀, 광부 문제엔 관심도 없으시더니… 아~ 세자저하께서도 상객으로 오신다니 관심이 생긴 모양이십니다.

김문건   (인상 굳는데)

밖이 소란스럽더니 "신랑이 도착했습니다"라는 소리 들리자.

정우, 대문 쪽으로 가버린다.

씬14.   좌상 집 / 대문 앞 - 마당. 낮

대문 앞에 놓인 짚불을 넘어 안으로 들어오는 시열.

오봉   이 집안 사위 되실 병판댁 도련님이신가 보네요. 소문대
        로 훤~하시네.
정우   저자는 백주에 연애질하던 도령인데…
오봉   (기억 못 하고) 네?
정우   그렇다면…

[INS] 2화 22씬. 두리를 가마에 태우는 시열. 둘의 눈빛이
섞인다. 정우, 흉통으로 가슴에 손을 가져간다.

정우   (!) 두리낭자와 연분이란 말인데…
오봉   (정우 말 듣지 못하고) 종사관 나리도 오셨네요.

보면, 연달아 들어오는 순구, 짚불을 넘어 집 안으로 들어온다.

오봉은 "새신랑이라 그런지 오늘 더 늠름해 보이십니다"

순구만 챙기는데, 정우는 두리와 연분인 시열이 신경 쓰인다.

김문건   (순구 보고 못마땅한 얼굴로) 처음엔 좌상댁 사돈이더니 이
          젠 세자저하와 동서지간이라니, 쇳복 하나는 기가 막히게
          타고났어. 하지만 신방 들어갈 때까진 모르는 거지. 쇳복
          인지 똥복인지.

관리1   (?) 그게 무슨 말입니까?

김문건   (씩 웃으며) 그런 게 있습니다.

시열과 순구 일행 마당에 대기하고 있고, 정우와 오봉 나머지
신랑 한종복을 기다리는데, 들어오지 않는다.

김문건   (괜히 다가와) 신랑이 모두 셋 아닙니까?

정우   오겠지요. 안에 들어가 기다리십시오.

김문건   뭐~ 그러지요, 의빈대감이 준비한 잔치, 끝까지 잘~되
          나 느긋하게 기다려 보겠습니다. 들어갑시다. (관리1, 2 등
          일행과 함께 안으로 들어간다)

정우   (느낌 안 좋다, 오봉에게) 16호 선비가 어디까지 왔나 나가
          보거라.

오봉   예. (밖으로 나간다)

정우는 신랑 일행을 사랑채 쪽으로 안내해 간다.

씬15.   좌상 집 / 별채 / 순덕의 방. 낮

혼례복을 입고 화장을 마친 두리와 삼순. 여주댁은 화장품을 챙기고 있고, 수모들이 화관과 머리 장식을 매만지며 기다리고 있다. 이때 방문이 열리고, 개동이 고개를 내밀며

개동이   신랑들이 왔어요, 이제 머리 올리시면 돼요. (말만 전하고 나간다)

수모들 두리와 삼순에게 화관과 혼례 머리 장식을 시작한다.

씬16.   좌상 집 / 예진의 신방. 낮

삼월어미와 함께 방 안으로 들어오는 박씨부인.

박씨부인   예진이가 없어지다니, 그게 무슨…

방 안엔 화관을 든 난감한 얼굴의 수모만 있다.

수모   배탈이 난 것 같다며 잠시 뒷간에 갔다 오신다더니… 아무리 기다려도 오시질 않네요…

삼월어미	집안을 다 뒤졌는데 안 계시고… 다시 보니 경대 위에 서찰이 놓여 있었습니다. (서찰을 내민다)

박씨부인, 서찰을 펴보자 급히 쓴 예진의 글이 보인다.

예진	[E] 어머니, 죄송합니다. 저는 이미 마음을 준 분이 있습니다. 마음에 다른 사내를 품고 혼례를 치를 수 없을 것 같습니다.
박씨부인	!!
순덕	(방으로 들어오며) 어머님, 곧 세자저하께서 도착하신답니다.
박씨부인	(순덕을 본다)
순덕	(분위기 뭔가 이상한데) 아가씨는 어디 갔어요?

씬17.   산길. 낮

혼례복을 입고 곱게 화장한 예진, 윤부겸의 집을 향해 뛰어가고 있다.

366

씬18. 좌상 집 / 예진의 신방. 낮

모두 나가고 생각에 잠겨있는 박씨부인, 앞에 앉은 순덕,
어렵게 입을 연다.

순덕   어머님, 아가씨의 혼례는 미루는 것이 어떨까요?

박씨부인   세자저하까지 오시는 혼례를 어떻게 미룬단 말이냐.

순덕   저하께서는 맹박사댁 아가씨들 혼례에 상객으로 오시는
             거니, 아가씨가 아프다고 하면 이해해 주실 것입니다.

박씨부인   (버럭) 내가 그따위 원녀들 혼례 시키려고 이 판을 만든
             것 같으냐?

순덕   사실 아가씨는 오랫동안 연모하던 분이 계세요. 아마도
             지금 그분에게…

박씨부인   (버럭) 내가 그걸 모를 것 같으냐! 그런 놈에게 예진이를
             시집 보낼 순 없다.

순덕   (강경하게) 어머님, 아가씨는 평생 후회하지 않으려고 지
             금 인생에서 가장 큰 용기를 낸 겁니다. 그러니 아가씨의
             뜻대로 해주세요.

박씨부인   그것은 용기가 아니고 어리석음이다. 지금은 좋아하는 감
             정이 전부인 것 같지만 살다 보면 종국에 남는 건, 후회뿐
             이다. 예진이는 내가 잘 안다. 그런 사내와는 절대 못 살아.

순덕   하지만 이제 곧 세자저하도 오시고 대례를 올려야 하는
             데, 아가씨 없이 혼례를 치를 순 없지 않습니까? 그러
             니…

박씨부인	혼례는 아무나 세워 치르면 된다.
순덕	!!
박씨부인	신방에만 제대로 들여보내면 될 것이야.

이때 조심스럽게 문이 열리고, 삼월어미 난처한 얼굴로 들어와

삼월어미	마님, 세자저하께서 당도하셨답니다. 이제는 나가보셔야 할 것 같습니다.
박씨부인	당장 방자를 불러 오거라.
삼월어미	예?

씬19.   좌상 집 / 마당. 낮

세자, 익위사의 호위를 받으며 시강원 관원들과 집 안으로
들어온다. 마당에 정우와 김문건, 관리1, 2, 이좌랑 및
양반들이 나와서 맞이한다.

김문건	(먼저 나가서 굽신) 세자저하 오셨습니까. 비씨자가께서 계시는 곳으로 모시겠습니다.
	[자막 - 비씨(妃氏): 왕비로 간택된 아가씨를 높여 이르던 말]
세자	나는 경운재 의빈이 성사시킨 원녀와 광부 혼례를 참관 온 것입니다. 하니, 안내는 의빈대감께 받겠습니다.
정우	(김문건을 가리고 세자에게 다가가) 이쪽으로 오십시오. (세

자를 안내하여 안채로 들어간다)

김문건 괜히 머쓱하여 주변을 둘러본다.
관리1, 2와 양반들 정우와 세자 일행의 뒤를 쫓아가기 바쁘다.

씬20.   좌상 집 / 예진의 신방. 낮

박씨부인 앞에 앉은 방자, 옆에 삼월어미.

박씨부인	예진이가 외갓집 일을 봐주는 윤가네에 있을 것이다. 무슨 일이 있어도 한 시진 안에 데리고 오너라.
방자	예, 마님. (바로 방을 나간다)
박씨부인	(삼월어미에게 서찰을 주며) 당장 궐로 가서, 이 서찰을 보여주고 숙빈마마께 원삼을 받아오너라.
삼월어미	아… 예. (서찰을 받아들고 급히 나간다.)

순덕	어머님, 이건 병판댁 도령을 속이는 것이 아닙니까? 나중에 알기라도 하면…
박씨부인	내가 알아서 할 것이다. 너는 근석이를 데리고 안채로 건너 오거라.

씬21. **좌상 집 / 안채 마당. 낮**

막바지 혼례상 준비 중인 마당을 둘러보는 세자와 정우.

세자 　　　사가의 혼례를 보고 싶기도 했고, 무엇보다 처제들의 혼
　　　　　례라 꼭 참석하고 싶었습니다.

박씨부인과 근석이 안채로 들어온다.

정우 　　　정경부인 박씨와 이 집 손자입니다.

세자 　　　(본다)

씬22. **좌상 집 / 안채 / 대청마루. 낮**

약과가 놓인 다과상을 앞에 놓고, 세자와 정우, 박씨부인,
근석이 앉아 있다.

세자 　　　경운재 대감에게 손자가 영민하고 심성이 곱다는 이야기
　　　　　를 들었습니다.

박씨부인 　(근석을 보며) 좋게 봐주셔서 감사합니다.

정우 　　　…

세자 　　　대례 준비를 하는 것을 보니, 8년 전, 첫째 누님과 경운재
　　　　　의빈의 가례가 생각나는군요.

정우 　　　(처음 듣는 이야기다) 세자저하께서 제 혼례에 오셨었다고

요?

세자   누님께서 아침부터 아무것도 못 드셨다는 말을 듣고 (상 위의 약과를 보며) 제 약과를 가져다 드렸지요.

세자의 말에 박씨부인 얼굴이 굳고, 정우 그런 박씨부인을 심상하게 본다.

[INS] 숙빈 처소. 낮
[자막 - 8년 전]
박씨부인, 숙빈박씨에게 약과를 건넨다.

박씨부인   공주 가례날 궐이 어수선할 테니, 이것으로 바꿔 운해대 군의 간식 상에 올리세요.

숙빈박씨   (약과를 보며) 적당한 궁녀를 마련하긴 했는데⋯ 진짜 괜 찮을까요?

박씨부인   약과에 넣은 금잠고독은 증거가 안 남는 독이니 걱정 마십 시오. 이걸 먹고 죽어도 그 원인은 아무도 모를 것입니다.

세자   (그때를 떠올리며) 그날 누님께서 약과를 참으로 맛있게 드 셨는데⋯ 그리 황망하게 떠날지 몰랐습니다.

정우, 사건의 전모를 이제야 알 것 같아 안타깝고, 화가 나지만,

정우	(세자에겐 내색하지 못하고) 그날 그런 일이 있었군요. (적개
	심 어린 눈으로 박씨부인을 본다)
박씨부인	(태연하게 차를 마신다)

씬23.   남촌 / 한종복의 초가집 앞. 낮

마당엔 사람들이 모여 잔치를 벌이고 있다.

혼례복을 입은 한종복, 오봉에게 미안함 전혀 없는 얼굴로.

한종복	내, 그제 채진사댁 첫째 딸과 혼례를 치렀네.
오봉	(당황하여) 두리아가씨를 좋아하시는 거 아니셨습니까?
한종복	그 낭자는 바느질이 능해 집안에 도움이 될까 하여, 원녀임
	에도 불구하고 혼인해주려 했던 것이지 탐탁지는 않았네.
오봉	(황당, 울 것 같은 얼굴로) 그럼… 제가 닷새 전에 찾아뵈었
	을 땐 왜 아무 말도 안 하신 겁니까?
한종복	판윤대감께서 조용히 치르자 하셔서… 나도 어쩔 수 없었
	네. 그만 가보게나. (돌아서 집 안으로 들어가 버린다)
오봉	아… 미치겠네.

씬24.   좌상 집 일각. 낮

정우와 마주 선 박씨부인.

정우	8년 전 공주를 죽게 한 것이 부인의 짓이군요.
박씨부인	(부정하지 않고) 저도 오늘에야 확실히 알게 되었네요, 8년 전 일을. 우리 둘 다 운이 나빴더군요.
정우	(죽일 듯한 눈빛으로 한발 다가가) 지금 운이 나빴다 하였습니까?
박씨부인	(정우의 눈빛에 밀리지 않고) 고정하세요, 다 지난 일 아닙니까? 세자는 살아 있고, 금상도 진성군을 위해 침묵하기로 하신 일입니다.
정우	(진정하고 싸늘하게) 전하께서 정녕 진성군 때문에 그 일을 덮고 넘어갔다, 생각하십니까?
박씨부인	(보면)
정우	8년 전 죽은 인현 형님 때문에 덮어주신 것입니다.
박씨부인	?!

[INS] 10화 7씬.

조인현	이 서찰 안엔 조공 비리뿐만 아니라, 운해대군을 살해할 역모의 증좌도 함께 들어 있네.
민서준	그게 무슨 소린가? 그런 내용은 없었네.
조인현	내일이 지나면 내 말의 뜻을 알게 될 걸세.

정우	인현 형님은 공주 가례날, 집안에서 세자를 독살할 걸 알고 있었고, 막으려 했습니다. 전하께서는 그의 충심을 알기에 죽은 좌상의 명예를 보존해주신 것입니다.

| 박씨부인 | (뜻밖의 말에 당황) ! |
| 정우 | 당신의 그 탐욕이 공주뿐 아니라 당신 아들까지 죽인 겁니다. |

정우, 자리를 뜨고, 박씨부인 한동안 그 자리에 서 있다.

씬25. 좌상 집 / 부엌 앞 일각. 낮

자리를 빙빙 돌며 고민하는 순덕.

순덕	(발걸음을 멈추더니) 결심했어.
개동이	(걱정된다) 뭘요?
순덕	병판댁 도령에게 아가씨 도망갔다고 알려야겠어!
개동이	미쳤어요?
순덕	신랑까지 없으면 혼례 못 치를 것 아니야. (사랑채 쪽으로 뛴다)
개동이	(쫓아가며) 큰마님 아시면 진짜 큰일 나요.
순덕	(뛰어가며) 이미 큰일은 났고, 내가 중매선 쌍이니 사실대로 말하고 내가 책임지는 게 맞아.

씬26. 좌상 집 / 사랑채 복도. 낮

뛰어 들어와 사랑방 문을 벌컥 여는 오봉.

오봉   대감마님 큰일 났어요!

씬27.   좌상 집 / 조영배 사랑방(신랑 대기소). 낮

정우와 오봉의 대화를 듣고 순구는 흥분하지만, 시열은 떨어져
관망 중이다.

정우   (놀람) 그게 무슨 말이냐, 16호가 혼례를 치르다니!

오봉   하도 안 와서 집에 가보니까 그제 계동 채진사집 따님과
            혼례를 치르고 돌아와 잔치하고 있더라고요.

정우   채진사면 판윤대감의 처간데?…!!

순구   (당황) 16호는 왜 두리낭자를 두고 딴 여인에게 장가를 간
            겁니까?

시열   ! (두리낭자? 급 관심을 가진다)

오봉   판윤대감이 수를 쓴 것 같습니다. 들어보니 한성부에 한
            자리 받기로 했다더라구요.

정우   (울분) 그자는 오랫동안 두리낭자를 마음에 두었다더니…

시열   (갑자기 버럭) 어찌 한낱 관직에 그 마음이 변한단 말입니
            까!!

정우, 오봉, 순구 놀라 동시에 시열을 본다.

시열   (과하게 흥분) 혼인이 장난입니까?! (정우에게) 대감께서는

일을 어찌 처리하신 것입니까?

정우　(부지불식간에 당해) 그것이…

시열　(정우를 다그치듯) 두리낭자가 겉으로 보기엔 세 보여도 속이 얼마나 여린 줄 아십니까? 그런 두리낭자가 혼롓날 신랑이 안 나타나면 얼마나 상심하겠습니까? 평생의 상처가 될 겁니다!!

순덕　[E] 시열 도련님 신부도 안 올 거예요.

시열　응?! (돌아본다)

정우, 순구, 오봉 돌아보면 순덕이 개동과 함께 문 앞에 서 있다. 오봉, "언제부터 계셨던 거야" 놀라는데

정우　그게 무슨 말씀이십니까?

순덕　우리 아가씨가 갑자기 사라지셨어요.

정우　(!! 놀라지만, 머리 돌아가기 시작)

순구　(!) 그럼 오늘 혼례는… 어찌되는 것이냐?

오봉　완전 파투났구만, 우리 대감마님 어쩐대… (걱정 태산)

개동이　알아서들 하겠죠, 걱정은… (오봉이 보면) 세상 하등 쓸데없는 게 양반님들 걱정이에요.

오봉　(애는 뭐냐 하는 얼굴로 개동이를 본다)

순덕	(시열에게 다가가) 하여, 오늘 도련님의 혼례는 어려울 것 같습니다. 죄송합니다. (고개 숙이는데 시열의 버선 나비 수가 눈에 들어온다) !
시열	(충격을 받았는지 말은 없지만… 왠지 싫지는 않은 표정)
정우	(그런 시열을 심상하게 살핀다)
순구	(걱정이 태산) 오늘 혼례를 못 하면 삼순낭자가 많이 실망할 텐데…

침묵하던 정우, 시열, 순덕은 동시에

정우, 순덕, 시열	오히려 다행입니다!

셋은 동시에 같은 말을 해놓고 놀라고,
순구와 오봉, 개동이는 무슨 소린가 싶다.

정우	두리낭자는 사실 16호가 아니라 시열 도령과 연분입니다.
순덕	(오호~ 눈빛 빛나고, 머리 본격적으로 굴린다)
시열	사실 저… 두리낭자 좋아합니다. 금방 잊힐 줄 알았는데 계속 생각이 나서… 힘들었습니다.
정우	역시 내 가슴팍은 틀리지 않아. 그럼, 두리낭자 마음만 확인하면 되겠군요.
순덕	두리낭자도 시열도련님을 좋아합니다.
정우	부인은 처음부터 알고 계셨던 겁니까?

순덕	저도 지금 나비를 보고 확신했어요. (시열의 발을 가리킨다)

시열 포함, 방안의 모든 사람은 순덕이 가리킨 버선의 나비
수를 본다.

순덕	두리아가씨 버선에도 같은 나비 수가 놓여 있거든요.

[INS] 15화 12씬.
순덕, 두리가 앉을 때 두리 버선목의 나비 수를 본다.

정우	잔망스럽게 둘이 쌍으로 같은 나비 버선을 신고, 각기 다른 사람과 혼인을 하려고 했다는 겁니까?
시열	(두리가 자신을 좋아한다니 마냥 좋아) 집안에서 정해준 혼처라 거역할 수 없었는데… 이리 혼례가 파투 나 마음이 너무 좋습니다.
순구	(버럭) 혼례가 깨져서 좋다니… 어찌 본인 생각만 하십니까? 나는 상심할 삼순낭자를 생각하면 마음이 찢어집니다!
오봉	(속상하긴 마찬가지) 저 도련님은 처음부터 혼인하기 싫다고 솔직하게 말을 하지. 이제 어쩔 거야.
개동이	(흥미진진하게 보며) 솔직하면 양반인가? 체면이 중요한 사람들인데…
오봉	(슬쩍 개동이와 거리를 둔다)

정우	정리하면, 신랑이 하나 안 오고, 신부 하나는 도망갔는데, 두리낭자와 병판댁 도령이 비밀연애를 하고 있었다?

정우, 말하는 동안 머리 위에 세 쌍 중 "두리 - 한종복"의 '한종복' 사라지고 "예진 - 시열"의 '예진' 사라지고 연결선은 두리와 시열로 바뀐다.

정우	(한숨) 오늘 혼례는 치르지 못하겠군요.
순덕	오늘 혼례, 예정대로 할 것입니다!
시열	신부가 도망갔는데 어찌 예정대로 혼례를 합니까? 저는 싫습니다!
정우	이 댁 아가씨 대신 두리낭자를 시열도령과 혼인하게 하여 두 쌍만 식을 치르자는 뜻입니까?
순구	(안도) 아…그렇군요.
순덕	아니요, 우린 오늘 세 쌍 모두 혼례를 치르게 할 것입니다.
정우	지금 두 쌍뿐이지 않습니까?
순덕	나머지 한 쌍은 우리 아가씨와 24호 선비님입니다.
정우	24호면…?!

[INS] 11화 30씬.

윤부겸	저는 마음에 둔 여인이 따로 있습니다. 맹박사댁 둘째 낭자와 혼인은 못 할 것 같습니다.

정우   단옷날 혼인을 포기한 광부?

씬28.   윤부겸의 초가집. 낮

윤부겸, 쪼갠 나무를 정리하다 문득 지는 해를 쓸쓸히 바라보고
허리를 굽혀 나무를 집는데… 꽃신과 혼례복 치마가 보인다.
윤부겸, 놀라 몸을 일으키면 숨을 몰아쉬는 예진이 서 있다.

윤부겸   (놀라서) 너… 여긴 어떻게?

예진   오라버니 왜 혼인 안 하겠다고 한 거야?

윤부겸   너… 오늘 혼렛날 아니야?

예진   내가 묻는 말에나 대답해, 왜 혼인 안 하겠다고 한 거냐고!

윤부겸   너 외에 다른 여인이랑 못 하겠어서…

예진   다행이다. 나도 못 하겠더라고… 오라버니 아닌 다른 사
               내하고는.

윤부겸   !

예진   그러니까 오라버니가 나 책임져.

씬29.   좌상 집 / 조영배 사랑방. 낮

순덕   그럼, 이제부터 세 쌍 모두 혼인시킬 작전을 짜보죠! 다들
               모여보세요. 개동이와 집사도 가까이 오게.

오봉과 개동이, '우리까지?' 하는 얼굴로 순덕 쪽으로 다가간다.

씬30.   산길. 낮

개동이 산길을 전력 질주한다.

순덕   〔E〕 방자는 절대 아가씨를 못 데려올 테니 자네가 가서 데
         려오게. 반드시 그 선비님도 함께.

씬31.   좌상 집 / 조영배 사랑방. 낮

정우, 순구, 시열, 오봉이 순덕의 설명을 듣고 있다.

순구   (걱정된다) 혼롓날 도망쳤는데 사돈처녀가 순순히 오겠느냐.

순덕   아가씨에게 내가 책임지고 원하는 분과 혼인시켜준다고,
         전하라 일렀으니 올 것입니다.

정우   하지만 대례시간엔 못 맞춥니다. 지금이라도 세자저하에게
         자초지종을 고하고 두리와 삼순 낭자 혼례만 올립시다.

순덕   그건 안 돼요! 어머님께선 절대 병판 집안과의 혼인을 포
         기하지 않으실 거예요. 그러니 두리아가씨와 시열도련님
         이 혼례를 치른다고 하면, 혼인의 법도를 내세워 막으실
         테고, 결국 우리 아가씨도 원하는 사람과 혼인할 수 없게
         돼요.

다들	(수긍한다)
순덕	그러니 오늘 예정대로 세 쌍 모두 혼례를 치르는 것처럼 속인 후 번복할 수 없게 신방까지 들어가야, 우리 아가씨도 시열도련님도 원하는 분과 혼인 할 수 있습니다.
정우	무슨 말인지는 알겠지만, 신랑 신부가 없는데 어찌 혼례를 올립니까?
순덕	대례에는 가짜를 세우고, 신방에만 제대로 넣을 생각입니다.

모두, 놀란다.

정우	누굴 가짜로 혼례상에 세운단 말입니까?
순덕	(오봉을 정확하게 본다)
오봉	(순덕의 눈길 부담스러운데) 왜… 왜… 저를 보십니까?

씬32.   좌상집 앞. 낮

좌상 집에서 튀어나온 오봉, 경운재 쪽으로 냅다 뛴다.

순덕	[E] 자네가 대신 서야 하니 혼례에 필요한 사모관대를 가지고 오게. [자막 - 사모관대: 벼슬아치의 복장&혼례 복장]

씬33.　　좌상 집 / 조영배 사랑방. 낮

순덕이 상석에, 그 앞에 정우와 순구, 시열이 앉아 있다.

바닥에 방석이 세 개 나란히 놓여 있다.

순덕	대례부터 신방까지 반드시 제가 하란 대로 하셔야 합니다.
정우, 순구, 시열	(결의에 찬 얼굴)
순덕	(세 개의 방석 중 첫 번째 가리키며) 시열 도련님은 헷갈리지 말고 첫 번째 혼례상에 서야 합니다.
시열	걱정하지 마십시오.
순덕	더 헷갈리지 말아야 하는 건 신방입니다.

씬34.　　좌상 집 / 별채2. 낮

세 개의 방 중, 첫 번째 방 문고리에 노란 수건이 묶여 있다.

방마다, [두리 신방], [삼순 신방], [예진 신방] 자막이 뜬다.

순덕	[E] 문고리에 노란 수건을 묶어놓을 테니 절대 실수하시면 안 됩니다.

씬35.　　좌상 집 / 조영배 사랑방. 낮

시열	(비장하게 고개 끄덕) 알겠습니다.

정우   또 주의할 점은 (옆에 사선을 들어 시범을 보이며) 사람들에게 얼굴을 보여서는 안 됩니다. 특히 판윤대감과 정경부인에게는!

시열, 순구 긴장하며 고개를 끄덕인다.

씬36.   좌상 집 / 조영배 사랑방 복도. 낮

한쪽으로 나와 이야길 하는 순덕과 정우.
방안에선 시열과 순구가 방석을 두고 혼례상 앞에 서는 위치와 사선으로 얼굴 가리는 연습을 하고 있다.

정우   정말 우리 작전대로 될까요?
순덕   변수만 없으면요.

씬37.   윤부겸의 초가집. 낮

예진   이제 얼른 도망가자.
윤부겸   뭐?
예진   (부겸의 손을 잡아끌며) 집에서 날 잡으러 올 테니, 일단 어디든 오늘 하루 숨어 있어야 해. (윤부겸을 끌고 집을 나간다)

씬38.　　좌상 집 / 조영배 사랑방 복도. 낮

정우　　변수가 생기면요?

순덕　　신랑 쪽 변수는 쌍연술사이신 대감님이, 신부 쪽 변수는
　　　　중매의 신인 제가 처리하는 걸로 하죠.

정우　　(그런 순덕을 물끄러미 본다)

순덕　　(정우가 이 작전을 걱정하나 싶어) 걱정 마십시오, 잘될 것입
　　　　니다.

정우　　혼례도 혼례지만… 전, 부인이 걱정됩니다…

순덕　　네?

정우　　우리 때문에 병판 집안과 혼인 못 한 것을 알면 정경부인
　　　　이 가만있지 않을 것입니다.

순덕　　어머님은 당연히 화를 내시겠죠, 하지만 우리 아가씨가
　　　　원하는 분과 혼인을 할 수 있으니 그거면 충분합니다.

정우　　(박씨부인이 얼마나 독한 사람인지 아직도 모르는군…) 이 혼
　　　　례가 끝나면… 나와 멀리 도망갑시다.

순덕　　(처음엔 놀랐다가… 이내 미소 지으며) 알겠습니다. 이 혼례
　　　　를 잘 마치면 대감님 하자는 대로 하겠습니다.

씬39.　　좌상 집 / 안채 마당. 낮

마당엔 세 개의 혼례상이 차려져 있다.

대청마루 중앙엔 세자가, 양옆으론 박씨부인과 조씨부인, 하나

김문건과 신랑 측 대리인 등 양반들이 자리를 잡고 있다.

마당엔 중매 사인방을 비롯한 구경 온 동네 사람들로 북적인다.

세자   오늘은 세 쌍의 합동 혼례가 있는 매우 경사스러운 날입
         니다. 이 혼례의 의미가 깊은 것은 전하의 명으로 경운재
         의빈이 성균관 박사를 지낸 맹상천의 과년한 여식들에게
         혼처를 찾아주었으며, 그 과정에서 다수의 광부도 배필을
         만났기 때문입니다.

         [INS] 어느 집 마당.
         입이 귀에 걸린 김집과 건강미 처녀, 혼례상에 마주 서 있다.
         [자막(도장) - 광부 12호 혼인]

         [INS] 어느 신방.
         산나물 처자가 술을 마시자, 허숙현 기다렸다는 듯 안주를
         먹여준다.
         [자막(도장) - 광부 23호 혼인]

세자   이를 본으로 향후 조정에서는 조선 팔도의 광부와 원녀
         혼례에 지속적인 관심을 가질 것입니다. 또한 이곳에서
         먹고 마시는 것은 주상전하께서 주시는 축하선물이니 모
         두 배불리 먹고 신랑 신부를 축하해 주기 바랍니다.

사람들 모두 좋아하며 환호하며 박수 친다.

김문건   이제 혼례를 올리겠습니다. (이방에게 눈짓한다)
이방   (혼례 순서가 적힌 두루마기를 들고 수모에게) 신랑 신부 나오
         라고 하게.

상석에 있던 박씨부인, 조용히 자리를 빠져나간다.
그 모습을 김문건 심상하게 본다.

씬40.   좌상 집 앞 거리. 낮

/ 오봉이 사모관대를 들고 뛰어온다.
/ 삼월어미, 원삼을 들고 뛰어온다.
/ 오봉과 삼월어미, 좌상집 문 앞에서 딱 마주친다.
서로 멈칫하다가 둘 다 나는 모르겠다 하는 얼굴로 집안으로
뛰어 들어간다.

씬41.   좌상 집 / 안채 마당. 낮

신랑, 신부가 나오지 않자 마당에 모인 사람들 술렁거린다.
세자, 역시 '왜 안 나오지?' 하는 얼굴로 하나가 있는 쪽을
돌아보자 하나는 걱정 말라는 미소를 지어 보인다.

김문건	(짐짓 걱정스러운 척 이방에게) 왜 신랑신부가 나오지 않는 것인가?
이방	잘 모르겠습니다.
김문건	(큰소리로) 혼례의 일등 공신인 경운재 의빈도 안 보이고… 어허 세자저하께서 기다리는데!
세자	판윤대감 나는 괜찮으니, 목소리 낮추십시오. 오늘의 주인공은 제가 아니라 신랑 신부 들입니다.
김문건	(굽실굽실) 저는 걱정이 돼서 그만…
세자	저기 신랑들이 나오는군요.

보면, 신랑 세 명이 사선으로 얼굴을 가리고 나와 혼례상 앞에 선다.

김문건	(자리에서 벌떡 일어나 식장으로 다가가며) 이럴 리가 없는데…!
세자	판윤대감, 어수선하게 그러지 마시고 자리에 앉으십시오. 보이질 않습니다.
김문건	송구합니다.

김문건, 바로 자리에 앉아 믿을 수 없다는 듯, 손가락으로 신랑을 센다. "하나, 둘, 셋?" 셋에서 손가락 높이 올라간다.

김문건	(이해 안 된다) 내 분명 한 명을 혼인시켰는데… 왜 셋이지?

씬42.　　　좌상 집 일각. 낮

혼례복을 입고, 수모의 부축을 받으며 대기하고 있는 두리와
삼순.

두리　　　뭘 얼마나 꾸미길래 안 오는 거야?

삼순　　　(걱정스러운 얼굴) 신랑이 나갔으니 우리도 나가야 할 것
　　　　　같은데… 무슨 일이 있나?

씬43.　　　좌상 집 / 예진의 신방. 낮

순덕과 삼월어미, 혼례복을 입고 울고 있는 삼월이(17세)를
달래고 있다.

순덕　　　(눈물을 닦아주며) 어려운 거 아니야. 그냥 고개만 안 들
　　　　　면 돼.

삼월이　　(울먹이며) 너무 무섭습니다.

박씨부인　(방으로 들어오며) 아직이냐?

순덕　　　삼월이가 너무 긴장을 하여…

삼월어미　(박씨부인을 보자 삼월이 등을 치며) 당장 그치지 못해!

삼월이　　으아앙 (아예 펑펑 운다)

박씨부인　(그런 삼월이를 보고 안 되겠는지) 근석어미 네가 입어라.

순덕　　　(놀라) 예?

씬44. 좌상 집 일각. 낮

순덕. 치마를 걷고, 여주댁과 복희의 도움을 받아 식장으로
간다.

순덕   원삼도 두 번째 입으니까 움직일 만하네. 처음에는 걷기
          도 힘들더니…!!

보면, 앞에 혼례복 입은 순덕을 놀란 얼굴로 바라보는 근석!
순덕은 근석이에게 이 상황을 어떻게 설명하나…
당황스러운데,

순덕   근석아… 그러니까 이게 어떻게 된 거냐면…
근석   어머니, 선녀 같으십니다. 너무 고우십니다.
순덕   선녀?
근석   언젠가 고모님이 말씀해주셨습니다. 어머니는 인연을 찾
          아주는 선녀 같은 사람이라고…
순덕   내 말 안 듣고 자는 줄 알았더니, 다 듣고 있었네.
근석   연분을 만들러 가시는 겁니까?
순덕   (웃음) 어 맞아, 고모 인연을 찾아주려고 잠시 변장한 거야.
근석   그럼 고모님… 단옷날 저랑 물고기잡이를 하던 형님과 이
          어주십시오.
순덕   응?
근석   고모님이 많이 좋아하십니다.

390

순덕	(!) 단옷날 시열 도령은 만나지도 않았네…
복희	(근석을 빤히 보다가) 중매쟁이 마님이 자랑하던 아들이시 구나.
근석	너는 누구냐?
복희	중매쟁이 마님과 동뭅니다.
근석	어머니와 동무라고… 말도 안 돼.
복희	(근석이를 빤히 보더니) 도련님은 진짜 마음이 곱군요, 마음 에 듭니다.

씬45.   좌상 집 / 안채 마당. 낮

신랑만 나와 서 있는 대례식장. 김문건, 아직도 미련을 버리지
못하고 신랑을 세며 고개를 갸웃거린다.

세자	신부들이 늦는군요.
박씨부인	(어느새 자리로 돌아와) 신부들은 준비할 것이 많습니다.
조씨부인	신부 혼례복은 걷기도 힘든 옷이지요.
박씨부인	(고개를 끄덕) 그렇지요.

이때 하객들 "신부 나오네" 웅성거리고 신랑이 나온
반대편에서 혼선으로 얼굴을 가린 신부 세 명이 수모의 부축을
받으며 천천히 나온다. 순덕의 도와주는 수모 중 한 명은
여주댁이다.

씬46.   좌상 집 / 안채 마당. 낮

/ 세 쌍 모두 혼례상을 마주하고 서 있다.

/ 이방 "신부 재배" 지시에 따라 신랑(시열)에게 두 번 절을 하는

두리. "[E] 신랑 답배" 삼순에게 한 번 절을 하는 순구.

/ "[E] 신부 재배" 신부(순덕), 절을 하기 위해 혼선을 내리자,

앞에 서 있는 신랑(정우), 순덕을 보고 놀라

정우   부인, 왜 거기 서 계십니까?

순덕   (놀라긴 마찬가지) 대감님은 왜… (여주댁에 이끌려 절을 하

고 일어나) 거기 계십니까?

정우   그게 변수가 발생해서…

씬47.   (회상) 좌상 집 / 조영배 사랑방. 낮

오봉, 정우의 단령이 너무 커서 우스꽝스러울 뿐 아니라 걸을

수가 없다.

오봉   대감마님, 저는 안 되겠는데요…

정우   (오봉이 말대로 안 될 것 같다) …벗어라, 내가 서겠다.

씬48.   좌상 집 / 안채 마당. 낮

순덕   (두 번째 절을 하고 일어서며) 저도 변수가 발생해서…

이방   〔E〕신랑 답배~

정우   (절을 하며) 더 이상의 변수는 없어야 할 텐데…

씬49.   윤부겸의 초가집. 낮

개동이 헐레벌떡 윤부겸의 집에 도착하자, 방자 망연자실
평상에 앉아 있다.

개동이   아씨는 어쩌고, 혼자 이러고 있어?

방자   (울면서) 도망갔나 봐요… 저 쫓겨나게 생겼어요.

개동이   미치겠네… 마님이 아가씨랑 선비님 꼭 데려오라고 했는데.

씬50.   좌상 집 / 안채 마당. 초저녁

혼례식 상은 치워지고 대청마루와 마당엔 음식을 먹는
하객들과 마을 사람들로 북적인다.

한쪽에서 음식을 먹는 김문건과 이좌랑.

김문건   (술을 마시며) 내가 신랑 하나를 우리 처조카랑 혼인시켰

는데 어찌 혼례를 치를 수 있는지 이해가 안 되네.

이좌랑 　… 누군가 신랑을 대신 한 것이 아닐까요?

김문건 　자네 혼례 안 치러 봤나? 그게 뚝딱 대신 설 수 있는 것
　　　　이…!!

[INS] 15화 41씬.

신랑의 숫자를 세는 김문건, "하나, 둘, 셋?" 셋에서 손가락

높이 올라간다.

김문건 　그 큰 키!! 설마…? 맞네. 경운재 대감이면 사모관대를
　　　　구하기 쉬웠을 것이고… 그래서 대례식장 내내 없었던
　　　　거군…!

[INS] 15화 39씬.

상석에 있던 박씨부인, 조용히 자리를 빠져나간다.

김문건 　혼례판이 깨지는 걸 막으려고, 정경부인과 짜고…? 이제
　　　　다 말이 되네… 아… 열받아.

이좌랑 　지금이라도 그 사실을 알리면 어떨까요?

김문건 　뭘 어떻게 알려, 다 끝났는데… (하다가) 아니지… 신방에
　　　　의빈이 신랑으로 들어가 있으면… 그것이야말로 왕실을
　　　　기만하는 일 아닌가! 원녀 혼례 파투 따위랑은 비교도 안
　　　　되는. (눈빛 반짝인다)

씬51. 좌상 집 / 별채2. 밤

신방이 차려진 별채 건물. 나란히 있는 세 방에 모두 불이 켜져
있다. 시열, 순구, 정우는 각각 방으로 들어간다.

씬52. 좌상 집 / 예진의 신방. 밤

정우, 신방에 들어오다, 혼례복을 입고 앉아 있는 순덕을 보고
잠시 설렌다.

순덕 시열 도련님은 잘 들어갔습니까?

정우 (넋 놓고 보다가) 아… 네. (순덕 앞에 앉는다)

순덕 이제 우리 아가씨와 24호 선비님만 신방 엿보기가 끝나기
      전까지 오면 됩니다.

정우 그전에 오겠죠?

순덕 와야죠. 변수가 더 생기면 이제 큰일 나요.

이때 뽁~ 소리 나면서 문에 구멍이 생긴다.

순덕 신방 지키기가 시작됐어요. 고개 숙여요.

정우 (바로 숙인다)

순덕 시열 도련님은 잘하겠죠?

씬53.　좌상 집 / 별채2 / 예진의 신방 앞. 밤

세 개의 방 중, 예진의 방에 가장 많은 사람이 붙어 구경한다.

중매 사인방도 예진의 방을 구경 중이다.

이씨	(재미없다) 무슨 신랑 신부가 이야기만 하고 있어?
개성댁	(답답하다) 얼굴 좀 돌려 보지…
마산댁	내 말이 잘 생겼다는 병판집 도령 얼굴 좀 보게.
복희	병판댁 도련님 신방은 저~ 방인데… (두리 신방을 가리킨다).
이씨	그래?

이씨와 중매쟁이를 포함한 대부분의 사람은, 복희가 가리키는

두리방 쪽으로 몰려간다. 두리 신방 앞에 구경꾼으로 있던

오봉, 복희에게 잘했다고 엄지 척.

씬54.　좌상 집 / 두리의 신방. 밤

두리, 오도카니 앉아 있다.

[INS] 두리 머릿속에 주마등처럼 지나가는 시열과의 몽타주.

2화 22씬. 두리를 가마에 태우는 시열, 두리와 눈을 맞춘다.

5화 26씬. 시열 "잠시 실례하겠습니다" 두리를 번쩍 안아

올린다.

11화 12씬. 시열, 두리 머리에 손을 덮고 "누가 조그만지 모르겠습니다."

두리, 눈에 눈물이 맺히자 소매로 닦으며

두리   (괜히 짜증) 남사스럽게… 웬 눈물.

이때 신방 문이 열리고 안으로 들어오는 신랑의 발이 보인다. 대님 아래로 보이는 자신이 놓은 노란 나비 수가 두리 눈에 들어온다. 두리, 놀라 고개를 들면, 시열 환하게 웃으며 서 있다.

두리   네가 왜 이 방에 들어와?
시열   사정은 나중에 말하고, 일단 머리부터 내리겠습니다.

마음이 급한 시열은 화관과 머리 장식을 내리려 하지만 처음이라 쉽지 않다. 버벅대는 시열을 도와 자신이 화관과 머리 장식을 푸는 두리,

두리   어찌 된 일인지 설명부터 해봐.
시열   (혼례복의 옷고름을 풀며) 한시가 급하니 아무 말 말고 이제
            부터 이 서방님을 좀 믿어보십시오.
두리   뭐? 서방님?

이때 폭, 폭, 소리와 함께 문에 엿보는 구멍이 뚫리자,

시열 기다렸다는 듯 촛불을 얼굴 쪽으로 가져오더니

시열   (두리에게 얼굴을 가까이 대고 속닥) 두리낭자, 문을 쳐다보

            십시오.

두리   문을?

씬55.   (회상) 좌상 집 / 조영배 사랑방. 낮

(15화 33씬의 연속)

순덕   신방에서의 행동이 가장 중요합니다.

시열   (집중하여 듣는다)

순덕   구경꾼들이 방문에 구멍을 뚫으면 두리아가씨와 함께 그

            구멍을 뚫어지게 보십시오.

정우   그건 왜 그런 것입니까?

순덕   그들이 도련님과 두리아가씨의 혼인을 확정 지어줄 것입

            니다.

씬56.   좌상 집 / 두리의 신방. 밤

두리, 시열이 시키는 대로 방문 쪽으로 고개를 돌리면, 시열도

마치 커플 화보처럼 얼굴을 붙이고 방문 쪽으로 고개를 돌린다.

씬57.   좌상 집 / 별채2 / 두리의 신방 앞. 밤

방문에 달라붙은 사람들 "이 방은 완전 달달하네", "지금 볼에

뽀뽀한 건가?" 하며 좋아하는데 이씨 놀라서,

이씨	뭐야? 왜 병판댁 도령과 두리아가씨가 같이 있어?
개성댁	(구멍으로 안을 보고) 그러게…요. 병판댁 도령은 좌상댁 따님하고 혼인한다면서요?
오봉	무슨, 병판댁 도령은 애초부터 두리아가씨랑 혼인하기로 했구만. 늙은 아씨들 중매시킨 사람이 우리 대감님이잖소.
마산댁	아이고 형님은 헷갈릴 게 따로 있지.
전주댁	벌써 오락가락하면 어떡해?
이씨	아닌데… 그럼 도대체 좌상댁 아가씨는 어느 집이랑 혼인 한 거야?

이때, 김문건과 이좌랑은 두리 신방 앞에 와서 "다들 비키시오"

한다.

씬58.   좌상 집 / 두리의 신방. 밤

두리	(방문 보며) 언제까지 방문을 보고 있어야 하는 건데?
시열	(잘 모르겠지만) 이제 된 것 같으니 얼른 첫날밤을 치릅시 다. (두리 옷고름을 다급하게 푸는데)

두리	(시열 손 막으며) 잠깐만, 이게 어떻게 된 일인지 들어야겠어.
김문건	〔E〕잠시 하던 일을 멈추시오.
두리, 시열	!!
김문건	〔E〕신랑 얼굴만 확인하면 됩니다.
시열	(괜히 찔려서) 이래서 빨리 일을 치러야 한다 했잖소. 이제 어쩔 것입니까? 이런 기회가 일생에 다시 올 것 같습니까?
두리	(갈등된다) …

씬59.   좌상 집 / 별채2 / 두리의 신방 앞. 밤

신방을 구경하던 사람들 어리둥절해하며 뒤로 물러나고,
김문건 눈짓하자 이좌랑 신방 문을 연다.

씬60.   좌상 집 / 두리의 신방. 밤

문 열림과 동시에 두리는 갑자기 시열의 앞섶을 양손으로
잡고는 그대로 눕는다! "어어어어" 시열 그대로 딸려서 두리
위에 포개지면 두리, 시열에게 입맞춤을 한다.
문이 열렸을 땐, 두리와 시열이 전형적인 자세로 입맞춤하고
있다! 정작 문을 연 김문건 놀란다.

두리　　　（시열을 밀어내고）어떤 호랑말코 같은 놈이 신방 문을 열고 지랄이야! 온몸을 대바늘로 한 치 간격으로 박음질해서 허리를 접어 소금물에 담가버릴까 보다!

김문건 두리의 살벌한 욕에 머리가 어질,
이좌랑은 신랑이 정우가 아닌 걸 확인하고 문을 닫는다.

씬61.　　좌상 집 / 별채2 / 두리의 신방 앞. 밤

김문건 "나 귀에서 피가 나는 것 같아…"라며 이좌랑과 다른 신방으로 이동한다.

씬62.　　좌상 집 앞. 밤

쓰개치마를 들고 밖에 나와 예진이를 기다리는 박씨부인.

박씨부인　　（초조하다）어찌 이리 안 오는 것이야.

삼월어미　　（안에서 나오며）마님, 큰일 났습니다. 판윤대감께서 신랑, 신부를 확인한다며 신방 문을 열고 다니십니다.

박씨부인　　?!

씬63.   좌상 집 / 삼순의 신방. 밤

순구가 긴장하여 술만 연거푸 마시자 보다 못한 삼순,

삼순   (순구 옆에 바짝 다가앉으며) 언제까지 술만 마실 겁니까?

순구   그게… 제가 긴장돼서.

삼순   저 보여드릴 것이 있습니다. (다짜고짜 혼례복 옷고름을 풀자)

순구   (당황하여) 지금 뭐 하는 겁니까… 신부 예복은 신랑이 푸
         는 것입니다.

삼순   아, 맞다. 첫날밤 옷고름 푸는 장면만 수십 번 써놓고 급
         한 마음에. 어쩔 수 없죠. (옷을 빠르게 벗는데)

순구   !! 불을 꺼야 하지 않을까요. (우왕좌왕 불을 끄려는데)

삼순   불 끄시면 안 됩니다! 이거 보셔야 합니다.

         삼순, 겹겹의 옷을 벗고, 순구에게 보여주면 살이 훤히 비치는
         옷감의 치마저고리다! (2화 39씬 "마님의 사생활" 소설 속 순덕이
         입었던 옷)

순구   (!) 그 옷은 "마님의 사생활"에서 마님이 입었던 전투
         복…!

삼순   이 옷이 현실에 없다고 하셨죠? 이젠 믿으시겠습니까?

순구   (멍하니 고개만 끄덕이는데)

이때, 밖에서 "신랑 얼굴 확인하고 있으니, 잠시 문을

402

열겠소"라는 말과 동시에 문이 열리자, 삼순 무의식적으로
몸을 돌려 돌아본다. 놀란 순구, 한쪽 팔로 삼순의 어깨를 감싸
가리고 다른 손으로 주안상에 놓인 젓가락을 김문건을 향해
날린다.

젓가락이 김문건 얼굴 옆으로 날아와 문틀에 박힌다.

김문건   헉!! (신방 안 순구의 살기 등등한 얼굴을 보고) 미안하네…
         (덜덜 떨리는 손으로 문을 닫는다)

씬64. 좌상 댁 / 예진의 신방. 밤

고개를 숙이고 어색하게 앉아 있는 순덕과 정우.

순덕   엿보던 사람들 모두 두리아가씨 쪽으로 간 것 같으니 이
         옷부터 빨리 갈아입어요.
정우   그게 좋겠습니다.

         둘은 등을 대고 앉아 혼례복을 벗는다.
         순덕, 옷은 그렇다 치고, 화관과 머리 장식을 푸느라 고전하자,
         가만히 와서 도와주는 정우.

정우   이건 원래 신랑이 벗겨주는 것이라 혼자는 어려울 것입

니다.

순덕   저도 압니다.

정우   아- 부인도 한번 가셨었지요.

순덕   하지만 대감께서는 첫날밤도 못 치르셨잖습니까?

정우   궁녀들에게 3일에 걸쳐 배웠습니다.

순덕과 정우는 둘 다 피식 웃는다.

정우   (머리 장식을 내리며) 이 혼례가 끝나면 제가 하자는 대로 한다는 약속 잊지 마십시오.

순덕   알겠습니다. 하지만 좀 기다려주셔야 합니다.

정우   (보면)

순덕   한… 5년이나 7년 정도? 근석이 혼인은 시켜야 하니.

정우   (놀라며) 그렇겐 못 합니다.

순덕   그리 좋다 하시더니 그걸 못 기다려주십니까?

정우   나는 부인을 이 집에 단 하루도 두고 싶지 않습니다.

순덕   …

이때, 밖에서 박씨부인 "대체 뭣 때문에 무례하게 신방을 열려 하십니까?" 호통치자, 김문건 "확인할 것이 있어 그럽니다!"라는 소리 들린다.

정우, 순덕   !!

정우	판윤대감이 눈치챈 것 같습니다.
순덕	(벌떡 일어나더니) 일단 도망가요. 여기서 이 꼴로 걸리면 우리 둘 다 끝장이에요.

순덕, 정우와 뒷창문을 열려는데, 동시에 열리는 방문!
순덕과 정우 놀라는데…

十五終

第十六話

청상연분

씬1. 오프닝 순덕&정우 인터뷰: 좌상 집 / 예진의 신방. 밤

혼례복을 입고 나란히 앞을 보고 앉아 있는 순덕과 정우.

정우 (정면을 보고 진지하게) 저의 계획은 이렇습니다. 혼례가 끝나는 대로 주변을 정리 후 명나라로 떠날 생각입니다.

순덕 (한숨) 미치겠네.

정우 (당황하여 순덕에게) 지금 저에게 한 말입니까?

순덕 아뇨, 저한테 한 말입니다. (정면 보며) 이게 조선에서 가장 똑똑하다는 선비님이 생각해낸 방법이냐고요. 말도 안 통하는 명나라에서 어찌 살라고.

정우 제가 명나라 말을 할 줄 압니다. 명나라도 중매쟁이는 필요할 것 아닙니까? 저 쌍연술삽니다.

순덕 그래도…

정우	사랑은 곳곳에 있고 모든 것의 시작 아닙니까. 그 사랑의 힘으로…
순덕	(버럭) 여기 조선에서 같이 살 생각은 왜 못하십니까?
정우	어떻게 말입니까? 이 집에서 부인을 놔줄까요?
순덕	(그건 그렇네) 아… 그건 쉽지는 않겠죠. (이내 해맑게) 하지만 방법이 있지 않겠어요.
정우	(어떻게? 걱정스럽게 순덕을 보는데)
순덕	(정면 보고) 제가 여기서 대감님과 함께 할 방법을 반드시 찾을 것이니, 걱정하지 마십시오.

"천생연분"이라고 타이틀 떴다가 "천생"은 지워지고
"청상연분"으로 바뀐다.

"청상연분"

씬2.   **좌상 집 앞. 밤**

터덜터덜 걸어오는 개동이, 대문 앞에서 쓰개치마를 들고
안절부절못하는 삼월어미를 보고,

개동이	아무리 기다려도 아씨는 안 와요… 오늘 집안이 난리 날 것 같은데… (한숨) 들어가지 말까.

이때 예진을 업은 부겸, 빠르게 개동이 옆을 지나간다.

개동이　　　아씨?!

　　　　　　삼월어미, 부겸 등에서 내리는 예진을 보고, "아이고 왜 이제
　　　　　　오세요…" 예진에게 쓰개치마 덮어주며, 예진만 데리고
　　　　　　들어가려는데.

예진　　　　(쓰개치마 벗으며) 서방님, 빨리 들어가요.
삼월어미　　(부겸 보며) 서방님이요? 마님 아시면 경을 치려고…
예진　　　　나 서방님 아니었으면 돌아오지도 않았어.

씬3.　　　산길. 낮

윤부겸, 예진의 손에 이끌려 가고 있다.

[자막 - 한 시진 전(2시간 전)]

예진　　　　선화사에서 오늘 하룻밤만 숨어 있자.
윤부겸　　　(보면)
예진　　　　나한테 다 생각이 있어. 오늘 혼례장에 안 나타났으니…
　　　　　　파투 난 건 한양에 소문 쫙 날 거고, 다시는 혼담 안 들어
　　　　　　올 거야. 그럼 오라버니와 살게 하지 않겠어?

윤부겸, 자리에 멈춰 서자 예진이도 따라 멈춘다.

윤부겸   안 돼… 네가 사람들에게 그런 소리 듣는 거.
예진   다른 사람이 무슨 상관이야. 난 오라버니랑 같이 살기만
         하면 돼.
윤부겸   내가 안 돼. 넌 언제나 귀한 사람이어야 해. 너희 집으로
         가자.
예진   (버티며) 나 안 가, 오라버니랑 살 거야.
윤부겸   내가 너희 어머님에게 말씀드릴게. 너와 혼인하겠다고.
예진   (좋긴 하지만, 걱정이 먼저 된다) 지금 가면, 오라버니… 맞
         아 죽을지도 모르는데…
윤부겸   너는 혼렛날 도망까지 했는데 내가 뭘 못 하겠니?
예진   !

부겸, 예진의 손을 잡고 방향을 바꿔 좌상 집을 향해 뛰기
시작한다.

예진   진짜 괜찮겠지?
부겸   너와 함께 살 수 있다면, 뭐든 할 거야.

예진, 뛰다가 치마에 걸려 넘어지자, 부겸, 예진을 업고 뛴다.

411   第十六話

씬4. 좌상 집 앞. 밤

삼월어미 (예진을 붙잡고) 집안도 지금 난린데… 아씨까지 왜 이래
요. 저 살린다 생각하고 아씨만 들어가요.

삼월어미, 예진을 끌고 들어가려 하자, 윤부겸 막으며.

윤부겸 (근엄하게) 그만하거라. 내 예진낭자와 함께 어머님을 만
날 것이니 비켜서거라.
예진 (윤부겸을 보고 힘을 얻어) 비켜서라지 않느냐.
삼월어미 (이걸 어떡해야 하나 싶은데)
개동이 (갑자기 와서 끼며) 마님이 두 분 다 데려오라 하셨어요.
삼월어미 (어디서 나타난 거야?) 마님이? 진짜?

씬5. 좌상 집 / 예진의 신방 앞. 밤

김문건과 이좌랑 문 앞에 도착한다.

김문건 (확신하는 얼굴) 이 방에 있겠군, 그냥 열어.

이좌랑 문에 붙어 있는 몇몇 사람에게 "잠시 문에서
떨어지시오" 말하고 문을 열려고 하는데,

박씨부인	(무섭게 호통) 지금 뭐 하시는 겁니까?

박씨부인의 호통에 김문건과 이좌랑을 포함한 구경하던
모든 사람의 시선이 몰린다.

박씨부인	대체 뭣 때문에 무례하게 신방을 열려 하십니까?
김문건	그게… 확인할 것이 있어 그럽니다! (일단 세게 나간다)

씬6.   좌상 집 / 별채2 뒤편. 밤

개동이를 따라 몸을 숙이고 몰래 가는 예진과 부겸, 박씨부인과
김문건 실랑이 벌이는 소리가 들린다. (16화 5씬 상황)

예진	(앞쪽 상황을 보고) 어머니가 오라버니도 같이 오라고 한 거 맞아?
개동이	아~ 큰마님 아니고 작은마님이요.
예진	새언니가?

씬7.   좌상 집 / 별채2 / 예진의 신방 앞. 밤

다른 방에 붙어 있던 사람들까지 싹 다 예진의 방에 몰려와
구경하는 상황.

김문건	(어쩌지 하다가) 사기 혼례라는 제보를 받았습니다.
박씨부인	(긴장하지만) 이 방은 제 딸아이의 방입니다. 그럴 일 없습니다. 돌아가십시오!
김문건	(여기서 물러날 수 없다) 신랑 얼굴만 보면 되는데, 왜 막으십니까? 진짜 뭔가 문제가 있는 것 아닙니까?
박씨부인	감히… (문을 막고 서 있다)

김문건, 박씨부인의 반응을 보고,

이 방이라 확신하고 박씨부인을 밀고 방문을 연다.

씬8.　좌상 집 / 예진의 신방. 밤 (15화 64씬 계속)

정우	판윤대감이 눈치챈 것 같습니다.
순덕	(벌떡 일어나더니) 일단 도망가요. 여기서 이 꼴로 걸리면 우리 둘 다 끝장이에요.

순덕, 뒷창문을 열려는데 한발 먼저 열리는 창문!

밖에 땀범벅인 예진과 윤부겸이 방안으로 밀고 들어온다.

순덕과 정우 놀란다. 예진과 윤부겸도 둘을 보고 놀라긴

마찬가지!

순덕	(예진이 잘 들어올 수 있게 받아주며) 아가씨, 왜 이제 와요?

간이 다 쪼그라 붙은 줄 알았어요.

예진   (순덕과 정우를 보며) 둘이 왜… 혼례복을 입고 있어요?

순덕   왜겠어요. 아가씨랑 선비님 이어주려고 이러는 거 아니에
        요. 판윤대감이 신랑 얼굴을 확인하고 다니니 일단 문이
        열리면 24호 선비님 얼굴을 보여주고 쐐기를 박아요!

        예진과 윤부겸, 순덕의 말을 이해 못 해 둘 다 어리둥절한데,
        곧 문이 열릴 듯 덜컹거리자.

정우   이럴 시간 없습니다… 그만 나가야…

        이때 덜컥 방문이 반쯤 열리자,
        정우, 순덕 창으로 도망가긴 늦었다고 생각하는데
        예진, 갑자기 윤부겸을 밀어 눕히고, 그 위에 올라타서

예진   오라버니 고개 돌려!

        윤부겸, 어벙하게 고개를 돌리는데 그 순간 방문이 열린다!

씬9.   **좌상 집 / 예진의 신방 밖 (교차) 신방 안. 밤**

        / 방 밖. 김문건 방문을 열자, 박씨부인을 비롯한 구경꾼들
        방 안을 보는데. 예진이 윤부겸 위에 올라타고 있고, 어벙한

얼굴의 윤부겸 밖을 본다.

김문건   (정우가 아니잖아) 헉!! 이럴 리가 없는데…

박씨부인   (예진이 돌아온 건 다행이지만 윤부겸을 보고 인상이 굳는다) !

예진   (비명을 지른다) 아아아악!!!

구경꾼들 우르르 방안을 구경하자, 박씨부인 일단 방문을
닫는다.

/ 방 안. 방 안 문 양쪽 벽에 붙어 있는 정우와 순덕.

/ 방 밖. 박씨부인 눈에 불을 뿜으며, 김문건에게

박씨부인   당장 내 집에서 나가세요! 내 오늘 일은 두고두고 잊지 않
           을 것입니다.

김문건   (완전 망했다) 이상하다… 왜 의빈이 없지. (슬금슬금 자리
           를 피한다)

이씨   (갸웃) 신부는 좌상집 따님이 맞는데 신랑은 병판집 도령
           이 아니잖아.

오봉   (슬쩍 껴서) 병판댁 도령은 맹박사댁 둘째랑 혼인했다니
           까. 이 댁 아가씨는 예전부터 집안끼리 정한 정혼자가 있
           었어요.

마산댁   형님은 헷갈릴 게 따로 있지… 내가 못 산다.

이씨   아닌데… 그럼 난 도대체 누구 중매를 선 거야?

             사람들의 말을 들은 박씨부인, 꼭 쥔 손이 부들부들 떨린다.

삼월어미   (박씨부인 눈치 보며 다급하게) 자 그만들 돌아가시게~

             구경꾼들 삼월어미에 밀려 나가면,
             무서운 얼굴로 예진의 신방 안으로 들어가 문을 닫는 박씨부인.

씬10.   좌상 집 / 예진의 신방. 밤

             박씨부인이 방안에 들어서자, 예진과 부겸의 도움을 받아
             뒷창문으로 빠져나가려던 정우와 순덕 그대로 멈춘다.
             예진과 윤부겸만으로도 열받는데, 신랑 복장을 한,
             정우와 순덕이 함께 있는 것을 보니 눈이 도는 박씨부인!

순덕   어머님… 제가 다 설명 드리겠습니다.

             박씨부인, 그대로 다가가 순덕의 뺨을 때린다! 휘청거리는
             순덕! 놀란 정우, 순덕을 자기 품 안으로 보호하며

정우   괜찮습니까, 부인!
박씨부인   (발악) 당장 떨어지지 못해!! (순덕을 정우에게서 잡아끌자)

처음 보는 어머니의 모습에 예진, 당황하며 박씨부인을 말린다.

예진   어머니, 새언니는 다 저 때문에 한 일이니, 고정하세요.

박씨부인   내, 너에게 무척 실망했다. 비키거라.

예진   …

박씨부인   (순덕에게 다가가) 애초부터 병판댁 아들을 원녀와 혼인시
         킬 속셈으로 순진한 예진일 꼬득인 것이냐? 병판 가문과
         의 혼사가 얼마나 중요한지 그리 말했건만, 네가 어찌 나
         에게 그럴 수 있단 말이냐.

순덕   (밀리지 않고 단호하게) 저에겐 아가씨 마음이 더 중요했습
         니다.

박씨부인   그깟 마음이 뭐가 중요해!

예진   어머니, 제발 그만 하세요. 새언니 때문이 아니라 제가 선
         택한 거라고요!

박씨부인   (보면)

윤부겸   예진낭자와 혼인을 허락해 주십시오. 제가 부족한 것이 많
         지만, 이 집에 어울리는 사람이 되도록 노력하겠습니다.

박씨부인   아무리 노력해도 너 따위는 우리 가문과 어울리는 사람이
         될 수 없다. 내 집에서 당장 나가!

예진   어머니가 그렇게 말하신다면 저도 서방님 따라 이 집을
         나가겠어요. 서방님, 가요. (윤부겸을 잡아 나가려는데)

윤부겸   (예진이 말리며) 예진아, 너까지 어머님에게 그러면 안 돼.

순덕   두 분이 서로를 많이 아끼십니다. 어머님, 허락해주세요.

박씨부인	(부들부들 떨며) 감히… 감히 니들이…
정우	(사무적으로) 부인, 고정하십시오. 이미 치러진 혼례 아닙니까?
박씨부인	(!!) (정우 보면)
정우	(차갑게) 보는 눈이 많은 혼례인데 정녕 따님이 혼례 전에 도망친 것을 모두에게 알리고 싶으십니까?
박씨부인	대감도 함께 꾸민 일입니까?
정우	금상께서 하명하신 혼례인데, 끝까지 최선을 다해야지요.
박씨부인	(순덕에게) 외간 남자와 통정하여 내 딸과 집안의 앞길을 막는 것이 너의 방식인 것이냐?
순덕	!
박씨부인	네가 한 짓에 대한 벌은 반드시 받게 될 것이다.

박씨부인, 방을 나간다.

씬11. 여주댁 초가집 / 마당. 밤

복희와 함께 집 안으로 들어오는 여주댁, 손에는 잔치 음식이 든 바구니 들려 있다. 둘을 기다리고 있던 안동건 일어나 맞는다.

여주댁	너무 늦었죠, 잠시만 기다리세요. 잔치 음식 가져왔으니, 밥만 하면 돼요.(서둘러 부엌으로 들어가려는데)

안동건	(쑥스러운 얼굴로) 밥은… 제가 해놨습니다.
여주댁	(놀라며) 나리가… 밥을요?
안동건	…잘 되진 않았지만… 먹을 순 있을 겁니다.
여주댁	(안동건의 자상함에 감동한다)
안동건	(망설이다가) 그리고 이거…

안동건, 등 뒤에 감추고 있던 들꽃으로 만든 둥근 화관 두

개를 내민다. 여주댁과 복희, 화관을 받아 들고 좋으면서

어리둥절한데.

안동건	저와 혼인해 주십시오.
여주댁	!
복희	(둘을 보고 웃는다)

[CUT TO]

화관을 머리에 쓴 여주댁은 안동건과 정안수를 떠놓고

맞절을 하는 것으로 조출하게 혼례를 치른다.

| 복희 | 이제 아저씨 말고 아부지라고 불러도 돼요? |

여주댁이 보자, 안동건 쑥스럽게 웃는다.

씬12.　좌상 집 일각. 밤

정우, 순덕의 부은 뺨에 조심스레 손을 대며

정우	괜찮습니까?
순덕	…
정우	부인, 지금 저와 함께 갑시다.
순덕	지금이요? 안 됩니다.
정우	혼례가 끝나면 제 말을 따르기로 하지 않았습니까?
순덕	기다려달라 하지 않았습니까? 뭐가 그리 급하십니까.
정우	(울컥) 여기 있다간 부인이 무슨 일을 당할지 모릅니다.
순덕	저희 오라버니가 여기 계시지 않습니까. 걱정 마십시오.
정우	(어떻게 걱정을 안 해) 그럼 저도 오늘 여기 있겠습니다.
순덕	대감님이 여기 계시면 상황이 더 안 좋아집니다. 제가 기별할 테니, 오늘은 돌아가십시오.
정우	(안타깝게 바라본다) 내일 바로 기별 주셔야 합니다.
순덕	(애써 밝게 웃으며) 알겠습니다.

씬13.　좌상 집 / 안채 마당. 밤

순덕과 예진, 안채로 같이 들어온다.

순덕	(안방을 보며 긴장하는데)
예진	나 때문에 꾸민 일이라도 의빈대감과 새언니가 혼례복을

입고 있어 어머니가 많이 놀라셨을 거예요. 그래서 화가 많이 나신 것 같으니, 새언니가 이해해줘요.

순덕   아가씨…

예진   (보면)

순덕   저… 경운재 대감님 좋아해요.

예진   그게 무슨 말이에요?

순덕   미안해요.

예진   …이건 새언니 편 못 들겠네요.

순덕   (그렇겠지, 하면서도 서운한데)

예진   하지만 이틀… 아니 하루만 지나면 새언니 편 해줄게요.

순덕   !

예진   새언니도 언제나 내 편이었잖아요.

순덕   (눈물이 글썽) 아가씨…

예진   (큰 심호흡) 오늘은 어머니께 내 혼사 이야기만 해요. 새언니 얘기까지 하면 진짜 쓰러지실지도 몰라요.

씬14.   좌상 집 / 안채 / 안방. 밤

주먹을 꽉 쥔 채 생각에 잠긴 박씨부인, 화가 좀처럼 가라앉지 않는데.

순덕   [E] 어머님… 저 근석어밉니다.

박씨부인   (!!) (화를 누르며) 돌아가거라, 네 얼굴 보고 싶지 않다.

그러나 방문이 열리고 순덕이 보이자,

박씨부인   (버럭) 내, 보기 싫다지 않느냐! 남편도 동생도 죽여가면
           서 지킨 가문인데 네가 다 망쳤어!

순덕 놀라고, 순덕을 따라 들어오던 예진도 놀란다.

예진   어머니가… 그러신 거예요?
박씨부인   (예진을 보고 당황하여 아무 말 못 한다)

예진이 그대로 돌아나가고, 순덕 예진이를 쫓아간다.
박씨부인, 난감한 얼굴에 순덕에 대한 분노가 더 커진다.

씬15.   좌상 집 / 예진의 방. 밤

예진, 울면서 떨리는 손으로 보자기에 짐을 싸고 있다.

예진   당장 서방님 집으로 가자…
윤부겸   (예진을 말리며) 우리가 이렇게 가버리면 근석이와 아주머
           니는 어떡해. 우리를 이어주기 위해 가장 애쓰셨잖아. 이
           제 우리가 도와드려야지.
예진   서방님…
윤부겸   이제 집안 문제, 나랑 같이 풀어가자. 나는 너희 집에서 원

하는 사람이 되도록 노력하고 싶어. 예진이 너를 위해서.

예진, 짐 싸던 손을 멈추고 울기 시작하고, 윤부겸은 그런
예진을 다독인다.

씬16. 좌상 집 / 별채 / 누마루. 밤

밤하늘을 바라보고 멍하니 앉아 있는 순덕.

씬17. 좌상 집 / 별채 / 마당 일각. 밤

박씨부인, 어둠 속에서 누마루의 순덕을 서늘한 눈으로
바라보다, 바닥에 핀 꽃을 그대로 밟고 간다.

씬18. 도성 전경. 낮

씬19. 조씨부인 집 / 안방. 낮

순구와 삼순, 시열과 두리, 조씨부인 앞에 앉아 있다.

조씨부인   이서방, 용기를 내줘서 고맙네.
시열   두리낭자… 아니 부인이 더 용기를 내주었습니다.

삼순	(두리 보며 놀리듯) 작은 언니가?
두리	(창피한지) 그런 거 아니야.
조씨부인	두 사람의 힘으로 얻은 연분이니 앞으로도 지금처럼 서로 아끼며 다정하게 살게나.
시열	말씀 명심하고, 잘 살겠습니다.
조씨부인	정서방도 혼례 치르느라 고생했네. 동생분은 괜찮으신가?
순구	보는 눈이 많은 혼례라, 당분간은 괜찮을 듯합니다. 차후에 아버지와 상의하여 친정으로 불러올 생각입니다.
조씨부인	꼭 그리해주시게. 동생분에게 우리 딸들 혼사로 신세를 너무 많이 지었어요.
삼순	저도 도울게요.
순구	(삼순에게 미소) 고맙소.
조씨부인	우귀 날은 첫째의 가례가 끝나는 대로 정해, 집안에 기별할 터이니 그전에도 종종 방문하게나.
	[자막 - 우귀: 신부가 시집으로 오는 의례]
삼순	매일 와도 됩니다.
순구	(부끄러워하면서) 부인… 그런 말은 둘이 있을 때 하십시오.
삼순	부인이요… (부인이란 말에 좋아한다)
시열	(가만히 두리의 손을 잡으며) 우리 다정하게 잘 삽시다.
두리	(고개를 끄덕인다)

씬20.　　궁궐 / 임금의 처소. 낮

임금과 독대하는 정우, 내내 순덕의 생각으로 표정이 좋지
못하다.

임금　　　세자에게 원녀 혼례가 아주 요란스러웠다 들었다.

정우　　　송구스럽습니다.

임금　　　나무라는 것이 아니라, 잘했다고 칭찬한 것이다.

정우　　　(보면)

임금　　　그 집안이 병판과 사돈을 맺어 내게 좋을 것이 없지 않느
　　　　　냐. 혼례에서 보인 세자의 의젓함에 대신들의 우려도 많
　　　　　이 사라진 것 같다.

정우　　　…

임금　　　보아하니 네가 중매에 탁월한 능력을 보이는 것 같은데
　　　　　쭉 중매 일을 해보는 건 어떠냐.

정우　　　(보면)

임금　　　농이다, 정색하기는. 너의 상소는 곧 처리될 것이다. 하고
　　　　　싶은 일을 생각해 보거라.

씬21.　　이대감(시열) 집 / 안방. 낮

순덕(장사치 복장), 정씨부인 앞에 앉아 있다.

정씨부인　　자네가 혼례도 끝내지 않고 야반도주했다 하여 내 얼마나

426

원망했는지 모르네.

순덕   죄송합니다. (두리의 사주단자를 꺼내놓으며) 절차에 맞지

           않지만, 며느님의 사주단자입니다.

정씨부인   지금 절차가 뭐가 중요하겠는가? 다 망한 좌상집보다 세

           자빈의 처가가 백번 낫지.

순덕   (마음이 복잡하다) …

씬22.   좌상 집 / 별채 뒷마당. 낮

순덕, 담을 넘어 뒷마당으로 내려와 고개 들면 박씨부인 서

있다.

순덕   !

박씨부인   내 할 말이 있으니 그 천박한 옷은 갈아입고 방에서 기다

           리거라. (돌아서 가버린다)

순덕   …

씬23.   경운재 / 누마루. 낮

걱정 많은 얼굴로 앉아 있는 정우.

오봉이 서찰을 들고 급히 들어오며

오봉   좌상 댁에서 급한 서찰이 왔습니다.

정우, 서찰을 받아 바로 펴본다.

근석   [E] 스승님 어머님 때문에 급히 상의드릴 일이 있습니다.
          저희 집으로 와주십시오.

정우   !

씬24.   좌상 댁 / 별채 / 마당. 낮
삼월어미의 안내를 받으며 별채로 들어서는 정우.

삼월어미   도련님께서는 안에 계십니다.

정우, 삼월어미가 말하는 순덕의 방으로 급히 들어간다.
별채 일각에서 이를 지켜보는 박씨부인.

씬25.   좌상 댁 / 별채 / 순덕의 방. 낮
정우, 방으로 들어서자, 근석이 아닌 순덕이 있다.

정우   (놀라며) 부인… 괜찮은 겁니까?

순덕   (놀라) 대감님께서 여긴 어인 일로 오셨습니까?

정우   근석이가 급한 일이라 서찰을…

이때 밖에서 문을 잠그는 소리가 들린다!

정우와 순덕, 동시에 '함정이었구나!!' 생각한다.

순덕 바로 문을 열려 하지만 밖에서 잠겼다.

정우, 역시 창문이며 모든 문을 열려고 하지만 열리지 않는다.

박씨부인	〔E〕 빠져나갈 수 없으니 애쓰지 마십시오.

순덕과 정우, 박씨부인의 목소리에 놀라 문 쪽을 동시에 본다.

씬26. 좌상 댁 / 별채 / 순덕의 방문 앞. 낮

박씨부인	(방문 앞에 서서) 의빈이 내 며느리를 겁탈했다 고발했으니 곧 의금부에서 추포하러 올 것입니다.
순덕	〔E〕 어머님, 이러지 마세요.
박씨부인	억울해할 것 없다. 네 선택의 결과가 이것이니, 순리대로 받아들이거라.

별채 건물 주변을 하인들이 둘러싸 지키고 있다.

씬27.   좌상 댁 / 별서 / 방안. 낮

정우   부인을 위험에 빠트리다니 제가 너무 경솔했습니다. 별채
       로 안내했을 때 알았어야 했는데…(자책한다)
순덕   대감님 탓이 아닙니다.
정우   아니요, 이 모든 게 다 제 잘못 같습니다. 그때 세책방에
       서 부인에게 반하지 말았어야 했습니다.
순덕   반하지 않았다 하시더니, 그때 저한테 반하신 게 맞군요.
정우   (보면) 지금 농담이 나오십니까?
순덕   전 제 잘못 같아 그럽니다. 대감님이 도망가자 하셨을 때
       따라갈걸, 그랬습니다.

       둘이 서로를 보며 미소 짓는다.

순덕   차라리 이리 들키고 나니 속이 후련한 것도 같습니다.
정우   그래도 부인은 끝까지 아니라고 하셔야 합니다.
순덕   (보면)
정우   저 혼자 좋아한 것입니다.
순덕   그럴 순 없어요. 제가 얼마나 대감님을 좋아하는데요.
정우   그래도 아니라고 하셔야 합니다. 나는 버틸 수 있습니다.
순덕   (고개를 저으며) 아니요… 혼자 고초를 당하시면… 대감님
       이 우리의 만남을 후회하게 될까, 저는 너무 두렵습니다.

정우, 순덕의 손을 가져와 자신의 가슴에 대고

정우   (미소를 띤 채) 내 가슴이 왜 뛰는지 아십니까?
순덕   두려워서요?
정우   아니요. 당신을 사랑해서 뛰는 겁니다. 그러니 우리의 만
           남을 후회하는 일은 없을 겁니다, 영원히. (순덕을 가만히
           안는다)
순덕   (눈물이 흐른다)

두 사람 뒤로 열리는 문, 의금부 군사들이 들어와
정우를 순덕에게서 떼어놓는다.

씬28.   좌상 집 / 별채 / 마당. 낮
박씨부인이 지켜보는 가운데 의금부 군사들이 정우를 끌고
나온다.

씬29.   궁궐 / 임금의 처소. 밤

임금   경운재 의빈이 무슨 일로 고발당했단 말이냐?
도승지   죽은 좌상의 며느리, 정씨를 겁탈한 것이 이유랍니다.
임금   (황당하다) 겁탈? 의빈이? 그 무슨 말도 안 되는 소리인

가?

의금부도사   소신도 그리 생각하였으나, 의빈과 정씨가 한 방에서 잡

힌 터라 사실인 것 같습니다.

임금   내 직접 듣기 전엔 믿을 수 없다.

씬30.   궁궐 / 의금부 고신실. 밤

도승지와 함께 온 임금, "과인 혼자 만나겠다. 잠시 물러나

있거라"라고 말하고 혼자 안으로 들어간다.

임금   이것이 무슨 일이냐?

정우   …

임금   함정에 빠진 것이냐?

정우   … 아닙니다.

임금   아니면, 네가 진정 부녀자를 겁탈하려 했단 말이냐?

정우   맞습니다. 저 혼자 연모하여 억지를 부린 것이니, 그 부인

에겐 피해가 없도록 해주십시오.

임금   (황당한 얼굴) 지금 그것이 과인에게 할 말인가?

정우   …

임금   (싸늘하게) 내 그동안 너를 잘 몰랐던 것 같구나.

씬31.   도성 전경. 낮

씬32.   좌상 집 / 별서. 낮

박씨부인과 마주 앉은 순구.

순구   제 누이가 추문에 싸여 이 댁에 누를 끼친 것 같습니다. 아
            버님과 제가 동생을 저희 집으로 다시 거두려고 합니다.

박씨부인   (예의 바르지만 써늘한) 누라니요, 근석어미가 잘못한 것이
            아니지 않습니까?

순구   그래도…

박씨부인   시집왔으니 이제 우리 집 사람입니다. 어떤 일이 있어도
            이곳에서 여생을 보내는 것이 맞습니다.

순구   누이를 만날 수 있을까요?

박씨부인   (부드럽지만 단호한) 지금 아무도 보고 싶지 않을 것입니
            다. 내 근석어미가 사람들에게 손가락질받으며 살지 않도
            록 할 터이니 너무 걱정 마세요.

순구   (불안하다) …

씬33.   좌상 집 / 별채 / 순덕의 방. 낮

안절부절못하는 순덕. 문 열리는 소리가 들리고, 남자 하인과
함께 방 안으로 들어온 삼월어미.

순덕   내, 어머님을 만나야겠다.

순덕, 나가려 하지만 남자 하인이 막는다.

삼월어미는 손도 안 댄 밥상을 들고 나가버린다.

방 안에 갇힌 순덕, 정우 걱정으로 미치겠다.

씬34.   의금부 / 감옥. 낮

감옥에 갇혀 있는 정우.

감옥 밖, 박씨부인 정우를 내려다보며 서 있다.

박씨부인	내가 한 충고를 들었으면, 상소가 허해져 출사도 하고 동노파의 수장이 됐을 텐데, 한순간의 감정을 다스리지 못해 이리 나락으로 떨어졌군요.
정우	나락으로 떨어진 것은 제가 아니고 부인입니다.
박씨부인	지금 본인의 처지를 알면서 그런 소릴 합니까?
정우	부인이 8년 전 사용한 금잠고독이 어떤 독인지 아십니까?
박씨부인	…
정우	고서에 따르면 금잠고독을 사용한 사람은 재물이 넘치고, 높은 곳에 오른다고 합니다. 허나 종국엔 그 독을 쓴 사람을 파멸시킨다더군요.
박씨부인	!
정우	그 독 때문에 아들이 죽고, 동생과 지아비도 죽었으니… 저주는 사실이었나 봅니다.

박씨부인	그런 고서의 전설 따위가 위안이 되신다면 맘대로 생각하
	십시오. 하지만 곧 파멸할 사람은 누가 봐도 대감입니다.
정우	두고 보면 알겠지요.

씬35. 홍월객주 / 비밀창고. 낮

벽면에 "青青駙婦 救出 大作戰(청청부부 구출 대작전)"이라 써

붙어 있고 삼순과 두리, 시열, 오봉, 홍천수까지 탁자에 모여

앉아 회의 중이다.

삼순	우리 서방님이 작은 시누이를 친정으로 데려오려고 백방
	으로 노력 중이니 기다려봐야 할 것 같습니다.
홍천수	문제는 의빈대감님인데…
시열	의금부 감옥 밑으로 땅을 파서, 대감을 꺼내오면 어떻겠
	소?
오봉	(답답해하며) 어느 천년에 땅을 팝니까.
두리	간수에게 술을 먹여서 재운 다음, 대감을 꺼내오면 안
	돼?
오봉	아가씨까지 왜 이러세요? 소설처럼 의금부 감옥이 그리
	허술하지 않습니다.
삼순	지금 소설을 비하하신 겁니까?

이때, 순구 다급하게 비밀창고 안으로 들어오면서

순구   오늘 밤 의빈대감에게 사약이 집행된답니다.

.   사약이란 말에 모두 놀란다!

씬36.   좌상 집 / 별채 / 순덕의 방 앞. 밤
방 자물쇠를 여는 삼월어미,
문을 열면 박씨부인, 방 안으로 들어간다.

씬37.   좌상 집 / 별채 / 순덕의 방. 밤
순덕과 마주 앉은 박씨부인,
한참을 말없이 순덕을 보다가 결심한 듯 은장도를 꺼내놓는다.

순덕   !!

씬38.   궁궐 / 의금부 고신실. 밤
빈 소반이 놓여 있고, 정우 그 앞에 무릎을 꿇고 앉아 있다.
의금부 도사와 사약을 든 내의원 궁인 서 있다.
내의원 소반에 사약 사발을 내려놓는다.

의금부도사   죄인은 어명을 받으시오.

정우	…
도승지	〔E〕형을 멈추시오.

보면, 임금과 도승지 의금부 고신실 안으로 들어온다.

도승지, 의금부도사에게 자리를 비키자는 눈짓하며,

의금부 도사를 비롯한 궁인들과 함께 나간다.

정우와 임금만 남은 상황.

임금	지금이라도 네가 박씨부인의 함정에 빠진 것이라고 말한다면, 감히 왕실의 일원인 의빈을 모함한 죄를 물어 박씨부인을 엄벌하고, 너는 다시 의빈의 자리로 돌아가 이전의 삶을 살게 해주겠다.
정우	…
임금	하지만 네가 끝까지 조대감 집 며느리 정씨를 연모하여 벌인 일이라고 하면, 나는 너에게 사사를 명할 수밖에 없다.
정우	소신, 죄를 인정하고 사사를 받겠습니다.
임금	…

씬39. 좌상 집 / 별채 / 순덕의 방. 밤

순덕과 박씨부인 사이에 놓인 은장도.

박씨부인	내 아들을 배신하고 우리 가문을 망친 너를 그냥 둘 수는 없다.
순덕	(은장도를 본다)
박씨부인	그동안의 정을 생각하여 너에게 베푸는 내 마지막 배려다.
순덕	어머님, 저는…
박씨부인	오늘 의금부에서 경운재 의빈의 사사가 집행된다 했으니, 의빈은 이미 이 세상 사람이 아니다.
순덕	!!

씬40.   궁궐 / 의금부 고신실. 밤

홀로 남은 정우, 일어나 임금이 있는 쪽으로 절을 하고, 사약을 마신다. 그대로 쓰러지는 정우.

씬41.   좌상 집 / 별채 / 순덕의 방. 밤

순덕	…
박씨부인	네가 결단을 내리기 수월하도록 알려주는 것이다.

순덕, 은장도를 집어 칼집에서 칼을 꺼낸다.
그리고 결심한 듯 칼을 가슴을 향해 든다.

438

씬42. 궁궐 전경. 아침

씬43. 임금의 처소. 낮

임금, 상소를 읽다가 앞에 도승지에게

임금　　조대감의 며느리, 정씨가 자결했다고?

도승지　하여 조씨 문중에서 정려비를 내려달라는 상언이 있었습니다.

　　　　[자막 - 상언(上言): 신하가 임금에게 올리는 글]

임금　　(무심히) 도승지가 검토해 보게. (다시 상소를 읽는다)

씬44. (정우의 상상) 백초방 / 치료실. 밤

몽환적 분위기. 의식 없이 앓아누워 있는 정우.

옆에 앉아 있는 순덕, 정우의 손을 잡으며.

순덕　　혹여 우리가 다시 만날 수 없다 해도, 무슨 일이 있더라도. 제가 사랑한 모습 그대로 어여삐 살아주십시오. 그래야 우리의 만남을 후회하지 않을 것 같습니다. 우리는 반드시 다시 만나게 될 것입니다. 우린 그런 운명입니다.

　　　　순덕이 잡고 있던 정우의 손이 서서히 움직이더니. 순덕의 손을 잡는다.

순덕   (!) (반색) 이제 정신이 드십니까?

정우, 눈을 떠 순덕을 보고는 안도의 미소를 지으며 다시 잠에
빠져든다.

씬45.   백초방 / 치료실. 낮

"대감⋯ 대감마님⋯" 오봉의 목소리 들리고
정우, 다시 눈을 뜨면 오봉과 유의원이 보인다.

오봉   정신이 드십니까?
정우   (끙⋯ 몸을 일으키며 순덕부터 찾는다)
오봉   (정우를 덥석 안으며) 열흘 동안 깨어나지 않아 진짜 돌아
         가시는 줄 알고⋯ 제가 얼마나 가슴을 졸였다고요!
유의원   어의 출신인 나에 대한 믿음이 그리 없어서야⋯ 원.
정우   (현재 상황이 이해가 안 된다) 이게 다 어찌 된 일이냐?
유의원   대감을 살리고자, 전하께서 은밀히 명하신 일입니다.
오봉   저도 유의원한테 듣고 알았다니깐요.
정우   !!

정우, 일어나려 하지만 몸에 힘이 없어 그대로 쓰러진다.

오봉, 그런 정우를 부축한다.

오봉   아직 움직이시면 안 돼요…

유의원   미량이나 독성분이 있는 약이라, 당분간 요양하며 치료를
         받으셔야 합니다.

정우   (힘겹게 몸을 일으키며) 날 걱정하고 있을 부인을… 만나야
         겠다.

정우의 말에 오봉과 유의원은 서로를 바라만 볼 뿐 말이 없다.

정우   (둘의 분위기가 이상하자) 무슨 일이냐.

오봉   그것이…

유의원   대감님께서 사약을 드시고 며칠 뒤… 자결하셨답니다.

정우   (!) 그럴 리 없다… 내가 직접 확인을…

정우, 다시 일어나 나가려다 그대로 혼절한다.

정우   [E] 신라 사람들은 쌍연술사를 사랑의 술사가 아닌 외로
         운 술사라고 불렀으니, 그들과 혼례를 맺는 연분들은 반
         드시 단명하기 때문이다.

씬46. 윤부겸의 초가집. 낮

[자막 - 한 달 후]

개동이 빨래를 마당에 널고 있다.

마루엔 윤부겸이 근석 공부를 가르치고 있고,

예진은 그 옆에서 산가지를 이용하려 장부를 정리하고 있다.

예진   가정학습 할 만해?

근석   고모부님이 학당 스승님보다 더 잘 가르쳐주십니다.

윤부겸   (미소)

근석   고모부님, 이번에 대과를 보십니까?

예진   아니, 농사지어야지 대과 준비할 시간이 어딨어.

근석   고모님 꿈은 정경부인 아니십니까? 그러려면 고모부가
         정일품 벼슬을 하셔야지요.

예진   나 꿈 바꿨어. 만석꾼 마님으로. 그러니까 우리 서방님은
         진사만 하면 돼.

근석   꿈이 어떻게 변합니까?

예진   엄밀히 말하면 변한 건 아니지. 너 부귀영화란 말 알지?

근석   재산이 많고 지위가 높으며 귀하게 되어서 몸이 세상에
         드러나고 이름이 빛난다는 뜻이 아닙니까?

예진   그럼, 부가 왜 귀보다 먼저 나오는 줄 알아? 부하면 귀함
         이 따라오기 때문이야. 그러니 만석꾼이 되면 사람들이
         날 귀하게 여기지 않겠어?

근석   고모님은 점점 어머니를 닮아가는 것 같습니다.

예진	그런가? 그럼 좋은 거지.

씬47. 조씨부인 집 / 삼순의 방. 낮

꾀죄죄한 몰골의 삼순이 책상에 퍽 머리를 박자, 맞은편에는
필사하던 순구,

순구	(놀라) 왜… 글이 잘 안 풀리십니까?
삼순	(금방이라도 울듯이) 작가는 배가 고파야 글이 잘 써진다고 하던데, 그 말이 맞나 봅니다. 서방님 덕분에 부족한 것 없이 사니 자꾸 놀고 싶고, 꾀가 납니다.
순구	(그런 삼순이 귀엽다) 칭찬인지 타박인지 알 수가 없네요. 어디가 안 풀리시길래 그러십니까?

순구, 삼순 옆으로 가 쓰던 글을 보는데,
삼순, 순구의 얼굴이 가까이 다가오자 금세 긴장한다.

삼순	(말을 더듬는) 그게… 작은마님이 도망가다 갑자기 눈이 맞았는데… 급박한 상황에 이런 모양새가 가능한지 고민이 됩니다.
순구	해보면 알지요.
삼순	(당황 밖을 살피며) 아직… 대낮인데요?
순구	책 납품이 내일 아닙니까? 이럴 시간이 없습니다. 부인.

바닥으로 쓰러지는 두 사람.

[CUT TO]
삼순, 소설 앞표지에 "백묘의 첫 소설, 조선의 마지막
쌍연술사"라고 쓴다.

순구   드디어 끝내셨네요.
삼순   이제 다시 시작이지요.

씬48.   홍월객주 / 마당. 낮

"조선의 마지막 쌍연술사" 소설책을 앞에 두고 이야기꽃을
피우는 사인방.

개성댁   (감동한 얼굴로) 소설 속 쌍연술사, 너무 멋있지 않습니까?
         장원급제로 출세가 보장됐는데, 사랑 때문에 다 포기하
         고, 10년 동안 공주의 죽음을 파헤친 것도 감동인데… 연
         모한 마님을 살리기 위해 사약까지 마시다니… 이분은 완
         전 사랑 그 자체인 것 같습니다.
마산댁   결국 마님을 못 살렸잖아.

마산댁의 말에 감동이 깨진 개성댁, 입을 삐죽거린다.

전주댁	소설엔 자결로 돼 있는데, 시어머니가 죽인 게 맞는 거지?
마산댁	그렇다고 봐야지. 좌상 집은 터가 안 좋은 것 같아.
이씨	그거~ 다 지어낸 이야기야.
마산댁	무슨, 내용이 딱 죽은 의빈대감과 좌상댁 며느리의 사랑 얘긴데…
이씨	사랑은 개뿔… 불륜이지.
개성댁	(발끈하여) 홀아비와 과분데, 뭐가 불륜이에요. 누가 뭐래도 그건 사랑이에요.

화면 넓어지면, "조선의 마지막 쌍연술사" 소설책을 빌리려는 사람들로 길게 줄을 서 있다.

씬49.   조씨부인 집 / 마당 대청마루. 낮

바느질하는 두리의 무릎을 베고 누운 시열.

시열	힘들지 않습니까?
두리	(장난스럽게) 무거워.
시열	(놀라서 발딱 일어나) 배가요?
두리	(얼굴 발개지며) 미친, 한 달도 안 됐는데… 니 머리통이 무겁다고.
시열	(서운해서) 부인, 이제 내가 귀찮습니까?

두리	(장난친 건데… 수습 중) 그게… 아니고, 바느질 중이니까.
시열	(괜히 엄하게) 부인은 그 바느질이 중합니까, 제가 더 중합니까?
두리	(어이가 없어서) 이런 벼엉~ (하려는데)
시열	(두리의 입을 막으며) 애가 듣습니다.
두리	(시열 손 치우며) …누가 애인지 모르겠네.

헛기침 소리 들리고, 조씨부인, 하인의 부축을 받으며 방에서
나온다.

시열	(벌떡 일어나) 백초방에 가십니까? 제가 모시겠습니다.
조씨부인	나는 되었으니, 두리 옆에 있어주게.

시열, 조씨부인을 배웅하고 마루로 돌아오면 두리, 자기 무릎을
톡톡 친다. 시열, 신나서 다시 두리의 무릎을 베고 눕는다.
두 사람 앞에 놓인 배냇저고리에 나비 수가 놓여 있다.

두리	내가 그렇게 좋아? 누가 보면 팔불출이라고 욕해.
시열	하라지요. 누가 겁납니까? 내가 혼례식에 신부까지 바꿔본 사람인데, 내 부인에게만 욕 안 먹고 살면 됩니다.
두리	(피식 웃다가) 여주댁… 보고 싶네.

씬50.　동궁전 / 도서관. 초저녁

세자와 하나, 마주 앉아 토론 중이다.

내관과 궁녀들 좀 떨어진 곳에서 그런 둘을 보고,

"두 분이 이제 토론을 시작했으니 오늘도 날 새겠네",

"우리까지 잠자긴 텄어" 한숨을 쉰다.

화면 세자와 하나 가까이 비추면 세자와 하나, "조선의 마지막

쌍연술사"를 가운데 놓고 토론 중이다.

세자　　이야기 참 모진 것 같습니다. 둘 다 이리 세상을 떠나다

　　　　니…

하나　　원래 소설이란 슬프게 끝나야 사람들의 마음에 오래 남는

　　　　법입니다.

세자　　그래도 나는 행복한 결말이 좋습니다.

하나　　(웃으면서) 저도 그렇습니다. 그나저나, 이제 만났을까요?

씬51.　홍월객주 / 세책방. 낮

홍천수, "조선의 마지막 쌍연술사" 책을 옆에 놓고

장부에 대여자 명단을 확인하는데 덥석 그 책을 집어 가는 손.

홍천수　　그 책은 이미 예약자가 있습니다. 내려놓으시지요.

하고 고개를 들면, 책을 집어 간 사람은 미행 나온 임금이고,
옆에 도승지 서 있다,

임금   이런 허무맹랑한 소설이 잘 나가나 보군.

홍천수   (단박에 지체 높은 분이라 느껴, 일어나 정중하게) 무슨 일로
          오셨습니까?

임금   여기 처박혀 책에 빠져 사는 간서치를 만나러 왔다.

씬52.   홍월객주 / 비밀창고. 낮

홍천수의 안내로 도승지와 비밀창고 안으로 들어오는 임금,
흥미로운 얼굴로 창고 내부를 둘러본다.

홍천수, 후다닥 안쪽에 들어가 책들에 파묻혀
책을 읽고 있는 정우(평민 같은 검소한 복장)에게

홍천수   대감님… 얼른 나와봐요. 높으신 분이 오셨어.

정우   (고개를 빼고 보고는) !

[CUT TO]
탁자에 앉은 임금, 그 앞에 서 있는 정우.

정우   이런 누추한 곳까지 어인 일이십니까?

임금	과인이 올려다보게 하지 말고 앉거라.
정우	(임금 앞에 앉는다)
임금	유의원 말이 몸이 완전히 나았다 하니, 이제 슬슬 일해야 하지 않겠느냐?
정우	소신, 아직 마음의 상처가 아물지 않았습니다.
임금	원래 다들 마음의 상처 하나쯤은 가지고 사는 법이다.
정우	…

도승지는 어사 마패와 새로운 신분의 호패를 꺼내 탁자에
놓는다.

임금	세간엔 네가 죽은 걸로 되어 있으니 새로운 신분을 마련했다.
정우	(호패를 들어보며) 박.문.수?
임금	전에 암행어사 임무를 수행하던 자인데, 산에서 호랑이를 만나 비명횡사했네.
정우	비명횡사요? (이거 뭔가 불길한데?) 소신이 박문수을 대신하는 게 처음 맞습니까?
임금	아니지. 자네가 네 번째…
도승지	다섯 번째입니다.
정우	(!)
임금	(이런 말실수 했군) 그렇다고 앞선 자들이 모두 죽은 것은 아니다. 너무 걱정 말아라. 너는 탐관오리를 잡는 것도 아

니니.

정우, 보면 도승지 "팔도 원녀 광부 명단" 책을 내려놓는다.

임금	자네 할 일은 조선 팔도를 돌며 광부와 원녀를 소탕하는 일이네.
정우	(발끈하여) 광부와 원녀가 산적입니까? 소탕하게!
임금	누구 앞이라고 눈을 부라리는 것이냐? 나 임금이다.
정우	소신은 아직…
임금	마음의 준비가 안 됐다는 말은 그만하고 내일 바로 길을 떠나거라. 내 친히 중매쟁이까지 구해놓았으니 당장 찾아가 보거라. 너의 병 치료 때문에 오래 기다렸을 것이다.

씬53. 남촌 거리. 초저녁

약도가 그려진 종이를 들고 길에 선 정우, 거리를 둘러보며
표정이 변한다.

씬54. 남촌 / 어느 초가집 (12화 13씬과 동장소). 초저녁

정우, 초가집 안으로 들어가면 아무도 없다.

정우	이 집은…

[INS] 12화 13씬.

정우와 순덕 나란히 평상에 앉아 웃으며 이야기하고 있다.

정우, 과거 순덕과의 일을 생각하며 평상에 앉아 눈을 감자,
흐르는 눈물.

"대감님?" 순덕의 목소리에 놀라 눈을 뜨는 정우, 눈물 때문에
흐려진 시야에 들어오는 순덕! 정우, 놀라는데, 환한 미소를
지으며 다가온 순덕, 정우 옆에 앉는다.

정우	(눈물 때문에 아직도 흐릿한데) 부인…?!
순덕	왜 이리 늦으셨습니까?
정우	이것도… 꿈이겠지요?
순덕	(웃고 있지만, 눈물이 글썽)
정우	꿈이라면 깨고 싶지 않습니다… 영원히.

순덕, 정우의 손을 잡아서 자신의 얼굴에 댄다.

순덕	대감님, 꿈이 아닙니다.
정우	이건… 지나치게 현실적이잖아…
순덕	(울면서 바라본다)
정우	!! (순덕을 와락 안고) 살아계셨습니까?!
순덕	많이 보고 싶었습니다.

정우	부인은 다 알고 계셨습니까?
순덕	(고개를 끄덕) 전하께서 함구하고 있으라 명하셔서… 하지만 곧 만날 수 있다 하시기에… 기다렸습니다.
정우	(짚이는 것이 있다!) 그럼 역시 백초방에서 부인을 본 것도 꿈이 아니었군요.
순덕	너무 보고 싶고, 걱정되어 몰래 다녀갔는데…
정우	덕분에 버틸 수 있었습니다.
순덕	(미소)
정우	그럼 부인도 전하께서 살려주신 겁니까?
순덕	(고민하다가) 음… 한 2할 정도?

씬55. (회상) 좌상 집 / 별채 / 순덕의 방. 밤

(16화 39씬. 계속) 순덕과 박씨부인 사이에 놓인 은장도.

박씨부인	내 아들을 배신하고 우리 가문을 망친 너를 그냥 둘 수는 없다.
순덕	(은장도를 본다)
박씨부인	그동안의 정을 생각하여 너에게 베푸는 내 마지막 배려다.
순덕	어머니, 저는…
박씨부인	오늘 의금부에서 경운재 의빈의 형이 집행된다 했으니, 의빈은 이미 이 세상 사람이 아니다.
순덕	!!

박씨부인	네가 결단을 내리기 수월하도록 알려주는 것이다.
순덕	어머님, 저는 죽지 않을 것입니다.
박씨부인	내 아들을 배신하고 딴 사내에게 마음을 주더니 그 마음도 죽음 앞에서는 쉬이 버리는구나.
순덕	사랑은 죽음으로 증명하는 것이 아닙니다.
박씨부인	!
순덕	저는 서방님이 사랑한 모습 그대로 살았고, 앞으로도 그렇게 살아갈 것입니다. 그러니 제가 다른 이를 좋아한다고 하여, 서방님에 대한 사랑이 변하는 것은 아닙니다.
박씨부인	네가 그리 생각하는 것을 누가 알아준다는 말이냐? 넌 이제 평생 더럽혀진 여자라는 손가락질받을 것이다. 네가 웃어도 사람들은 흉을 볼 것이며 네가 밖에 나다니면 창피를 모른다며 수군거릴 것이다. 그렇게 사느니 차라리 명예롭게 죽는 것이 낫지 않겠느냐.
순덕	남이 어떻게 보고 말하건 저는 상관없습니다. 저는 근석이를 위해, 서방님을 위해 그리고 대감님을 위해 살아야겠습니다.
박씨부인	네가 맹랑한 건 알았지만, 이리 수치를 모르는지는 몰랐구나. 너는 그리 구차하게 산다 해도, 근석이는 무슨 죄냐, 평생 지어미의 추문을 달고 살 것이 아니냐?
순덕	(근석이 이야기에 마음이 흔들린다?)

순덕, 은장도를 집어 칼집에서 칼을 꺼낸다.

그리고 결심한 듯 칼을 가슴을 향해 휘두르는데…

쑥, 순덕의 섶 부분이 잘려 나간다.

순덕   조씨 집안 며느리로는 죽겠습니다. 하지만 정순덕은 결코
           집안 때문에 죽지 않을 것입니다.

박씨부인   !!

순덕   제가 여기서 자결하면 누가 보아도 어머님이 죽인 것입니
           다. 아무리 어려도 근석이도 다 알 것입니다. 아가씨도 이
           제 모든 것을 알고 있고요. 그들이 가족을 미워하는 고통
           속에 살게 둘 순 없습니다. 어머님 역시.

박씨부인   !!

씬56.   남촌 / 어느 초가집. 초저녁

순덕   하지만 그날 밤, 세자저하의 간청으로 전하께서 저를 보
           호하려 무사를 보내셨다는 것을 추후에 전해 들었습니다.
           그리하여 2할 정도?

정우   하지만 장례까지 치렀다 들었는데… 도대체 어떻게 속이
           신 겁니까?

순덕   편법을 좀 썼습니다.

정우   편법이요?

454

씬57. **(과거) 좌상 댁 / 별채 / 순덕의 방. 낮**

순덕, 낑낑거리며 사람 모양의 짚단을 무명천으로 싸고 있다.

이때 문이 열리고 "어머니…" 근석이 들어온다.

순덕	(짚단을 이불로 덮으며) 왔느냐.

순덕   (짚단을 이불로 덮으며) 왔느냐.

근석   (옆에 앉으며) 할머니께서 이제 다시는 어머니를 못 볼 거라 하시던데 사실입니까?

순덕   아니다, 어미가 살아 있으니 언제든 볼 수 있다.

근석   그럴 줄 알았습니다.

순덕   이 어미 때문에 우리 아들이 고생이 많구나.

근석   (밝은 표정으로) 아닙니다, 소자는 어머니가 날개옷을 찾은 것 같아 너무 기쁩니다. 그러니 제 걱정은 마시고 사람들에게 좋은 연분 많이 찾아주십시오.

순덕   우리 아들 언제 이렇게 다 컸을까. (눈물이 흐른다)

씬58. **남촌 / 어느 초가집. 초저녁**

정우   그럼 근석이 혼자 집에 있는 것입니까?

순덕   아뇨, 고모네 있습니다. 여기도 종종 놀러 오고요. 집에 혼자 남은 것은 어머님이시죠.

씬59. 좌상 집 곳곳. 낮

/ 을씨년스러운 마당.

/ 텅 빈 사랑방.

/ 아무도 없이 생기를 잃은 별채.

/ 텅 빈 순덕의 방.

/ 안방. 박씨부인 혼자 꼿꼿이 앉아 있다.

박씨부인   나는 틀리지 않았어.

씬60. 남촌 / 어느 초가집. 초저녁

정우, "팔도 원녀 광부 명단"과 마패를 꺼내놓으며

정우   우린 이제 팔도를 돌며 짝을 찾을 겁니다.

순덕   (환하게 웃으며) 저는 벌써 설렙니다.

정우   그전에 더 중요한 것이 있습니다.

순덕   (보면) 말씀하십시오.

정우   우리 혼인은 언제 할까요?

순덕   지금 어사 나리가 과부 장사치에게 지분거리시는 겁니까? 일에 집중하십시오.

정우   혼인 생각 때문에 일에 집중할 수가 없습니다.

순덕   그럼 혼인 전에 일단 연애부터 해보면 어떨까요?

정우   연애요? 자고로 연애란 자신의 마음을 다스리지 못하는 어리석은 자들의…

순덕 　지금 조선에서 우리만큼 어리석은 자가 또 있습니까?

정우 　아… (맞네)

순덕 　그러니 소설에서나 보던 가슴 설레는 연애부터 해보자고
　　　 요. 사람들 좋은 짝 찾아주면서.

정우 　가슴 설레는 연애요? … (미소) 너무 좋습니다.

十六話終

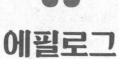

에필로그

씬1. 에필로그: 보성 차밭 길. 낮

쓰개치마의 아가씨(오봉), 길을 걷고 있는데 맞은편에 광부
걸어온다. 아가씨, 광부에게 길을 비켜주려 옆으로 피한다.
하지만 뒤에서 오던 선비(정우), 아가씨의 어깨를 치고 가는
바람에 아가씨, 쓰러질 듯 휘청거리는 걸 광부가 잡아준다.

순덕   (E) 잠깐, 손 위치가 틀렸습니다!

갑자기 나타난 순덕. 그러고 보면 쓰개치마가 벗겨진 아가씨는
오봉이고, 선비는 정우다.

순덕   (오봉을 대상으로 광부에게 손 위치를 알려주며)
아가씨 등, 이 부분을 손으로 지지해야, 눈이 맞을 때
선비님 울대가 보여 첫눈맞기에 효과적입니다.

광부	(시키는 대로 연습을 해보며) 헌데… 그 낭자가 절 좋아해 줄까요?
정우	그건 제 가슴을 믿으십시오, 나 쌍연술삽니다.
광부	그 낭자가 저와 연분이면… 이렇게까지 안 해도 되는 것 아닙니까?
순덕	살면서 부부가 함께 추억할 수 있는 첫 만남의 기억은 중요합니다. 삶의 힘든 고비마다 힘이 되어 줄 것입니다.
광부	(순덕의 말에 결의에 찬 얼굴로 끄덕)

그대로 화면 넓어지면 광부 정면으로 아가씨, 걸어온다.

아가씨, 지나가면 차밭 뒤에 숨어 있던 정우와 오봉,

자연스럽게 아가씨 뒤를 따른다.

다른 차밭에선 순덕, 숨어서 때맞춰 북을 칠 준비를 하고 있다.

아가씨, 광부를 비켜 가려고 할 때, 뒤따르던 정우와 오봉,

아가씨를 치고 지나가려 하지만 아가씨가 먼저 눈치채고

피하려다 발이 꼬여 정우 쪽으로 쓰러져 안긴다!

그리고 아가씨는 정우에게 반하기 일보 직전의 눈빛!

둘 사이에 갑자기 첫눈맞기 초시계가 4.5초를 향해 흐르고,

아가씨를 잡아줄 준비 하던 광부와 오봉은 당황한다.

동시에 차밭에 숨어 북을 준비하던 순덕도 놀라 눈이 커진다.

순덕	(E) 변수 발생!!

순덕, 북채를 손에 쥔 채 "서방님!"하고 외치며 정우에게
달려간다. 아가씨, 순덕의 서방님이란 말에 황급히 정우에게서
떨어진다. 첫눈맞기의 초시계, 다행히 3분 25초에서 멈춰
사라진다.

아가씨   (두 사람을 보며) 잘난 사내는 언제나 짝이 있는 법이지.

옆에서 이 상황을 본 광부, 실망한 얼굴로 그 자리를
빠져나가려는데 순덕, 다급하게 손에 쥐고 있던 북채를 광부의
발밑으로 던지고, 북채에 걸려 광부 그대로 대차게 자빠진다!
정우와 오봉 놀라는데 아가씨는 그대로 광부에게 달려간다.
광부 몸을 일으키며 창피해하는데 아가씨, 수건으로 피 나는
손을 닦아준다.

광부   !! (두근두근)

아가씨   (찢어진 바지로 배어 나온 피를 보며) 다리도 다친 것 같은
데…

아가씨, 도움을 청하러 뒤를 돌아보자 정우, 순덕, 오봉은
순식간에 사라지고 길엔 아가씨와 광부뿐이다.

아가씨   ?

차밭으로 몸을 피한 정우와 순덕, 그리고 오봉.

순덕   불쌍한 사람을 지나치는 법이 없는 아가씨라 잘될 것입
         니다.

         정우와 오봉, 고개를 내밀어 보면 광부를 부축하며 다정하게
         가는 아가씨.

정우   부인의 중매의 기술이 또 한 쌍의 연을 이어주었군요.
순덕   어사 나리의 가슴이 연분을 알아본 덕이지요.
오봉   (둘을 보다가 장부를 꺼내) 보성의 마지막 광부까지 해결됐
         으니 이제 다음 동네로 이동하시죠.

씬2.   에필로그: 보성 산길. 낮

         오봉은 짐을 실은 나귀를 끌고 앞에 가고 그 뒤를 따라 걷는
         정우와 순덕. 톡, 순덕의 콧잔등에 떨어지는 눈!

순덕   (하늘을 올려다보며) 첫눈이 오시네요~

         정우도 하늘을 올려다보다가, 생각났다는 듯 자신의
         새끼손가락을 본다. 손가락 끝에 희미하게 남은 봉숭아 물!

정우	(자랑스럽게 새끼손가락을 보여주며) 첫눈 올 때까지 봉숭아 물이 남아 있으면 사랑이 이루어진다 하셨죠?
순덕	사랑이라면 벌써 이루어지지 않았습니까?
정우	(좋아하며) 그렇죠.

나귀를 끌며 앞에 가는 오봉, 나귀에게 "저렇게 좋을까?"
나귀의 대답을 들은 듯 "그치. 울분남보다는 사랑꾼이 백번
낫지" 앞서가는 나귀와 오봉 뒤로 다정하게 손을 잡고
걸어오는 정우와 순덕.

終

두오(逗耦) 회원가입 신청서

※ 본인은 가입 신청함에 있어서 귀사의 제반 규정 및 약관을 준수하겠으며, 신상명세서상에 허위가 발견될 시에는 가입 취소 및 여하한 조치도 감수하겠습니다.

1. 기초 자료

성명	심정우(남)	나이	25세
주소	한양 북촌 / 단독주택(경운재 거주)		
학력	성균관 조기 졸업		
직업	의빈대감		
월 소득	쌀 28두, 콩 15두		
가족 사항	형, 형수, 조카 둘		

2. 신상 자료

결혼 여부	초혼( ) 재혼(V)	재혼 이유	사별(V) 이혼 기타
신장	6척 3촌(약 190cm)	체중	120근(약 72kg)
취미	그림, 대금 연주, 침놓기 등	비고	혼인무효 소송 중
특기	TMT(투머치토커), 팩트로 사람 기분 나쁘게 하기		

3. 배우자 이상형

연령	20세~24세	직업	현모양처
성격	모름지기 아녀자가 될 사람이란 심성이 착하고 조신하며, 집안일에 능숙하여 남편을 잘 보필하여야 한다. 또 내 이야기를 누구보다 잘 들어주고 하품하지 않고… 여백이 모자라다!		
신체 조건	부끄럽지만 굳이 적어야 한다면 빼지 않고 말하겠다. 코에 점이 있고… 여백이!!		
기타 조건	독서 취미가 맞으면 좋겠소. (삼강행실도, 오륜행실도, 마님의 사생활 등)		

4. 하고 싶은 말

첫 번째 만난 여인은 내 나이 열일곱에 세상을 떠났고
두 번째 만난 여인은 변장술에 능한 탈옥 죄수였소.
더 이상 상처받고 싶지 않으니 진지한 만남을 원하는 사람만 나와주시오.

(주)혼례대첩

두오(逗째) 회원가입 신청서

※ 본인은 가입 신청함에 있어서 귀사의 제반 규정 및 약관을 준수하겠으며, 신상명세서상에 허위가 발견될 시에는 가입 취소 및 여하한 조치도 감수하겠습니다.

1. 기초 자료

성명	정순덕(여)	나이	27세
주소	한양 북촌 / 시댁 거주		
학력	가정교육(글은 읽고 쓸 줄 아오)		
직업	(전업주부로 알려져 있으나) 중매쟁이		
월 소득	웬만한 관리 녹봉보다는 많음		
가족 사항	혼전: 아버지, 어머니, 2남 1녀 중 막내 / 혼후: 시부모님, 아들, 시누이		

2. 신상 자료

결혼 여부	초혼( ) 재혼(V)	재혼 이유	사별(V) 이혼 기타
신 장	5척 3촌(약 160cm)	체 중	80근(약 48kg)
취 미	연애소설 읽기	비 고	가끔 다른 사람으로 변신함
특 기	월담, 달리기, 무술, 메이크업, 주변 관찰하기 등		

3. 배우자 이상형

연령	사랑에 나이는 문제 되지 않음	직업	사랑에 직업이 문제 되지 않음
성격	운명적인 사랑을 믿는 사람이라면 무조건 오케이!		
신체 조건	시도 때도 없이 달리고 월담하는데 저와 함께 운동하실 분?		
기타 조건	독서 취미가 같으면 좋을 것 같습니다. (형수는 내 정인, 마님의 사생활 1, 2 등)		

4. 하고 싶은 말

위에 얘기를 다 못 했는데 본업은 양반집 며느리이나 부업으로 중매 서는 방물장수 일을 합니다.
에… 또, 8년 전 평안군수 살해사건의 탈옥 죄수라고 하는데 이건 사실이 아니고요.
지금은 제가 바람이 났다 오해한 시어머니가 날마다 자결하라고 협박하고 계십니다.
주변이 좀 시끄러운데 모든 걸 이해해 주실 분… 계실까요?

(주)혼례대첩

혼례대첩 ②

초판 1쇄 인쇄 2023년 12월 20일
초판 1쇄 발행 2023년 12월 27일

지은이 하수진
펴낸이 김선식

경영총괄 김은영
콘텐츠사업본부장 임보윤
책임편집 박하빈 **디자인** 윤신혜 **책임마케터** 권오권
콘텐츠사업2팀장 김보람 **콘텐츠사업2팀** 박하빈, 이상화, 채윤지, 윤신혜
마케팅본부장 권장규 **마케팅3팀** 이고은, 배한진, 양지환 **채널2팀** 권오권
미디어홍보본부장 정명찬 **브랜드관리팀** 오수미, 김은지, 이소영
뉴미디어팀 김민정, 이지은, 홍수경, 서가을, 문윤정, 이예주
크리에이티브팀 임유나, 박지수, 변승주, 김화정, 장세진, 박장미, 박주현
지식교양팀 이수인, 염아라, 석찬미, 김혜원, 백지은 **브랜드제휴팀** 안지혜
편집관리팀 조세현, 백설희 **저작권팀** 한승빈, 이슬, 윤제희
재무관리팀 하미선, 윤이경, 김재경, 이보람, 임혜정
인사총무팀 강미숙, 지석배, 김혜진, 황종원
제작관리팀 이소현, 김소영, 김진경, 최완규, 이지우, 박예찬
물류관리팀 김형기, 김선민, 주정훈, 김선진, 한유현, 전태연, 양문현, 이민운

펴낸곳 다산북스 **출판등록** 2005년 12월 23일 제313-2005-00277호
주소 경기도 파주시 회동길 490
대표전화 02-704-1724 **팩스** 02-703-2219 **이메일** dasanbooks@dasanbooks.com
홈페이지 www.dasanbooks.com **블로그** blog.naver.com/dasan_books
종이 신승지류 **인쇄·제본** 한영문화사 **후가공** 평창 P&G
ISBN 979-11-306-4955-9 03680